The Human Right to Health

The Human Right to Health
by Jonathan Wolff

Copyright ©2012 by Jonathan Wolff
All rights reserved.

Korean Translation Copyright © 2022 by Sophos
Korean translation edition is published by arrangement with W.W. Norton through Duran Kim Agency, Seoul.

이 책은 듀란킴 에이전시를 통한 W.W. Norton과의 독점계약으로 Sophos가 출간하였습니다.
저작권법에 의해 대한민국 내에서 보호받는 저작물이므로 무단 전재와 복제를 금합니다.

건 강 권

The Human Right to Health

조나단 울프 지음
정재훈 옮김

국제 보건의 복잡한 현실과 윤리 문제에 관한
광범위하면서도 통찰력 있는 분석!
커커스 리뷰

학계와 관련 전문 직종의 모든 독자분들께 꼭 추천하는 책
M. L. 샤를로이, 초이스 매거진

건강과 인권의 관계에 관하여 개별 국가 단위와 국제 체제의
두 관점에서 모두 분석한 쉽고 유용한 탐구!
A. 클링크, 라이브러리 저널

국제사면위원회
(Amnesty International)
글로벌 윤리 시리즈

1948년 12월, 유엔총회에서 세계인권선언이 채택되어 인권운동의 방향과 범위를 규정할 근본적인 골격이 만들어졌습니다. 세계인권선언과 더불어 다양한 인권 조약과 선언들, 그리고 이에 뒤따른 협약들은 이 숭고한 이상에 걸맞은 현실 세계를 만들고자 분투하고 있는 모든 국가의 시민들에 의하여 생명을 부여받게 되었습니다.

우리의 인권을 지키는 일은 공식적인 국내 법원과 국제 법원, 그리고 위원회뿐만 아니라 국제사면위원회가 선도적인 역할을 하는 초국가적 인권 단체들에 의해 계속되고 있습니다. 지난 오십 년 동안 국제사면위원회는 전 세계 사람들의 더 나은 삶을 위하여 헌신하는 백 오십 개국의 이백만 명이 넘는 회원과 후원자, 그리고 구독자와 함께하고 있습니다.

건강권을 효과적으로 옹호하려면 우리의 이성과 감성 모두를 활용해야 합니다. 또한 그 이성과 감성을 어떻게 활용할지에 대하여 전 세계적인 논의가 필요합니다. 우리는 기후 문제부터 기업의 사회적 책임에 이르기까지 인류가 당면한 많은 문제에 대하여 사려 깊은 범세계주의적 토론을 해야 합니다.

국제사면위원회의 글로벌 윤리 시리즈는 바로 이러한 논의를 진전시키고자 하는 것입니다. 저명한 학자와 작가들이 저술한 짧은 분량의 책들은 우리 시대의 가장 복잡한 난제들에 관하여 그들이 할 수 있는 가장 명확하고 설득력 있는 분석을 보여줄 것입니다.

국제사면위원회는 이번 시리즈를 통해 인권 운동 단체들이 다루는 문제의 범위를 확장하고 독자들에게 새로운 사고방식과 문제 해결 방식을 제공함으로써 궁극적으로 인권을 더욱 창의적으로 옹호하고자 합니다.

편집장 크와메 앤서니 아피아

다음 작가들

존 브룸
필립 페티트
존 러기
쉴라 자사노프
마사 미노우

나의 동생들, 뤽, 데이브,

그리고 벤에게 바칩니다.

건 강 권
The Human Right to Health

누구나 건강할 권리가 있나요?

머리말	**건강권의 딜레마**	
제1장	**세계인권선언**	
	배경	22
	선언, 협약, 그리고 헌법	27
	점진적 실현과 핵심 의무	32
제2장	**건강권과 이를 비판하는 사람들**	
	권리, 인도주의 그리고 권력	40
	권리와 인권	44
	철학적 난제	47
	일반논평 제 14조	57
	실제 현실의 건강권	68
제3장	**인간면역결핍바이러스(HIV), 후천성면역결핍증(AIDS)과 건강권**	
	건강권에 대한 자각	76
	HIV/AIDS의 발견과 대응	79
	치료받을 기회	96
	HIV/AIDS와 미국 내 아이티인	106
	HIV/AIDS의 국제적 확산 : 아프리카	118
	HIV/AIDS 치료의 숨겨진 비용	145
	결론	147

제4장	**다양한 문제와 해결 가능성**	
	세계은행과 각국의 보건시스템	160
	무역관련 지식재산권에 관한 협정과 의약품 가격	169
	(Agreement on Trade-Related Aspects of Intellectual Property. TRIPs)	
	보건 분야 두뇌유출	180
	연구 윤리	189
	모성사망률과 신생아생존율	202
	결론	209

제5장	**건강권의 미래**	
	새롭게 떠오르는 캠페인	214
	거버넌스와 건강권 운동	216
	결론	224

주석
더 읽을거리
참고문헌
감사의 말씀
옮긴이의 글

머리말
건강권의 딜레마

국제 보건과 관련된 책들은 대체로 끔찍하게 충격적인 내용으로 시작합니다. 도입부부터 불편한 예시가 상세하게 나열되어 있거나, 과학적 객관성을 내세웠지만 여전히 조악한 통계자료가 제시된 경우가 대부분입니다. 이 책에서 앞으로도 몇 번 더 언급될 의사이자 인류학자인 폴 파머의 훌륭한 저작 '권력의 병리학'의 서문에서 개발경제학자이자 정치철학자인 노벨상 수상자 아마르티아 센이 밝힌 내용을 살펴볼 필요가 있습니다. 1990년 사하라사막 이남의 아프리카 국가들의 중위연령은 5세였습니다.[1] 이는 다섯 살이 되기 전에 사망하는 영유아의 수와 5세 이후에도 살아남는 사람의 수가 같다는 뜻입니다. 1993년에 발표된 세계 개발 보고서를 보면 문제는 더욱 심각하다는 것을 확인할 수 있습니다. 모잠비크, 시에라리온, 기니와 아프가니스탄의 중위연령은 2세에 불과했습니다. 이에 반해 인도의 중위연령은 37세,

중국은 64세, 그리고 이른바 '안정된 시장 경제'를 구축한 선진국은 큰 차이를 보이고 있습니다.[11]

매우 높은 영아 사망률은 전 세계 어디서나 마주했던 현실이었지만, 최소한 선진국에서는 이러한 높은 영아 사망률이 몇 세대를 거쳐서 계속 이어지지는 않았습니다. 현대식 위생관리는 물론, 양질의 음식과 주거환경 덕분에 영아 건강에 위협이 되는 많은 요소가 제거됩니다. 출산 과정에서 숙련된 조산사와 의사의 도움은 신생아 사망률을 줄일 수 있습니다. 선진화된 수술 방법부터 설사로 인한 탈수증상을 극복하게 해줄 간단한 가루약에 이르기까지 다양한 의학 기술은 어린이들을 구하는 데 있어서 큰 차이를 만들 수 있습니다.

이렇듯, 전 세계에서 발생하고 있는 영아 사망을 예방하기 위해 새로운 의학적 발견이나 백신 또는 신약의 개발이 반드시 꼭 필요한 것은 아닙니다. 이는 아동의 문제에만 국한되는 것이 아니라 성인의 불필요한 조기 사망을 막는 일 역시 마찬가지입니다. 그렇다면, 국제사회가 이와 관련하여 행동에 나서야 할 도덕적 의무가 있음은 분명해 보입니다. 그런데 이 의무는 구체적으로 어떤 것일까요? 반대로, 개인은 평생의 건강과 관련하여 어떤 도덕적 주장을 할 수 있을까요?

많은 이론가와 활동가는 '건강권'이라는 개념이 있다고 주장합니다. 더 나아가, 수많은 사람이 일찍 목숨을 잃고 병이 재발하는 것은 이 건강권이 광범위하게 침해되고 있는 사실을 보여주는 것이라고 합니다. 하지만, 건강권에 대한 주장은 무수히 많은 아래와 같은 추가 질문을 제기합니다. 건강권이라는 것이 진짜 있기는 한가요? 이게 무슨 뜻입니까?

이것이 실현되려면 실제로 무엇이 필요한가요? 이러한 이론적인 질문에는 좋은 답변을 할 수 있는 사람도 현실적인 문제를 고려한다면 답을 내기 어려울 수 있습니다.

필수 의료서비스를 공급하고, 영양, 깨끗한 물, 위생시설과 괜찮은 근로 및 주거 환경을 제공함으로써 사람들을 병에 걸리지 않게 하는 일은, 이를 위해 필요한 비용과 누가 그 비용을 부담할 것인지에 관하여 고민을 시작할 때 비로소 논의를 시작할 수 있을 것입니다.

건강에 위협이 되는 환경적 위험 요인으로부터 사람들을 보호하고 선진화된 전 국민 의료시스템을 갖추기 위한 제도를 구축하는 일은 거의 모든 국가의 재정 능력을 넘어서는 일입니다. 건강권을 주장하는 일은 지나치게 순진해 보일 수 있습니다. 건강권에 냉소적인 사람들은 그 개념이 순전히 비현실적일 뿐 아니라, 심지어 정직하지 못한 것에 가깝다고 주장합니다. 또한 보건 시스템에 체계적이고 비용 대비 효율적인 투자에 쓰일 재원이 건강권을 근거로 가장 큰 목소리로 자신의 권리를 주장하는 사람에게 전용된다는 것은 매우 심각한 문제라는 지적도 받아왔습니다. 그러나 여기서 핵심적인 문제를 제기하자면, 건강권을 충족시킬 재원이 없는데 어떻게 건강권이라는 개념이 존재할 수 있을까요? [III]

이러한 딜레마야말로 이 책의 주제입니다. 한편으로 건강권을 강력히 주장하는 이유는 너무나도 자명해 보입니다. 하지만 다른 한편으로는 세계시민 모두에게 보편적으로 적용될 건강권의 개념이 현재 세상의 현실적 조건을 만족시키는 것은 불가능해 보입니다. 이에 따라 어떤 이론가들은 우리가 국제보건의 문제들을 보다 실용적인 방식으로 접근해야 한다고 주장하며, 건강권의 개념을 거부합니다. 이에 반해 좀 더 이상주의를 추구하는 이들은, 이 개념이 너무나 중요하고 기본적이기 때문에 물러설 수 없다며 건강권의 개념을 고수하고자 합니다. 그들의 임무는 결국 건강권을 현실적으로 실현할 수 있도록 이끌어 나가는 것입니다. 이 책은 바로 이러한 신중한 이상주의에 대한 연습이 될 것입니다.

The universal declaration of human rights

제1장 **세계인권선언**

배경

누군가 재판도 받지 못한 채 상당기간 투옥되었다면, 이에 대해서는 누구나 인권침해라고 동의할 것입니다. 그러나 악천후가 예상치 못하게 수개월 동안 계속되었기 때문에 당신의 인권이 침해되었다고 주장한다면 이는 시시한 농담으로 여겨질 것입니다.[1] 그렇다면 건강하지 못해 어려움을 겪는 것은 부당한 투옥과 고약한 기후 중 어느 쪽에 가깝다고 할 수 있을까요? 자신이 선택한 생활방식으로 인하여 병에 걸리는 경우가 아니라면, 사람들은 대체로 운이 없어서 병에 걸린다고 생각합니다.

그러나 짐바브웨에서 2006년 에이즈로 죽은 몰린 무디무를 생각해 보십시오. 죽기 전 마지막 해, 그녀는 참혹하게 고통받았습니다. 그녀는 수척해 졌고, 온몸이 상처와 진균으로 뒤덮였습니다. 몰린은 항레트바이러스제만 복용할 수 있었어도 건강하게 회복하고 훨씬 더 오래 살수 있었을 것입니다. 이 항레트로바이러스제는 그녀가 살고 있는 바로 그 거리의 끝에 위치한 약국에서 판매되고 있었습니다. 그러나 그녀는 실업 상태였고 약을 살 돈이 없었습니다. 매우 혼란스러웠던 무가베 대통령 재임기간 계속되었던 초인플레이션으로 인해 짐바브웨 국민들은 구매력을 상실할 수 밖에 없었습니다. 일부 시민들에게 무료로 치료가 가능하기도 했지만, 그동안 잘 운영되어오던 짐바브웨의 보건 시스템은 사실상 붕괴되었고, 의료서비스 공급은 수요를 도저히 따라가지 못했습니다. 결국 그녀는 숨을 거두었습니다.[II] 그녀는 타인이 내린 일련의 결정에 의해 죽었다고 볼 수 있습니다. 이 여러 가지 결정 중에는 약값, 지식재산권, 경제 정책, 국가 정책의 우선순위, 국제 제제에 관한 결정 등이 있습니다. 위와 같이 타인이 내린 여러 가지 결정으로 인하여 그녀가 살아남지 못할 환경이 조성되었던 것입니다. 폴 파머는 이를 구조적 폭력이라고 주장했습니다.[III] 그녀가 처했던 조건이 어떤 원인에 의해 발생했는지에 대한 문제는 차치하더라도, 몰린 무디우님의 건강권은 침해되었다는 주장은 지극히 타당해 보입니다.

위의 문제에 관하여 이렇게 많이 할애하는 이유는 도덕적 주장을 만들어야 하기 때문입니다. 하지만 이러한 도덕적 주장은 국제법에 근거를 두고 있습니다. 경제, 사회, 문화 권리에 대한 국제 규약(International Covenant on Economic, Social and Cultural Rights(ICESCR))의 12조는 다음과 같이 시작합니다.

> "이 규약의 당사국은 모든 시민이 성취할 수 있는 최고 수준의 신체와 정신 건강을 누릴 수 있는 권리가 있음을 확인한다."[IV]

1976년에 발효된 이 규약은, 1948년 세계인권선언 (Universal Declaration of Human Rights) 제 25조 1항에서 명시한 치료받을 권리 중 일부를 실행하고자 했습니다.[V]

세계인권선언은 세계 제2차대전의 트라우마로부터 탄생하였습니다. 1945년 4월, 독일군이 항복하기 몇 주 전, 독일과 일본을 상대로 전쟁을 선포한 동맹국이 주축이 된 50개국의 대표들이 국제연합(United Nations)이라는 새로운 국제기구를 만들기 위해 샌프란시스코에 모였습니다.[VI] 3500명의 대표단, 자문단과 직원은 두 달에 걸쳐 유엔 헌장과 이에 관련한 보충 협약의 초안을 작성하였습니다. 이는 역대 최대규모의 국제회의 중 하나라고 알려져 있습니다.

그 결과, 국제연합(UN)은 미래의 전쟁을 예방하기 위해서 국가 간 분쟁을 다루는 세계의 토론장으로서 설계되었습니다. 이러한 일반적인 구상은 이미 악명 높게 잘 알려진 대로 세계 제1차 대전 전후로 국제연맹(League of Nations)을 통하여 시도되었으나, 평화를 지키지 못했습니다. 그러나 이러한 실패를 보면서 여러 당사국은 국제연맹을 통해 이루지 못한 목표를 뒤를 이어 탄생한 국제연합의 조직을 통해 바로잡도록 노력하였습니다. 미국의 루스벨트 대통령 역시 이 점을 절실히 통감하였습니다. 그래서 그는 미국이 유엔 헌장을 비준할 것을 굳게 결심하였습니다. 이는 그가 국제연맹이 미국 의회의 비준 실패로 인하여 절망적 수준으로 약화하였던 사실을 잘 알고 있었기 때문입니다.

루스벨트는 1941년 초, 잘 알려진 대로 모든 인간이 누려야 한다고 믿었던 네 가지 자유에 대하여 제시했습니다. 그 네 가지는 바로 표현의 자유, 신앙의 자유, 결핍으로부터의 자유, 공포로부터의 자유입니다.[VII] 앞서 살펴본 세계인권선언의 기준에서 보면 이는 색다른 면이 있습니다. 표현의 자유나 신앙의 자유는 친숙하지만, 결핍으로부터의 자유와 공포로부터의 자유는 무언가 눈에 띄게 새롭습니다. 루스벨트의 네 가지 자유의 폭은 세계 인권선언의 초안을 작성할 때 중요한 영감과 기준점으로 작용한 것으로 판명 날 것입니다.

1945년 4월 루스벨트는 세상을 떠났지만, 나치 정권의 잔혹 행위를 보며 충격을 받은 전 세계 시민들이 각성하면서 새로이 출범한 국제연합(UN)에서 인권 의제를 더욱 발전시킬 동력이 형성되기 시작했습니다. 그런데도 미국, 영국, 소련과 같은 강대국은 인권 문제에 대하여 국제적 합의를 끌어내는 일에는 그다지 열정적이지 않았습니다. 결국 미국에서는 인종차별이 만연했고, 영국은 비록 흔들리고는 있었으나 여전히 거대한 제국을 형성하고 있었습니다. 소련에서는 시민의 자유에 많은 제한을 두고 있었습니다. 하지만 여러 라틴아메리카 국가를 포함하여 필리핀의 카를로스 로물로, 호주의 하버트 에바스, 그리고 레바논의 찰스 말릭 철학과 교수의 열정적인 노력으로 여러 약소국과 그 국민들이 걱정하는 쟁점이 표면화되었습니다. 결국 1945년 6월 26일, 유엔헌장은 완성되었고, 여기에는 "인종, 성별, 언어와 종교에 구분 없이 모두를 위한" 인권과 근본적인 자유, 그리고 인권위원회의 설립에 관한 조항이 담겨 있습니다.

하지만 1945년에 완성된 유엔헌장이 1948년에 인권선언으로 이어지는 과정은 실로 긴 여정이었습니다. 엘리너 루스벨트 여사는 신중하고 사람들에게 희망을 주는 노력을 통하여 이 여정을 이끌었습니다. 그녀의 공헌은 너무나 위대하지만, 그 이야기를 여기서 다시 하지는 않겠습니다. 우리가 유념해야 할 점은 첫째, 세계인권선언은 세계

제2차대전을 통해 문명화된 인간이 서로에게 저지를 수 있었던, 또한 심지어 자국민들 상대로 자행할 수 있었던 악행의 충격으로부터 비롯되었다는 점입니다. 둘째, 일부 비판적인 의견이 제시되었듯이, 대부분의 강대국이 이미 선도하고 있던 원칙에서 표명했던 것과 달리, 보편적 인권 실현을 위한 압박에 앞장섰던 것은 개발도상국이었습니다. 모든 국가들이 공식적으로 지지하기로 준비하고 있었던 인권 원칙을 이미 처음부터 최소한 일부라도 위반하고 있었다는 사실은 놀라울 따름입니다.

이처럼 유엔인권선언의 초안은 무수히 수정된 후에 1948년 12월 10일 비로소 표결에 부쳐졌습니다. 투표권을 가지고 있던 58개국 중 48개국이 찬성표를 던졌고, 8개국이 기권하였습니다. 이들 국가는 구 소련 공산권 국가 6개국과 사우디아라비아, 남아프리카공화국 이었습니다. 2개국은 투표에 불참하였습니다. 반대표를 던진 국가는 하나도 없었습니다.

더욱 놀랍게도, 한 조항 한 조항이 표결에 붙여졌을 때 30개 조항 중 23개 조항이 만장일치로 통과되었습니다. 엘리너 루즈벨트에 따르면, 구 소련이 그 표결에 기권한 것은 조국을 떠날 권리를 인정할 수 없었기 때문입니다.[VIII] 그러나 일반적으로 이 인권선언은 부유층의 권력을 보호하는 장치이기 보다는 압제 받는 사람들의 열망의 증거로 볼 수 있습니다.

선언, 규약 그리고 헌법

세계인권선언의 세부 조항과 뒤이은 규약을 살펴보기 전, 세계 2차 대전의 즉각적인 여파로 설립된 세계보건기구를 조금 살펴볼 필요가 있습니다. 1947년에 처음 발간된 세계보건기구의 연대기에 따르면, 국제연합(UN)의 광범위한 체계 아래, 세계보건기구는 기존의 여러 국제 보건 기구를 통합, 확장 계승하였습니다.[I] 또한 이 연대기는 트루먼 대통령이 1946년 뉴욕에서 열린 첫 번째 국제 보건 회의에 보낸 지지 메시지를 실어 국제사회가 직면한 어려움에 대한 우려를 표명하였습니다.

"교통의 발달로 한 국가가 격리 조치로 질병의 유입을 막기는 불가능해졌다. 그렇기 때문에 모든 국가가 건실한 보건 시스템을 마련해야 한다. 특히 이러한 조치는 반드시 국제적인 협력 조치를 기반으로 조정되어야 한다." [II]

하지만 "보건의 마그나카르타"를 표방한 세계보건기구(WHO) 헌장에는 전염성 질환의 국제적 확산을 막는 것보다 훨씬 더 광범위한 목표가 명시되어 있습니다.[III]

"최고 수준의 건강을 영위하는 것은 인종, 종교, 정치적 신념,

경제적, 사회적 조건에 대한 구분 없이 누구나 누려야 하는 근본적인 권리 중 하나이다." [IV]

즉 건강이란 "단순히 질병이 없고 허약하지 않은 상태를 넘어 육체적, 정신적, 사회적으로 온전한 상태"로 정의한 것입니다. 세계인권선언은 다소 완곡한 표현이지만 정말 중요한 내용을 25항 1조에 명시하였습니다.

"누구나 자신과 가족의 건강과 행복을 누리는데 충분한 생활 수준을 누릴 권리가 있다. 의식주와 의료서비스, 기타 사회서비스, 더 나아가 실업, 질병, 장애, 사별, 고령 등 각종 개인적 차원에서 해결하기 어려운 생계 곤란에 대한 각종 보장 서비스 등이 이에 해당한다." [V]

세계인권선언에서 '치료받을 권리'는 건강과 평안을 좌우할 핵심 요소로 인식되고 있습니다. 하지만 이 치료 받을 권리는 세계보건기구가 제시한 포괄적인 개념의 건강권에 비하면 그 범위가 제한적입니다. 둘을 비교해 보면, 세계인권선언에는 건강을 유지하기 위한 "충분한" 생활 수준이라 명시된 반면, 세계보건기구 헌장에는 "도달할 수 있는 최고 수준의 건강"이라고 표현되어 있습니다. 세계인권선언에는 묵시적이나마 '의료'와 '건강' 개념에 대해 중요한 구분을 합니다. 일정 수준의 건강에 대한 권리는 일정 수준의 의료서비스를 받을 권리와는 엄연히 다른 개념입니다. 일례로, 건강에 영향을 미치는 결정적인 요소는 영양이나 위생 상태 외에도 실로 다양합니다. 이런 이유로 의료서비스에 상대적으로 적은 예산을 배정하여도 높은 수준의 건강을 유지할 수 있을지도 모릅니다. 반대로 많은 예산을 의료 서비스에 투입할지라도 공동체 구성원이 양호한 건강 상태를 유지하는 데 효과적이지 못할 수 있습니다. 세계인권선언에서 이해할 수 있듯이, 이상적으로는 사회 구성원의 건강을 증진하기 위해서 사람들을 평안할 수 있게 하는 여러 가지 요소에 대한 종합적인 관심이 필요합니다. 이는 환자를 치료하는 의료시스템에 대한 관심을 넘어서는 영역입니다.

그러나 우리의 논의는 여기서 끝나지 않습니다. 바로 세계인권선언은 말 그대로 선언 입니다. 구속력 있는 국제 협약이 되기까지는 별도의 논의가 필요했습니다. 또한 모든 국가가 법적 구속력이 있는 경제적, 사회적 권리를 보장하기 위하여 전념을 다 할 준비가 되어 있지 않다는 사실도 분명히 드러났습니다. 이러한 모습은 상대적으로 덜 논란이 되는 "시민의 정치적 권리"를 각국이 받아들이는 태도와는 대조적입니다. 1954년 시민으로서 정치적 권리에 관한 국제규약과 경제, 사회, 문화 권리에 관한 국제규약의 초안이 최종적으로 마련되었습니다. 그러다 1966년이 되어서야 위의 중요한 두 국제규약이 국제연합에 의해 채택되었고, 1976년이 되어서야 발효에 필요한 비준국 수를 충족시킨 후 비로소 공식적인 국제법으로 발효되었습니다. 우선 시민의 정치적 권리에 관한 국제규약의 경우 매우 큰 의미가 있으나, 시민을 다양한 형태의 차별과 압제, 박해로부터 지키는 데 비교적 논란이 될 만한 요소가 덜 하다고 볼 수 있습니다. 실제로 거의 대다수의 국가가 이 규약을 비준했습니다.[VI] 둘째로 경제, 사회, 문화 권리에 관한 국제규약은 시민의 정치적 권리에 관한 국제규약보다 더 심한 반발에 직면하였고 이에 따라 비준 국가 수도 더 적었습니다. 심지어 미국은 경제, 사회, 문화 권리에 관한 국제규약을 아직도 비준하지 않았습니다. 하지만 12조에 명시된 건강권에 대한 정교한 진술은 우리의 흥미를 끌기 충분합니다.

1. 본 규약의 당사국은 모든 시민이 도달 가능한 최고 수준의 신체와 정신 건강을 누릴 권리가 있음을 인정한다.

2. 규약 당사국이 위 권리를 온전히 구현하기 위해 취해야 할 조치는 다음과 같다.

    a. 사산율과 영아사망률 감소를 위해 노력하고 어린이가 건강하게 성장할 수 있도록 정책적 지원을 아끼지 않는다.

    b. 환경과 산업위생의 전 분야에서 발전을 추구한다.

    c. 전염병, 풍토병, 직업병 등 다양한 질병에 대한 예방, 치료, 통제를 위해 힘쓴다.

    d. 질병 발병 시 누구나 의료 서비스를 받을 수 있는 환경을 조성한다.[VII]

1978년 경제, 사회, 문화 권리에 관한 국제 규약이 발효된 지 2년 후, 당시 구 소련 이었던 카자흐스탄의 알마아타에서 1차보건의료에 관한 국제회의가 열렸습니다. '알마아타 선언'은 바로 이 회의에서 134국이 서명함으로써 탄생하였습니다. 알마아타 선언은 건강에 관한 세계보건기구의 입장을 요약함으로써 시작합니다.

"건강은 단순히 질병이 없는 것을 넘어 신체, 정신, 그리고 사회생활의 온전한 평안 상태를 말한다. 즉 건강은 근본적으로 인간이라면 누구나 누려야 할 보편적 권리이며, 도달 가능한 최고 수준의 건강을 누리는 것은 인류 보편적으로 모든 사회에서 가장 중요한 목표이다. 이 목표를 실현하기 위해서는 보건 분야 외에도 다양한 사회 경제 부문에서 다각도의 노력을 기울여야 할 것이다." [VIII]

알마아타 선언은 제5장에서 목표를 2000년까지로 잡고 있습니다. 알마아타 선언이 1978년에 발표되었으니, 당시로서는 22년 후를 상정하였습니다만, 목표를 설정하는 것의 위험을 잘 보여줍니다.

"각국의 정부와, 국제기구, 세계 시민 사회가 수십 년 이내로 달성해야 할 목표는 모든 세계 시민이 2000년까지 사회적으로나 경제적으로 윤택한 삶을 영위하기에 필요한 건강 수준에 도달하는 것이다."

알마아타 회의를 통해 건강권이라는 새로운 개념을 확립하려는 움직임은 더욱 탄력을 받게 되었습니다.[IX] 그렇다면 경제, 사회, 문화 권리에 관한 국제규약을 비준하지 않은 국가에 대해서는 어떤 논의가 필요할까요?

시민의 정치 권리에 대한 국제 규약을 비준하지 않은 나라가 있다고 생각해 봅시다. 자신의 정적을 고문하고 국제사회가 그 인권유린에 대하여 강력히 항의하는 상황을 가정해 보겠습니다. 만약 그 국가의 대통령이 이에 대해 정치적 라이벌이 법적인 실수를 저지르고 있다고 반응한다면 이는 적절치 못한 행동일 것입니다. 인권협약은 이를 비준하지 않은 국가에서는 구속력이 없습니다. 즉 위반 여부를 가릴 '인권' 자체가 없다고 볼 수도 있습니다. 하지만 국제사회는 인권이 이제 흔히 '국제관습법'이라 부를 수 있는 체계의 일부가 되었다고 받아들이는 것 같습니다. 국제사회가 강력히 압박하면, 개별 정부가 인권에 대하여 어떤 태도를 보이는 것과 상관없이, 인권은 도덕적으로나 법적으로나 강제력이 있다는 말입니다. 이러한 관점에서 보면, 국제 인권협약은 모든 국가에 구속력을 가집니다. 이는 특정 개인이 자신이 속한 나라의 법을 인정하지 않더라도 그 강제력을 피할 수 없는 것과 같은 이치입니다.

점진적 실현과 핵심 의무

건강권은 이제 국제법의 일부로 자리를 잡았습니다. 하지만 위에서 알아본 인권 관련 국제 공동선언이나 협약에 사용된 용어를 살펴보면, 절망감을 느낄 수 있습니다. 전 세계 시민 모두를 "성취할 수 있는 최고 수준의 건강"을 누릴 수 있도록 보장해야 한다는 것을 어떻게 이해해야 할까요? 더 나아가 전 세계 모든 사람이 세계보건기구(WHO)에서 정의하고 있는 "온전한 신체적, 정신적, 사회적 평안"을 누릴 수 있도록 보장해야 한다는 것은 구체적으로 어느 수준을 말하는 것일까요? 전 세계 모든 사람이 최장수국 일본 사람들의 건강과 평균수명을 누릴 권리가 있다고 할 수 있을까요? 이룰 수 있는 목표이기는 한가요? 일본인들은 온전한 "신체적, 정신적, 사회적 평안"을 누리고 있을까요? 2011년 동일본 대지진과 같이 사실상 인간의 대응능력을 넘어선 자연재해까지 고려한다면, 사람들이 온전한 건강을 누릴 권리를 보장한다는 것이 얼마나 어려운 일인지 잘 알 수 있습니다.

다소 유연하게 건강권을 정의한다고 할지라도, 현실적으로 불가능할 수준의 파격적인 예산 증액이 없는 상황에서, 모든 사람의 건강권을 보장하려면 교육이나 주거와 같은 필수 부문의 예산을 끌어와야 할 수도 있습니다. 건강권에 반감이 있는 사람들은 위에서 살펴본 국제규약을 그저 미사여구나 지나친 감상에 불과한 것으로 여길 것입니다.

이처럼 건강권을 실현하기에 재원이 부족하다는 현실을 반영하여, 경제, 사회, 문화 권리에 관한 국제규약은 "전면 실현" 대신 "점진적 실현"이라는 개념을 채택했습니다.[1] 2000년에 경제, 사회, 문화 권리 위원회가 건강권이라는 개념을 실제로 어떻게 다룰 수 있을지를 설명하기 위하여 매우 중요한 일반논평 14조를 채택하면서, 이 점진적 실현이라는 개념은 좀 더 명확해졌습니다. 경제, 사회, 문화 권리를 위한 국제 협약이 잘 준수되는지 관리하고, 이 협약의 해석에 대한 지침을 내리기 위해 설립된 이 위원회는 온전한 건강권을 누리는 일은 요원하고, 사실상 갈수록 달성하기 더 힘든 목표가 되고 있다고 동 협약

제5조에서 인정하였습니다.[11]

이런 이유로 일반논평 제14조는 건강권이 '건강한 상태를 유지할' 권리가 아님을 분명히 밝힙니다. 또한 건강권이란 단순히 치료받을 권리가 아닙니다(제8조). 치료받을 권리는 건강을 결정하는 여러 요인 중 하나일 뿐입니다. 예를 들어, 좋은 생활 환경과 근로 환경은 건강의 결정 요인으로서 모두 중요합니다(제11조).

가장 중요한 쟁점은 자원의 한계입니다. 국가가 재원이 부족하기 때문에 건강권을 온전히 실현할 수 없을지도 모른다는 주장은 충분히 받아들일 수 있습니다. 이러한 이유로, 경제, 사회, 문화 권리 위원회는 "점진적 실현(progressive realization)"이라는 용어를 사용하게 되었습니다. 이 "점진적 실현"이란 국가는 계획을 세워 건강권의 완전한 실현이라는 목표를 향해 노력해야만 하지만, 자국민 모두에게 당장 건강권을 보장하지 못한다는 이유로 비난받지는 않는다는 뜻입니다. 일반 논평 14조는 다음과 같이 되어 있습니다.

> "규약 당사국은 건강권과 관련하여 즉각적인 의무를 진다. 즉 각국 정부는 그 어떤 종류의 차별 없이 개인이 건강권을 행사할 수 있도록 보장하고(제2조 2항), 제12조(경제, 사회 문화 권리에 관한 국제규약)의 내용이 온전히 실현될 수 있도록 단계적 조처를 할 의무가 있다. 건강권의 완전한 실현을 위하여 위와 같은 조치는 사려 깊고, 구체적이며 분명한 목표를 수립한 후 실행해야 한다."

일반 논평 3조에는, 각국이 이행해야만 하는 "최소한의 핵심 의무"

의 개념이 명확히 진술되어 있습니다. 현재상황을 고려 해 볼 때 규약 당사국 정부는 이 "최소한의 핵심 의무" 개념에 따라 필수적인 1차 의료 체계를 갖추기 위해 동원할 수 있는 자원을 총동원 해야 합니다.[III]

하지만 이러한 입장은 여전히 다소 혼란스럽습니다. 점진적 실현이라는 개념에 따르면, 한 국가가 예산 부족 문제로 건강권을 온전히 실현하지 못하고 일부만 실현하여도 문제 될 것이 없습니다. 이에 반해 "최소한의 핵심 과제"라는 개념은 특정 수준의 보건 시스템을 구축하지 못하는 것에 대하여 그 어떤 변명도 허용하지 않습니다. 두 개념은 서로 확연히 상충하는 것처럼 보일지도 모릅니다. 가난한 국가는 심지어 기초적인 1차 의료 서비스조차 자국민에게 제공하기 어려울 수 있습니다. 이 경우 경제 형편이 어려운 국가는 자국민의 건강권을 침해한 것일까요? 만약 한 국가의 정부가 더 이상 건강권 보장을 위해 아무것도 할 수 없다면, 일반논평 3조에서 암묵적으로 인정하듯, 그것을 인권 침해라고 비판한들 무슨 소용이 있을까요? 아니면, 가난한 국가가 반드시 국제 원조를 찾아 나서야만 하는 것이 핵심 쟁점일까요? 부유한 국가들은 경제, 사회, 문화 권리를 위한 국제규약에 가입할 때 상대적으로 경제 사정이 어려운 국가가 최소한 핵심 의무를 이행할 수 있도록 도와줄 의무가 있다는 사실을 받아들인 것일까요?

사실 위와 같은 여러 가지 쟁점은 일반 논평 14조에서 제시하고 있습니다. 이 쟁점은 인권의 원칙과 관련하여 철학과 법의 영역에서 가장 핵심적인 질문을 제기하고 있습니다. 보편적 인권을 거론하는 것은 언제나 온당합니다만, 이와 관련하여 과연 누가 그 권리를 충족시킬 책임이 있을까요? 특히 그 과정에서 상당한 비용이 발생한다면, 이에 대한 답을 구하기는 더욱 어려워질 것입니다. 이 책을 읽으시는 내내 독자분들은 위 질문에 대한 고민을 하게 되실 겁니다.

현재 진행되고 있는 또 다른 쟁점은 특정 이익에 관한 것입니다. 2005년 일반논평 17조를 통하여 과학 진보로부터 발생하는 이익에 관한 권리가 발표되었습니다. 경제 사회 문화 권리 위원회는 지적 결과물부터 혜택을 받을 권리를 인정하였습니다. 그러나 이와 동시에 저작권 체계 역시 사회적 편익을 위하여 만들어진 것이라고 강조했습니다. 이와 관련하여 특허의약품을 일반 대중들이 이용할 수 있을지에 대하여 우려가 제기되고 있습니다. 각국 정부는 지식재산권을 보호해야 할 의무가 있을까요? 심지어 특허권 보호로 인하여 더 살 수 있는 수많은 사람이 목숨을 잃을지도 모르는 상황에서도 국가는 이 의무를 준수해야만 할까요? 이 문제는 자연스럽게 "필수의약품 이용 권리"의 문제로 이어졌고, 이 책에서 반복해서 다루게 될 것입니다.[IV]

요약하자면, 건강권은 이제 국제법체계에서 확실히 자리 잡은 개념입니다. 다만 "점진적 실현"이나 "핵심 의무"와 같이 몇 가지 요소는 좀 더 다듬어야 할 부분도 있습니다. 건강권이 국제법으로서 인정받은 것은 실로 매우 중요한 성취입니다. 하지만 이 사실 하나만으로 모든 비판을 잠재울 수는 없습니다. 다음 장에서는 건강권의 도덕적 기초는 무엇이고, 건강권이 실현되기 위해 실제로 필요한 것은 무엇인지 계속해서 알아보도록 하겠습니다.

The human right to health and its critics

제2장 건강권과 이를 비판하는 사람들

권리, 인도주의, 그리고 권력

1장에서는 세계 인권 선언을 시작으로 서로 다른 두 국제규약이 탄생한 사실을 살펴보았습니다. 먼저 시민권과 정치 권리에 관한 규약은 많은 국가에서 비준되었습니다. 건강권을 포함한 경제권과 사회권에 관한 규약은 상대적으로 더 큰 저항에 직면하였습니다. 특히 미국에서는 해당 규약이 큰 저항에 부딪혔습니다. 현재는 미국을 제외한 많은 국가에서 비준하였습니다.

첫 번째 시민권 및 정치적 권리에 관한 국제 규약은 표현의 자유와 정당성 없는 체포나 구속 또는 고문에 대항할 자유를 포함하며, 기본적으로 간섭받지 않을 "소극적"인 권리입니다. 이러한 권리는 보통 "1세대" 권리라고 부릅니다. "2세대" 권리는 사회, 경제 권리와 같이 단순히 간섭받지 않을 권리의 범위를 넘어섭니다. 이러한 2세대 권리는 실행 조치가 뒤따라야 합니다. 그런데 그 실행은 과연 누가 해야 할까요? 모든 사람이 교육권이나 건강권과 같이 경제, 사회, 문화 권리에 관한 국제규약에 명시된 모든 권리를 타인에게 요구하는 것은 타당해 보이지 않습니다. 이러한 권리를 보장할 의무는 대부분 우선 국가가 부담하게 되며, 이는 결국 납세자들의 부담이 됩니다.

그러나 1세대 권리는 비교적 적은 비용으로 쉽게 실현이 가능하나,

2세대 권리의 실현에는 엄두도 못 낼 정도로 큰 비용이 든다는 주장은 설득력을 완전히 상실하였습니다.¹ 간섭받지 않을 권리 역시 실현하는데 막대한 비용이 발생할 수 있습니다. 예를 들어, 우리 모두에게는 각자 자유로울 권리와 안전할 권리가 있습니다. 따라서 국가는 우리의 자유와 안전을 침해하지 않을 의무가 있습니다. 그러나 그와 동시에 국가는 자유로울 권리와 안전할 권리를 해치는 자로부터 우리를 보호할 의무도 있습니다. 위와 같은 권리를 보호하려면 민형사 재판 시스템이 확립되어야 합니다. 이와 더불어 막대한 자원을 투자하여 군대는 물론, 경찰, 사법 및 교정 시스템 또한 함께 구축해야 합니다. 정부가 간섭하지 않는 것 자체는 큰 비용을 유발하지 않을 것입니다. 그러나 타인의 권리를 침해하는 행위를 막고 이에 대한 처벌과 보상 체계를 구축하는 과정에서 상당한 비용을 감당해야 할 것입니다. 실제로 2세대 권리를 지지하기를 주저하는 진짜 이유는 아마도 광범위한 경제권과 사회권을 보장하는 주체가 정부가 아니라는 이념적인 입장 때문입니다.

더불어, 일부 이론가들은 이른바 "권리 인플레이션"을 걱정합니다. 즉 표현의 자유나 정당성 없는 체포에 대항할 권리와 같은 1세대 권리는 매우 중요하기 때문에, 특정 권리를 추가로 인정하다 보면 기존 권리의 가치가 폄하될 위험이 있다고 주장합니다. 다시 말해 인권의 개념을 무리하게 확장하다 보면 어떤 권리도 진지하게 다뤄지지 않을 것으로 우려합니다.¹¹

2세대 권리를 인정하는 것을 주저하게 만드는 두 번째 원인은 바로 이 권리의 모호성입니다. 2세대 권리를 통하여 실제로 얻고자 하는 것은 무엇인가요? 그와 관련하여 실질적인 사례를 제시하는 것이 이번 장의 주제입니다. 도대체 건강권, 즉 성취 할 수 있는 최고 수준의 건강 이란 실제로 무엇을 의미할까요?

이와 같은 문제를 살펴볼 때, 건강권을 주장하는 것은 매우 힘든 여정으로 보입니다. 그래도 왜 시도하는 것일까요? 전 세계적으로 질병에 대한 부담은 막대합니다. 하지만 각국의 정부와 세계 기구가 행동에 나서도록 독려하는 데 도움이 될 만한 도덕적 주장을 다양하게 제시해 볼 수는 있습니다. 인간에게는 이미 자선활동과 인도적 지원을 할 도덕적 의무가 있습니다. 그럼에도 왜 건강권을 언급함으로써 문제를 복잡하게 만드는 것일까요?

그래도 '권리'라는 개념으로 접근한다면 변화를 일으킬 수 있습니다. 여기서 핵심은 권리라는 개념이 권력과 지위의 분배와 관련이 있다는 점입니다. 권리를 가진 사람은 자신의 권리가 침해될 경우, 이를 구제할 제도권의 강제적 집행 수단을 이용할 수 있기에 타인의 호의에 기대지 않아도 됩니다.[III] 이와는 대조적으로, 인도적 지원이 필요하다는 것은 흔히 나약함과 의존성을 보여주는 것으로 간주됩니다. 인도적 지원을 제공할 수 있다는 것은 힘의 우월성을 보여줍니다. 1970년대 구소련 당국은 국가 간 서열을 나타내기 위한 조치로, 학생들에게 미국의 가난한 소외계층을 돕기 위해 동전을 기부하도록 독려하였습니다. 물론 출처가 불분명한 이야기이기 때문에 이보다 더 인도적 지원의 정치학을 더욱 잘 보여주는 사례가 있을 수 있습니다.[IV]

이처럼 권리와 인도적 지원의 차이를 구별하는 것은 중요합니다. 인도적 지원은 기존 권력을 지키려 한다는 점에서 보수적 성격이 강합니다. 이에 반해 권리 측면에서 접근하면, 누군가의 권리를 인지한다는 것은 최소한 특정 영역 내에서 권한을 상대에게 양도한다는 것입니다. 권한을 양도받은 사람이 그 권한을 양도한 사람이 원하는 방향으로 권리를 행사할 것인지는 아무도 알 수 없습니다. 이는 마치 식민지 국가가 마침내 독립을 성취한 후 자신만의 정부를 직접 선출할 기회를 얻게 되었을 때 그 국가에 권한을 부여한 국가의 바람과는 다른 방향으로 돌아선 경우와 유사합니다.[v] 이러한 이유로 강대국은 인도적 지원을 제공하는 것에 대해서는 관대하지만, 그 강대국에 의존하는 국가 또는 개인의 권리를 인정하는 데는 인색합니다.

인도적 지원에 관한 주장은 전형적으로 일시적이고 응급한 상황에만 도움이 됩니다. 이에 비해 권리에 관한 주장은 자유와 기회를 보다 폭넓은 차원에서 다룬다는 점에서 더욱더 강력합니다. 물론 세상의 그 무엇도 절대 확실할 수는 없습니다. 권리를 제도화하는 데 있어 핵심은 권력관계를 재조정하고 장기간 신뢰할 만한 구조를 형성함으로써 미래에는 인도주의적인 우려를 전혀 할 필요 자체가 없도록 만드는 것입니다. 그렇기에 최소한 희망이 있는 것입니다. 따라서 비록 당장은 인도적 지원이 필요할지라도, 계속해서 권리를 촉구할 가치는 충분합니다.

권리와 인권

앞서 말씀드린 부분은 주로 국가 간 관계에 해당하는 내용이었습니다. 그러나 정부와 시민 간의 관계에도 같은 논리가 적용될 수 있습니다. 권리가 영속성과 힘을 부여하는 반면, 인도주의는 임시적이고 불확실합니다. 정부가 지속해서 선의를 베풀 것으로 기대하기보다는, 우리가 정부의 정책 시행에 관한 권리를 획득하는 것이 우리 모두의 입장에서 더 낫고, 더 안전합니다. 더 나아가 건강과 관련하여 권리와 인권의 차이에 대해서 좀 더 세부적인 질문에 관심을 가질 필요가 있습니다.

권리 담론과 인권 담론을 구별하지 못하는 경우가 많습니다. 이 문제에 관해서는 이 책에서 필요할 때마다 계속해서 다룰 예정입니다. 법률적으로, 국제조약과 국제 선언에 명시되어 있는 내용을 단순히 인권이라고 생각할 수 있습니다. 세계인권선언의 초안을 준비하는 과정에서 분명히 드러난 바와 같이, 인권을 논의할 때 고민해 봐야 할 무엇인가가 더 있습니다. 인권은 본질적으로 두 가지 역할을 수행합니다. 인권은 한편으로는 인간이 순전히 그 존재 자체만으로 부여된 최소한의 도덕적 의무에 관하여 명시합니다. 다른 한편으로 인권은 국민국가 차원을 초월하는 책임 메커니즘을 만들어 냅니다. 특정 국가가 자국민의 인권을 침해한다면, 다른 국가들은 방관하지 말고 일어나 조처해야 합니다. 어떤 가치를 인권으로써 보호하려면, 한 국가의 내정에 대한 국제적 사찰도 감수해야 합니다. 세계인권선언의 핵심 입안자 중 한 명인 레바논의 찰스 말릭은 세계인권선언 채택 여부를 가리는 투표가 열리는 날 국제연합 총회 연설에서 중요한 쟁점을 피력하였습니다.

> "저는 조국에게 강력히 요구할 것입니다. 정부가 약속을 지키지 않는다면, 저는 이 문제를 해결하기 위해 반드시 전세계의 도덕적 지지를 촉구할 것입니다."[1]

인권이라는 개념을 토대로 각국 정부에게 국제사회의 일원으로서 책임을 부여한다지만, 아직 그 책임을 어떤 형태로 이행할 것인지에 대해서는 알기 어렵습니다. 한 가지 형태는 감사, 보고, 사찰 활동을 통해 실제 현실을 알리는 방식이 있습니다. 이보다 훨씬 더 적극적인 방법으로, 매우 심한 인권 침해가 발생한 경우에는 군사 작전이 필요할 수도 있습니다. 이렇듯 큰 차이를 보이는 위 두 가지 방법 외에도 인권을 통해 각국 정부가 국제사회의 일원으로서 책임을 다하도록 하는 방법은 다양합니다. "신상 공개"는 건강권과 관련하여 자주 쓰이는 접근법입니다. 예를 들면, 프랑스 단체인 국경 없는 의사회(Médecins Sans Frontières)와 미국을 본거지로 활동하고 있는 인권을 위한 내과의사회(Physicians for Human Rights)는 역학조사와 공동 묘역에서의 DNA 분석을 통해, 칠레의 독재, 이스라엘의 서안지구 점령, 제1차 걸프전쟁 과정에서 사람들의 건강이 악화되고 있는 현실을 세상에

알렸습니다.[11] 이와 같은 신상 공개 방법 외에도 외교적 대화, 제재, 그리고 가장 중요한 적극적인 원조 역시 건강과 관련된 인권 침해 문제를 해결할 방법으로 고려할 수 있습니다.

인권의 국제적 기능과 연금 수급권 연령과 같이 국가가 부여하는 권리의 차이를 비교해 보겠습니다. 필자가 현재 글을 쓰고 있는 영국에서는 65세가 되면 연금을 수급할 수 있습니다. 그러나 최근 영국 정부가 법을 개정하여 미래의 연금 수령 연령이 지금보다 높아질 것입니다. 향후 연금 수령 연령 상향 조정으로 인해 많은 근로자가 손해를 입을 것입니다. 일부 시민들은 이러한 법률 개정이 정부가 시민의 권리를 무시하는 것을 넘어 침해하는 것으로 생각할 수도 있습니다. 노조 역시 이 문제를 두고 움직임을 보이기 시작했습니다. 하지만 연금 수령 연령이 65세이든, 66세, 67세 또는 68세이든, 이는 순전히 영국 정부가 결정해야 할 문제입니다.

그러나, 영국 정부가 자국민 노년층을 열악한 환경에서 살도록 방치한다면, 국제사회는 이에 대하여 영국 정부를 추궁할 수 있고, 영국 정부의 답변이 부실할 경우, 이에 대해 분명한 반대 입장을 표명할 수 있습니다. 이를 근거로 어떤 이는 특정 나이에 연금을 수령할 권리는 없지만, 여전히 위엄 있는 은퇴와 존엄성 있는 노년에 관한 권리는 있다고 주장 할 수 있습니다. 만약 어느 국가가 공공 혹은 민간 요양원이 연로하신 어르신을 함부로 대하거나 비참한 환경에 방치하는 것을 묵인한다면, 그 정부는 마땅히 국제적으로 철저한 조사와 비난을 받아야 마땅합니다.

철학적 난제

우리가 앞서 함께 살펴본 국제규약에는 멋진 표현이 가득합니다. 그 규약들은 정말 실체가 있는 것이기는 할까요?[1] 비록 인권의 언어가 비교적 새로운 것이라 할지라도, 개념 자체는 기존의 존 로크(1632-1704)의 자연권과 깊은 관련이 있습니다. 로크는 자연권 사상의 가장 강력한 옹호자입니다. 인간을 시민으로 보지 않고 지배 대상으로 보는 봉건제도를 논박하기 위해 로크는 이론을 펼쳤습니다. 봉건적 관점에서 특정 개인이 누리는 모든 권리는 그 사람의 상위 신분의 사람이 부여하였고, 그 상위 신분의 권리는 결국 군주가 부여한 것입니다. 신이 임명한 군주는 신성한 권리를 바탕으로 세상을 다스리고, 백성들에게 자의적인 권한행사를 할 수 있었습니다. 이러한 관점에서는 군주의 어떤 행동도 자국민에 대한 권리 침해로 해석할 이유가 없습니다.

로크는 이러한 봉건사상에 대항할 진실을 구축하기로 마음 먹었습니다. 그는 제 아무리 군주라도 존중해야만 하는 인간 본연의 자연권이 있다고 믿었습니다. 더 나아가 군주의 힘은 오직 국민과 맺은 사회 계약에 따라서 부여 받은 것으로, 군주가 국민의 자연권을 침해했을 때는 이를 구제받기 위한 저항도 때로는 정당화 될 수 있다고 보았습니다. 이러한 생각을 바탕으로 로크는 인간이 생명, 자유 그리고 재산에 관하여 자연권을 가진다고 주장했습니다.[II]

자연권 사상은 현대 자유 민주주의의 근간을 이루며, 미국 헌법과 프랑스 혁명의 토대가 되는 다양한 사상에 영향을 끼쳤다는 평가를 받습니다. 그렇지만 자연권의 원칙은 결국 철저한 비판을 받게 됩니다. 제레미 벤담은 프랑스 인권선언에 대하여 "자연권은 엉터리이며, 자연적이고 절대적인 권리란 그저 터무니없는 개념"이라며 비판을 한 것으로 악명이 높습니다.[III] 벤담은 "불가침의 권리"라는 표현을 사용했는데, 아마도 "권리를 포기하거나 박탈하는 것이 불가능하다"는 의미로 사용했을 것입니다. 벤담의 주장에 따르면, "권리는 법이 낳은 자식이므로" 자연권이 법보다 먼저 탄생했다는 주장은 비상식적이며 엄밀히 말해서 자기모순입니다.[IV]

이러한 불편한 논쟁을 제대로 해소하지 못한다면 우리는 계속해서 이 어려운 문제에 직면하게 될 것입니다. 그렇다면 인권의 근본은 무엇일까요? 인권이라는 개념을 신뢰하는 주장은 무엇일까요? 사실 해당 주장은 보편적 인간성, 인간 존엄성 또는 인간 주체로서 우리의 천성, 우리의 기초적 필요, 신의 뜻에 이르기까지 매우 다양합니다. 이처럼 인권의 기반이 없어서 문제가 아니라, 너무 많은 것이 문제입니다. 어떻게 하면 인권의 기반에 대해 제대로 설명할 수 있을까요? 이에 대해 의심의 여지 없이 보편적으로 설득력 있는 설명을 하기는 어려울 것입니다.

이러한 어려움으로 인하여 세계인권선언의 초안을 작성하던 당시 있었던 논쟁과 동일한 맥락의 갈등이 되풀이됩니다. 60년 전이나 지금이나 진실은 합의된 인권의 목록이 합의된 도덕적 기반보다 훨씬 더 광범위하다는 것입니다. 물론 그 내용에 대해서는 이견이 있을 수 있습니다만, 인권이 다양한 개념으로 구성되어 있음에도 불구하고 하나의 원칙으로 통합되는 모습은 매우 놀랍습니다. 세계인권선언을 준비하는 과정에서 여러 차례 회의에 참석하면서 지대한 역할을 했던 프랑스 철학자 자크 마리탱은(Jacques Maritain)은 이와 관련하여 유명한 논평을 남깁니다.

> "프랑스 국립 유네스코 위원회의 회의에서 한 번은 '인간의 권리(Rights of Man)'에 대해 논의를 했습니다. 정말 놀라운 점은 특정권리에 격렬하게 반대하는 이념을 가진 사람들이 권리목록의 초안에 합의했다는 점입니다. 그렇습니다. 그들은 바로 이 권리 목록에 동의한다고 답했습니다. 물론 그 이유에 대한 질문을 받지만 않는다면 말이죠."[V]

정치철학자 존 롤스의 용어를 빌리면, 세계인권선언은 각자가 자신만의 도덕적 근거로 정치이념을 지지할 수 있다는 "중첩적 합의(overlapping consensus)"와 유사한 것처럼 보일 수 있습니다.[VI] 요컨대,

인권의 논리가 도출되기 위한 도덕적 근거는 다양합니다. 사람들은 세계인권선언을 저마다 각자의 도덕적 근거로 지지할 수 있습니다. 이처럼 광범위한 자유주의 체계 내의 인권 원칙은 누구나 동일한 도덕 이론을 수용한다고 상정하지 않는다는 점에서 매력적입니다.

그런데 해석에 있어서 남아있는 차이는 어떻게 해결해야 할까요? 롤스의 "중첩적 합의"만으로는 해결할 수 없습니다. 이 해석의 차이와 관련하여 세부적인 차원에서 합의가 된 결론은 없습니다. 아마도 현 상황에서는 철학적 주장의 한계를 인정하고, 법과 민주정치 제도의 발전을 통하여 위와 같은 문제가 해결되도록 하는 수밖에 없어 보입니다.[VII]

헤겔주의, 마르크스주의, 공산주의, 페미니즘과 관련된 주장을 살펴보면 권리에 기반한 주장에 명확히 반대한다는 사실을 알 수 있습니다. 즉, 타인과의 도덕적 관계를 권리의 측면에서 강조하는 문화는 무언가 잘못되었다고 시사하는 것입니다.[VIII] 이처럼 권리 개념에 기반한 도덕 담론은 사회 갈등과 구성원 간의 의견 충돌을 전제로 합니다. 이러한 갈등과 반목은 통상 피하는 것이 좋다고 여기기 때문에, 실제로 분쟁이 발생하거나 발생할 가능성이 있을 때만 권리를 주장할 필요가 있습니다.

물론 갈등을 겪지 않고 사는 것이 제일입니다. 하지만 실제로 우리는 자신이 살고 있는 곳에 매여 있을 수밖에 없기에, 안타깝게도 그 안에서 많은 갈등을 겪습니다. 특히 자원의 사용과 관련해서는 더욱 그렇습니다. 그렇기에 좋든 싫든 서로 대립되는 주장 속에서 지향해야 할

바를 추구하기 위해서는 권리 개념이 필요합니다. 그럼에도 불구하고 권리 개념에 반대하는 사람은 나름의 논지가 있을 것입니다. 권리 개념이 필요한 것은 맞지만, 주장을 제시할 때, 권리 개념을 어느 정도 활용할 것인지는 우리가 결정할 수 있습니다. 침해된 권리를 조속히 회복하려는 과정에서 갈등은 고조되고, 소송을 남발하면서 사람들은 타인을 함께 살아가는 공동체의 구성원이 아닌, 적으로 여기게 됩니다.[IX] 만약 상대방이 내 물건을 가지고 있다는 생각이 든다면, 나는 상대에게 내 물건을 돌려 달라고 정중하게 요구할 수 있습니다. 만약 돌려주지 않는다면, 되돌려 받기 위한 법적 절차를 변호사에게 의뢰할 수 있습니다. 이렇게 소송이 생활화되어 있는 사회라면 유쾌한 사회라고 보기는 어려울 것입니다. 그럼에도 불구하고 우리가 사는 세상에는 갈등이 존재합니다. 권리를 주장하는 것이 유감스러운 부분이 있지만 때로는 불가피 한 일이기도 합니다.

인권이 특정 지역의 가치와 통할 뿐, 모든 곳에서 통할 수는 없다는 비판이 자주 제기되어 왔습니다. 특히 인권의 원칙은 서구의 개념일 뿐이라는 비판과 함께, 이러한 서구 사상을 전 세계에 동일하게 적용하려는 의심스럽고 심지어 제국주의적인 정황에 대한 비판이 이어졌습니다. 이러한 인권에 대한 우려는 세계인권선언의 입안자들에게 큰 부담이었습니다. 미국인류학협회가 국제연합 총회 인권이사회에 강력한 어조로 제출한 내용을 보면 인권은 오히려 가르치려 들고 우월함을 뽐내는 단어라고 표현되어 있습니다.

"어떻게 하면 제시된 세계인권선언이 서방의 유럽과 아메리카에만 널리 알려진 가치가 아니라 모든 사람들에게 적용될 수 있는 원칙이 될 수 있을까?…(중략) 만약 개인차원에서부터 먼저 시작해야 한다면 출생의 순간부터 한 사람의 행동은 물론, 그 행동을 결정하고 정당화하며, 한 사람의 인생에 있어서 자기 나름의, 또한 주변 동시대인의 기준에서 삶의 의미를 부여하는 사고방식, 희망과 포부, 도덕적 가치는 그가 구성원으로 속하게 되는 집단의 총체적 관습에 의해 형성된다. 이러한 형성과정은 매우 미묘하고 그 파급효과는 매우 크다. 우리가 이에 대해 상당히 훈련이 되어야 만이 인식할 수 있다."[X]

미국인류학협회는 세계인권선언을 입안한 사람들에게 많은 임무를 포기할 것까지 권유하지는 않았습니다. 그보다는 세계인권선언에서 문화다양성과 자기가 속한 공동체에 맞는 도덕적 이해도를 중요하게 다룰 것을 강조하였습니다. 1999년 미국인권협회는 자체적인 선언문를 발표합니다. 이 선언에서 "인권은 고정된 개념이 아니다"라고 강조하며 다른 인권선언과 규약을 지지하였습니다.[XI] 인권에 대한 이해는 인간조건에 대해서 새롭게 알게 될 수록 계속해서 진화합니다. 미국 인류학자들은 세계인권선언을 자신들의 입장의 기초로 받아들이기 시작했습니다. 또한 인권의 원칙을 반드시 서구제국주의 관점에서 볼 필요는 없다고 결론 내렸습니다.[XII]

문화 제국주의에 대한 우려를 완전히 잠재우기는 어려울 것입니다.[XIII] 세계인권선언의 초안을 마련한 위원회에는 전 세계 많은 국가의 대표가 있었습니다. 하지만 사하라 사막 이남의 아프리카 국가 출신 대표는 없었습니다. 물론 남아프리카공화국 출신 대표가 있었으나, 당시 남아프리카공화국은 국가 수반이 백인이었습니다. 더욱이 일부 비서구 국가의 대표단은 서방 국가에서 살았거나 공부했던 사람들이었기에 문화제국주의에 관한 의심을 받기에 충분했습니다. 이러한 인권의 약점은 최근에는 인권 원칙이 "아시아 가치(Asian Values)"를 경시한 서구 중심적 가치라고 공격을 받게 되면서 더욱 부각되었습니다.[xiv]

이 아시아 가치에 대한 논쟁은 1993년 싱가포르, 말레이시아, 인도네시아와 같은 냉전 시대 서구열강의 동맹국이 30여 개국의 다른 아시아 국가들과 함께 방콕에서 개최된 회의에 참여하였을 때 화두로 떠올랐습니다. 이 방콕 회의 이후 바로 이듬해에 오스트리아 빈에서 기념비적인 인권에 관한 세계 총회가 열렸습니다. 방콕 회의는 세계인권선언에 대한 강력한 지지를 재확인하며 몇 가지 단서 조건이 포함된 선언문을 채택합니다. 이후 해당 선언문의 일부 조항에서 국제 인권 체제에 대한 열정적인 지지가 명백하게 확인된 이후 다음과 같이 표명하였습니다.

> "인권에 관한 법률문서를 체계화하는 과정과, 국제 인권 체제를 확립하는 과정에서 이룬 진전은 높이 평가한다. 하지만 이렇게 확립된 국제 인권 체제가 주로 한 부문의 권리에만 관련되어 있다는 사실은 우려한다."

이와 같은 이해하기 힘든 논평에 대하여 추가 설명은 없었습니다만, 곧 미묘하게 쓰인 세가지 단어가 눈에 띕니다.

재확인(Reaffirming) - 각국의 자주성과 영토보전을 존중하고 내정간섭을 반대하는 원칙을 재확인.

강조(Stressing) - 모든 인권에 관한 보편성, 객관성, 무차별주의, 그리고 인권을 실제로 이행하고 정치쟁점화 하는데 있어서 이중잣대를 피할 것을 강조.

인정(Recognizing) - 인권 증진 활동은 서로 대립하고 양립할 수 없는 가치를 강요하는 방식이 아니라 상호 협력과 합의를 통해 장려되어야 한다는 사실을 인정.[xv]

더 나아가 위 문서는 경제 발전의 필요성을 역설합니다. 인권 실현의 장애물로서 부국과 빈국 간 격차를 거론하며 이에 대한 관심을 호소합니다. 인권운동의 정신에 위배되는 가치를 인정하려는 조짐은 그다지 보이지 않습니다. 실제로 방콕회의의 선언문은 여성과 아동의 인권 관련하여 다른 인권 선언과 완벽하게 일치하는 용어를 사용하며 그 가치를 재확인합니다. 그럼에도 불구하고 방콕선언문에는 인권의 역할에 관하여 뚜렷하게 구분이 되는 몇 가지 요소가 있습니다.

4. 개발 원조를 늘려주는 조건으로써 인권을 활용하려는 그 어떤 시도도 제한한다.

5. 각국의 주권과 영토보전, 내정불간섭 원칙을 존중하고 정치적 압박 수단으로써 인권을 활용하지 않겠다는 원칙을 강조한다.

앞서 설명하였듯이, 만약 한 국가의 국내 문제를 타국의 적극적인 개입에 의해서 공개하는 것을 인권의 핵심으로 생각한다면, 이는 인권 원칙을 포기하는 것입니다. 방콕선언문의 전체적인 어조는 경제와 기술 분야의 개발원조를 제공하는 국제적 협력에 대한 역할을 강조하는 데 중점을 두고 있습니다. 그러나 인권의 실행상태를 감시하려는 국제적인 차원의 시도는 단호히 거부합니다. 선진국의 위선에 대해서도 넌지시 암시하고 있습니다. 이 지적에 대해 부분적으로 동의할 수 있는 이유는 1992년 방콕선언문이 발표되기 1년전, 미국은 시민권과 정치 권리에 관한 국제규약을 비준하였습니다. 물론 규약 내용에 대하여 수 많은 유보와 예외를 두는 바람에 미국에 대해서는 효과적으로 강제적인 조치를 취하지 못할 것으로 예상됩니다.

비엔나 회의에서는 "아시아 가치"와 관련하여 여러 동남아시아 국가의 대표단을 중심으로 더욱 격렬한 논쟁이 벌어졌습니다. 그 과정에서 동아시아 국가 대표단은 여러차례 논쟁에 강력히 격렬히 참여했습니다. 방콕회의 참관인이었던 싱가폴 외교부 장관은 "보편주의가 현실과 다양성을 외면하거나 부정한다면 인권의 이상에 대한 보편적 인식은 위험할 수 밖에 없다"라고 경고했습니다.[XVI] 더 나아가 중국 외교부 대변인은 "개인은 자신의 권리보다 국가의 이익을 먼저 생각해야 한다"고 주장한 것으로 알려졌습니다.[XVII]

아마르티아 센은 이 일련의 비판에 대하여 아주 차분하게 훌륭한 답변을 했습니다. 그는 "아시아의 가치"에 대하여 일반화하는 것은 어떤 면에서 순진하고 유럽중심적이라고 지적합니다. 아시아는 세계인구의 60%를 차지하며 너무나 다양한 전통, 종교와 문화가 어우러진

지역입니다. 더군다나 개인은 여러 가지 정체성과 소속감을 동시에 가질 수도 있습니다. 센은 동서양을 막론하고 모든 문화권에서 엘리트 계층은 자신들의 자유를 외쳐왔다고 주장합니다. 현대 서구 자유주의는 자유를 사회 전체에 확산시키려는 노력에서 추진력을 얻었습니다. 센은 복잡 다양한 고대 중국철학은 물론 인도철학에서도 전체주의의 전통을 받아들이는 한편 그 속에 자유주의의 전통을 내포하고 있었다는 사실을 발견했습니다.[XVIII]

다시 방콕선언문으로 돌아가서, 일부 내용에 따르면, 서구 강대국은 동양인들의 필요, 권리 및 자유를 무시해왔습니다. 그렇다고 해서 서구의 인권에 반대한다는 뜻은 아닙니다. 오히려 이를 위선적이지 않은 인권의 토대를 적용시키기 위한 주장으로 보아야 합니다. 방콕선언문 자체는 이중잣대에 대해 경고합니다. 우리가 확인할 수 있듯이 세계인권선언은 특권층이 아닌 서민을 보호하고자 마련되었고, 방콕선언문은 그러한 핵심 요지를 제대로 일깨워줍니다.

방콕선언문 작성자들이 넌지시 화두를 던지고 비엔나 회의에서 재차 강조되었던 또 한 가지 핵심 쟁점은 아시아 국가들이 자국 내정에 대한 간섭을 매우 불쾌하게 생각한다는 점입니다. 그러나 이 문제는 비단 아시아 국가에만 해당하는 것은 아닙니다. 미국 또한 자국의 주권 행사를 강력히 주장하느라 타국의 비판을 잘 받아들이지 못한다고 생각하는 사람도 많을 것입니다. 또한 고문을 자행한 것과 같은 인권 유린에 대하여 책임져야 한다는 비판 역시 미국이 안 받아들인다고 생각하는 사람들도 있습니다.

안타깝지만 1930년대부터 1940년대 초반까지 유럽에서는 강력한 국가 통치권과 균형을 맞출 시민권이 제대로 형성되지 못했습니다. 이러한 통치권에 대한 시민의 대항력을 마련하고자 하는 것이 인권의 요체라는 사실을 계속해서 상기할 필요가 있습니다. 이는 특히 권력을 가진 사람에게는 항상 불편한 진실입니다. 그러나 이점이야말로 인권선언 안에 국가 권리선언이 끼어들 여지가 없는 이유이기도 합니다.[XIX] 아시아인은 서구인과 마찬가지로 인권을 누릴 자격이 있고, 인권이 필요합니다. 미국인류학협회에서 주장하듯이, 서로 다른 국가마다 자국 문화에 가장 적합한 방식으로 인권을 구현할 수 있는 여지는 충분합니다.

일반논평 14조

이전 장에서 일반논평 14조에 대하여 살펴보았습니다. 건강권에 관한 현실적인 질문에 대하여 상세히 알아보기 전에 이 조항에 대하여 더욱 심층적으로 검토할 필요가 있습니다. 해당 조항에서 건강권이라는 것이 실제로 무엇인지 분명히 하기 위해 어떠한 노력이 이루어졌는지 더욱 자세히 알아보겠습니다.

우리는 이미 일반논평 14조의 주요 특징에 대하여 알아보았습니다. 점진적 실현과 핵심의무 개념 등이 바로 그것입니다. 우리는 또한 건강권이 단순히 건강할 권리가 아니라는 것 역시 잘 알고 있습니다. 그 누구도 건강할 권리를 가지고 있다고 볼 수는 없기 때문입니다.

우리의 건강이, 또한 삶 자체가 어떻게 달라질지 모르는 상황에서, 얼마나 많은 자원을 이용할 수 있든지 간에 우리 모두는 질병에 근본적으로 취약할 수밖에 없습니다. 동시에 건강권은 단지 의료 서비스를 이용할 권리를 의미하지 않습니다. 의료 서비스를 얼마나 합리적으로 잘 이용할 수 있는지에 대한 문제는 수많은 건강 결정 요소 중 하나 일뿐입니다. 건강권은 마치 치료받을 권리와 건강할 권리 사이 어딘가에 자리 잡고 있는 것처럼 보입니다. 그렇다면 건강권의 개념을 어떻게 명확히 할 수 있을까요?

철학자 헨리 슈는 그가 칭한 일련의 "일반적인 위협"에 대항하여 보호 조치를 취하는 것이 인권이라고 밝혔습니다.[1] 그의 개념을 건강권에 적용하면, "건강에 대한 일반적 위협"으로부터 개인을 보호하는 것이라고 할 수 있습니다. 물론 여전히 불분명할 수도 있지만, 이는 최소한 논의의 쟁점을 제공한다는 점에서 의미가 있습니다.

일반논평 14조는 모두가 이러한 일반적인 위협으로부터 보호 조치를 보장받아야 한다고 설명하는 것이라고 할 수 있습니다. 위 조항에 따르면, 건강권은 정부에 다양하게 부과된 의무로 구성됩니다. 실제로 14조에는 건강권의 개념을 뒷받침하는 "상호 연관된 여러 가지 필수 요소"가 명시되어 있습니다. 이러한 "필수 요소"는 원활하게 운영되는 보건 시스템의 특징을 잘 설명하고 있습니다.

첫째, 이용가능성(availability) 측면에서 살펴보겠습니다. 당연한 말이지만, 공중보건 기관이나 의료서비스 시설의 수는 사람들의 필요를 충족시켜야 합니다. 이러한 시설에는 대형병원, 1차 병원, 필수 의약품 그리고 적절한 보수를 지급받는 의료진은 물론이고 안전하게 마실 수 있는 물과 적절한 위생 수준을 유지할 수 있는 시스템이 포함된다고 분명히 명시되어 있습니다.

다음은 접근성(Accessibility)입니다. 이 접근성 항목은 다음의 네 가지 측면에서 생각해 볼 수 있습니다.

1) 무차별성

2) 신체적 접근성 - 필요한 것을 얻기까지 안전한 이동 (물과 위생 측면 포함)

3) 경제적 접근성 - 합리적인 의료 비용(극빈층을 포함)

4) 정보 접근성 - 일반 대중에게 건강 정보를 원만하게 제공

접근성 요소는 그 범위가 넓습니다. 예를 들면, 일부 개발도상국에서는 많은 사람들이 물을 기르거나 화장실을 사용하기 위하여 상당한 거리를 이동해야만 합니다. 대체로 그 이동 경로가 위험하다고 볼 수 있는데, 특히 부녀자들은 폭력과 성범죄의 위험에 노출되어 있습니다. 이러한 위험한 상황과 관련하여 많은 논의가 필요하지만, 일반논평 14조는 이러한 위험이 존재하는 것은 정부가 국민의 건강권을 수호할 의무를 저버린 것이라고 분명히 밝히고 있습니다.

세 번째로 알아볼 건강권의 필수 요소는 바로 수용성(Acceptability)입니다. 이 수용성 항목을 통해 의료시설과 의료 서비스가 의료 윤리에

부합하는지, 또한 문화적으로 적절하게 수용될 수 있는지 여부를 살펴봅니다. 여기서 문화적 수용 가능성이란 모든 개인과 소수 집단, 민족 및 지역사회의 문화를 존중하고 젠더와 생애 주기 요구사항을 세심하게 헤아리는 것과 같이 복잡한 문제를 포함합니다.

네 번째이자 마지막 요소는 질적 요소(Quality)입니다. 의사는 반드시 잘 훈련되어야 하고 의료기기는 제대로 작동해야 하며, 약품은 유통기한을 넘겨서는 안 됩니다. 지금까지 이상적인 시스템을 위한 요소를 살펴보았으니, 이제는 현실에서 각 요소의 가치가 달성될 수 있을지 알아보겠습니다.

일반논평 14조는 또한 정부가 구체적인 조치를 취하기 위해 반드시 해야 할 것에 대해 명확히 하고자 합니다. 인권 원칙이 진화하면서, 정부의 의무를 존중의 의무, 보호의 의무, 그리고 이행의 의무 이 세 가지로 나누는 것이 보편화되었습니다. 일반논평 14조 역시 같은 패턴을 따릅니다. 존중의 요소는 정부와 국민 사이의 직접적인 관계를 규율합니다. 정부는 의료 서비스를 제공하는 것과 관련하여 차별을 해서는 안 됩니다. 예를 들어, 정부는 소수인종이라는 이유로 의료 서비스 제공을 배제할 수 없습니다. 정부는 전통의학을 막아서는 안되고, 안전하지 않은 약의 판매를 허락해서도 안됩니다. 또한 특수한 정신 질환이나 전염성 질환을 제외하고는 국민에게 강압적으로 치료를 강제해서도 안 됩니다. 피임을 제한하거나 건강 관련 정보의 공개를 보류해서도 안되겠습니다. 더 나아가 정부는 환경을 오염시켜서도 안 되고, 위험한 결과를 초래할 수 있는 핵실험도 해서는 안 됩니다. 또한 형벌적 수단으로 의료 서비스를 제한해서도 안됩니다.

위와 같은 목록이 길어지면 길어질수록 더 많은 문제들이 거론될 것입니다. 예를 들어, 정부가 전통의학이 안전하지 못하다고 판단하는 경우, 이는 위에서 살펴본 정부가 이행해야 할 의무와 상충되는 것입니다. 또한 많은 사람들이 피임할 자유를 제한하는 것은 인권을 위반하는 것이라 동의하겠지만, 이러한 인식이 전 세계적으로 공유되는 것은 아닙니다. 위의 여러 가지 예는 인권 원칙에 대해 모든 것이 정해진 것은 아니라는 사실을 우리에게 다시금 상기시킵니다.

하지만 아무리 위에서 언급한 많은 조항이 단조롭고 평범해 보이더라도, 누군가 당연하게 여길지 모르는 것에 대하여 살펴보기 전까지는, 건강권이 침해되는 것을 인지조차 하지 못할 것입니다. 가령, 모든 재소자가 항상 일반 시민들과 동등하게 치료받을 수 있을까요? 역설적으로 일부 국가에서는 사회에 있을 때보다 수감되어 있을 때 의료지원을 받을 기회가 더 많이 있음에도 불구하고, 여전히 교도관이나 행정부 인사는 형벌의 의미로 재소자가 더 심각한 건강 문제에 노출되어도 상관없다는 사고방식을 갖고 있을 수 있습니다. 그러나 일반논평 14조에 따르면 형벌 목적의 치료 거부는 인권침해입니다.

무차별 원칙의 성립 요건도 살펴보면 꽤 흥미롭습니다. 예를 들어 많은 국가의 정부는 도심 지역에 집중적으로 높은 수준의 시설을 갖춘 대형병원을 설립하고 운영하기를 선호합니다. 이러한 경향 역시 지방거주자에 대한 차별은 아닐까요? 이처럼 건강권을 존중하는 것은 쉬운 일이 아닙니다.

두 번째 의무는 "보호의 의무"라는 주제에 속합니다. 이 의무는 국가에 그 어떤 당사자도 국민의 건강권 실현을 방해하지 않도록 막아야 할 의무를 부과합니다. 예를 들면 정부는 사설 의료서비스 때문에 국민들의 치료받을 기회가 제한되도록 방치하거나, 의료진에 대한 자격 부여 및 관리를 소홀히 해서는 안 됩니다. 더 나아가 정부는 해로운 사회관습으로부터 자국민을 보호해야 합니다. 일반논평 14조에는 다음과 같이 명시되어 있습니다.

> 정부는 해로운 사회/전통 관습 때문에 국민이 산전/산후 의료 서비스를 받는 데 어려움이 없도록 하고, 합리적인 가족계획을 수립할 수 있도록 보장할 의무가 있다. 즉 여성이 원하지 않는 전통 관행(예: 여성 성기 훼손)을 제삼자가 강제하지 못하도록 해야 한다. 정부는 또한 사회 취약계층 중 특히 여성, 아동, 청소년, 노인이 사회적 성(젠더)에 근거한 각종 폭력으로부터 보호받을 수 있도록 조치를 취해야 한다.

물론 언제 터질지 모르는 문제는 한둘이 아닙니다. 혹자는 "여성 성기 훼손"이라는 용어보다는 "성기 절제"라는 보다 중립적인 어휘로 묘사해야 한다고 주장합니다. 또한 이 행위가 정당한 문화 관례기에 이를 금지하는 것이야말로 타인의 인권을 침해하는 것이라고 주장합니다. 마찬가지로, 많은 이들이 피임과 관련하여 종교적 관점에서 주장을 펼칩니다. 임신중절은 도덕적으로 받아들일 수 없기 때문에 정부는 해당 의료 서비스와 관련 정보 제공을 제한할 수 있을 뿐 아니라, 심지어 이를 제공하는 것은 도덕적으로 잘못되었다고 주장하기도 합니다.

이러한 모습은 인권 원칙 자체에 상당한 논쟁거리가 있다는 사실을 다시 한번 보여줍니다. 또한 위원회가 위와 같이 논란이 되는 주요 쟁점에 대하여 어느 쪽 의견을 받아들일지 여부를 떠나서, 해당 문제에 대해 고심할 자격은 있는지, 분별력 있는 판단을 할 수 있는지에 대하여 의문이 들 수 있습니다. 가령 미국은 일반 논평 14조에 대하여 건강권의 개념을 최초의 이론적 기반을 넘어 임의로 무책임하게 확장 시켰다며 비판했습니다. 미국은 다음과 같이 주장합니다.

> "일반논평 14조는 개인적인 역량에 따라 활동하는 개개인의 의견을 표출한 것이지, 국가 차원에서 심사숙고한 결과물이 아니다. 미국은 이러한 국제기구의 공식 문서를 고려하지 않겠다."[11]

우리는 지금까지 일반 논평 14조에 명시된 존중과 보호의 의무에 대해 살펴보았습니다. 다음으로는 차별금지(존중 의무)와 제삼자 침해방지의무(보호 의무)에서 한 단계 더 나아가, 국가가 책임져야 할 모든 적극적 의무(positive obligation)를 제시한 이행의 의무(duty to fulfil)에 대하여 살펴보겠습니다.

이행의 의무의 기본적인 개념은 물론 건강권이 국가 차원에서 정치 및 법률 시스템 속에서 효력을 발휘할 수 있도록 하기 위해 마련되었습니다. 이러한 이행의 의무에는 앞서 살펴보았던 이용가능성, 접근성, 수용성, 그리고 질적 요소의 기준을 충족시키는 적합한 범위와 수준의 의료서비스를 제공하는 것은 물론이고, 국가 보건정책을 수립하는 것이 포함됩니다. 인권을 충분히 보호받지 못하는 소외 계층은 더욱 각별히 돌봐야 합니다. 여성, 아동, 노인, 원주민 그리고 장애인 등 실질적으로 사회 내 권력 수단에 접근하기가 어려운 사람이라면 누구나 그러한 각별한 돌봄이 필요합니다.

국제적인 의무와 관련하여, 누구나 경제적, 기술적 지원을 제공할 의무에 대한 언급을 기대할 수 있습니다. 특히 전 세계에 걸친 국가 간, 계층 간 심각한 건강 불평등이 존재하는 상황에서 이는 충분히 생각해 볼 문제입니다. 하지만 여기서 끝이 아닙니다. 국가 차원에서 존중의 의무와 보호의 의무가 있듯이, 국제사회 역시 이러한 의무를 이행해야 한다고 보아야 합니다. 그 어떤 나라도 다른 국가 국민의 건강을 해치는 행동을 해서는 안 됩니다. 일반논평 14조에는 그 어떤 국가도 의약품과 의료용품에 대하여 금수조치를 부과해서는 안 된다고 분명히 명시되어 있습니다. 더 나아가 정부는 제삼자가 타국 국민의 건강권을 해치는 행위를 막아야 할 의무도 있습니다. 가장 중요한 부분은 국제 금융 기구에 대한 비판적인 언급입니다. 특히 세계은행(World Bank)과 국제통화기금(IMF)이 회원국에 강요한 경제 정책 때문에 회원국의 보건 시스템이 약화되고 보건 역량이 저해되었다는 비판에 주목할 필요가 있습니다.

더 광범위한 차원에서, 각국이 각자 역량 내에서 인도주의 활동과 비상사태 발발 시 재난구호 활동에 대한 의무를 다해야 한다고 일반논평에 명시되어 있습니다. 더 나아가 국가만이 국제적 합의를 할 수 있는 당사자이지만, 모든 개인, 조직, 사기업 역시 건강권을 실현하는 데 있어 각자 맡은 책임이 있다고 주장합니다.

위에서 살펴본 여러 가지 의무는 경제, 사회, 문화 권리 위원회에서 각 회원국이 도달할 수 있는 최고 수준의 신체와 정신 건강을 달성하기 위해 전력을 다해야 한다고 본 내용입니다. 그렇다면, 각국 정부는 어느 수준으로 위와 같은 의무 사항을 준수해야 할까요? 2008년에 란셋(The Lancet)에 발표된 기념비적인 논문에서, 유엔 건강권 특별 조사 위원으로서 자신의 임기를 마무리한 폴 헌트는 동료들과 함께 각국의 건강권 실현 수준을 평가할 방법을 확립하는 작업에 착수했습니다. 194개국에서 72가지 지표를 가지고 조사를 실시하였습니다.[iii] 별로 놀랄 일도 아니지만, 폴 헌트 팀의 표현대로 "국제적으로 이용할 수 있다는" 정보가 실제로는 이용할 수 없었습니다. 예를 들면, 정부가 국가 보건 정책을 채택하기 전에 건강영향평가를 책임지고 착수해야 하는지, 의사와 간호사 양성 과정에 인권 교육이 필수적으로 포함되어야 하는지에 관한 정보는 찾기 어려웠습니다. 모든 나라가 의무를 다하지 않았다는 말씀을 드리려는 것이 아닙니다. 다만 그 어떤 나라도 자국민이 정부의 의무를 쉽게 파악할 수 있도록 조치를 취하지 않고 있다는 점을 강조하고 싶습니다. 세계보건기구의 원조 대상이었던 국가가 오히려 부유한 국가보다도 정부의 의무와 관련하여 더 많은 정보를 이용할 수 있도록 해 놓은 경우도 있었습니다. 하지만 일부 국가의 경우, 이용할 수 있는 정보를 거의 찾을 수 없었습니다.

비평가들은 각 정부가 건강권 기준을 잘 준수하고 있는지 관리할 수 있을 정도로 건강권의 개념이 방법론적 측면에서 명확한지에 대하여 우려를 제기했습니다. 그럼에도 불구하고 란셋(Lancet)에 실린 논문은 전 세계적으로 각국이 얼마나 건강권을 잘 실현했는지를 보여주는 좋은 자료입니다. 일반논평 14조는 엄밀히 따지면 정확하다고 보기는 어렵습니다. 기대수명, 일 인당 의약품 지출액 등 일부 의문점은 분명 건강과 관련이 있지만, 이에 대해 어떻게 정답을 내놓을 수 있을지는 불분명합니다. 과연 지출은 어느 정도 해야 의무를 준수하는 것일까요?

다른 질문은 절차상의 문제와 더욱 관련되어 있습니다. 가령, 국가의 시민 등록시스템에 성별, 인종, 도시/지방 거주 구분, 사회경제적 지위, 연령 등 세분된 정보를 수집하는 문제 등을 말합니다. 다른 여러 가지 지표는 깨끗한 물 이용 가능 여부, 여성에 대한 폭력이 만연한 수준 등 다양한 사회적 건강 결정 요소를 다룹니다. 실제로 이러한 조사는 국가가 건강권을 인정한 국제 협약을 몇 개나 비준했는지에 직설적으로 물어보며 시작합니다. 두 번째로 건강권이 국내법으로 인정되었는지 물어봅니다.[IV]

하지만 이번 장에서 특히 흥미롭게 눈여겨볼 부분은 해당 조사 내용에서 국가 보건 정책 및 계획에 대해 강조한 부분입니다. 일반 논평 14조의 작성자들은 점진적 실현이라는 개념을 분명히 매우 진지하게 받아들였을 것입니다. 전 세계적으로 여러 국가들이 건강권을 점진적으로 실현할 수 있다는 생각은 비현실적일 수 있습니다. 그래도 우리가 실제로 점진적 실현의 의미를 바르게 이해할 수 있다면, 앞서 언급한 조사를 통해서 많은 국가가 다양하고 적절한 계획을 수립하여 점진적 실현을 위해 얼마나 진정성 있는 노력을 했는지 확인하려고 할 것입니다.[V]

란셋(Lancet) 리포트를 보면, 신뢰할 수 있는 정보를 도출하기 위해 들였던 엄청난 노력을 했다는 사실을 알 수 있습니다. 단순히 수치를 집계하기 위해 투여된 인력과 자원, 그리고 실제로 모니터링되는 근본적인 계획은 거대한 관료주의적 권력 행사로 보일지도 모릅니다. 그러나 바로 이점에 주목할 때, 우리는 거대한 조직의 역설을 목도하게 됩니다. 누구나 책임을 중요하게 여깁니다. 이 책임을 잘 이행하려면 관료제가 필요합니다. 그러나 많은 사람들이 관료제에 대해 반감이 있습니다. 책임 구조를 명확히 하기 위해서 관료제가 필요한 것은 맞지만, 관료제 그 자체만으로 책임 구조를 보장하기는 어렵습니다.

그러나 분명 연령, 성별, 인종, 사회경제적 지위 등과 같은 세부 정보를 수집하는 것은 매우 큰 도움이 될 수 있습니다. 우선 이렇게 수집된 정보를 기반으로 정부는 사용하는 자원이 의도한 대로 효과를 거둘 수 있는지, 특히 사회취약계층에게 도움이 될 수 있을지를 감시하고 관리합니다. 두 번째로 수집된 정보를 기반으로 한 국가의 보건정책이 국제사회에 공개될 수 있습니다. 만약 해당 국가가 자국의 명성을 중시한다면, 위와 같은 정보 공개 과정에서 변화를 유도할 수 있을 것입니다.

그러나 목표를 이루게 되면 그 자체로 목표가 종료된다는 사실을 인지해야 합니다. 수치로 드러나는 목표 달성에 집중하는 것은 본래 구성했던 질적 측면의 발전을 저해하기도 합니다. 이 딜레마를 극복할 수 있는 손쉬운 방법은 없을 것 같습니다. 그러나 최소한 지금과 같은 상황에서 광범위한 목표와 관련하여 모니터링을 하는 것은 단점보다는 장점이 많을 것입니다.

실제 현실의 건강권

우리는 이 장에서 지금까지 주로 개념적이고 철학적인 질문에 대하여 살펴보았습니다. 한 가지 상당히 다른 주장은 우리가 인권의 정치사회학이라고 부를 수 있는, 특히 권리의 옹호와 부여의 문제에 중점을 둡니다. 근래 수십년 동안 수 많은 인권 단체들이 억압된 사람들을 보호하기 위해 탄생했습니다. 이렇게 탄생한 단체 중 대표적인 조직이 바로 출범한지 50주년을 넘긴 국제 사면 위원회(Amnesty International)와 국제 인권 감시단(Human Rights Watch)입니다. 이러한 단체는 권리를 침해 받은 사람들을 대신하여 인권 캠페인이나 로비 활동을 벌이거나, 법적 조치를 취하기도 합니다.

비록 취약 계층의 권한을 더욱 박탈하는 결과를 낳는 측면도 있지만, 이러한 활동은 대체로 매우 효과적이고 유익하다는 평가를 받습니다. 타인을 위해 열정적으로 활동하는 인권 운동가들은 대부분 선진국의 상류층 출신입니다. 그리고 취약 계층은 이러한 인권 운동에 직접 참여하기보다는 수동적으로 수혜를 입는 것에 그칩니다.

　다시 한번 우리는 이러한 측면이 진실로 큰 위험이라는 것을 인정해야 합니다. 그리고 비정부기구 스스로 자신들의 활동 때문에 취약계층의 권한 박탈 문제가 악화될 수 있다는 점을 고려하도록 장려해야 합니다. 이러한 이유로, 인권 활동에 있어서 가장 고무적인 발전 중 하나는 바로 취약계층 스스로가 자신의 권리를 지키도록 돕는 것입니다. 이에 대해서는 추후 다루도록 하겠습니다. 비정부기구의 역할은 다양한 지원을 통해 취약계층이 급진적이고 권한을 행사할 수 있는 공동체를 조성하도록 지원함으로써, 미래에 스스로 투쟁할 수 있도록 하는 것입니다. 따라서 비정부기구는 인권 운동 캠페인의 목표는 물론 그 목표를 달성하기 위해 활용한 수단에도 반드시 집중해야 합니다. 이처럼 비정부기구의 목표는 앞에서 언급한 임무를 수행하여 더 이상 각 기구가 존재할 필요가 없도록 하는 것입니다. 이것이 어렵다면, 단체의 존립 이유에 대해서 정기적으로 검토해야 합니다. 모든 개발 분야 비정부기구는 이러한 내용을 사명 선언문에 명시해야 합니다.

　최근 들어 건강권을 옹호하는 움직임이 실제로 좋은 결과보다 해악을 끼쳐왔다는 다급한 비판이 제기되었습니다. 윌리엄 이스터리 (William Easterly)[I] 는 해당 문제에 관하여 매우 통찰력 있는 주장을 펼쳤는데, 우리는 이를 신각하게 받아들여야 합니다.[II] 이스터리의 구체적인 주장에 따르면, 건강권을 근거로 압박하는 것은 보건 시스템을 운영할 때 우선순위 정책을 왜곡시키고, 특정 개인이 보건 자원을 전용하는 문제를 초래할 수 있습니다.

즉, 목소리를 가장 크게 내고, 소송을 가장 효과적으로 진행한 사람부터 건강권을 실현하게 되고, 이러한 불합리한 구조 때문에 정부로서는 보편적인 보건 증진 정책을 펼치기 어려워진다는 주장입니다. 이처럼 이스터리는 건강권을 추구하는 과정에서 오히려 자원이 비효율적으로 사용된다고 주장했습니다. 그렇기 때문에 비용 대비 효율성의 측면에서 보건 증진 효과를 극대화하는 전략을 펼치는 것이 사회적으로 더 나을 것이라고 강조했습니다.

이와 관련하여 최소 두 가지 문제를 고민해 볼 필요가 있습니다.[III] 그중 하나는 인권의 문화가 변호사를 통하여 법률 서비스를 이용할 수 있는 부유층과 사회적 네트워크를 잘 구축하고 있는 사람들에게 유리하다는 점입니다. 두 번째 문제는 인권 옹호 활동이 특정 문제에 집중하는 것을 독려한다는 점입니다. 에이즈, 말라리아, 모자보건 문제 등이 대표적인 예입니다. 이러한 문제들은 소위 "수직 문제"라고 합니다. 이처럼 자원을 한 가지 문제에 집중하다 보면, 전체 보건 시스템의 안정적인 운영이 심각하게 훼손되는 결과를 초래할 수 있습니다.

한 가지 문제에 치중하여 건강권을 옹호하는 방식은 전체 보건 시스템을 오히려 망가뜨릴 수 있다는 이스터리의 주장은 옳습니다. 사하라 사막 이남의 아프리카 지역에서 논의되었던 문제를 예로 들자면, 막대한 자금이 에이즈 관련 프로그램에 치중되자, 출산 시 돌봄 서비스를 받을 수 있는 비율은 줄었습니다.[IV] 그 이유는 보건 인력이 더 많은 보수를 받을 수 있는 캠페인으로 몰리는 바람에 일반 진료 영역에 투입될 수 있는 전문인력이 대폭 줄었기 때문입니다. 이는 매우 심각한 문제로, 4장에서 다시 다룰 예정입니다.

그러나 이스터리가 왜 수직 프로그램의 문제가 어떤 방식으로든 건강권과 밀접하게 관련되어 있다고 생각하는지는 불분명합니다. 건강권에 대한 옹호는 한 가지 문제에 집중하는 프로젝트가 그러하듯 공중 보건 시스템을 포함한 보건 시스템 전반의 문제를 해결하고자 하는 노력으로 이어질 가능성이 큽니다. 실제로 문제를 더욱 잘 파악하게 되면서 건강권을 지키려는 노력은 특정 질병에 집중하기 보다는 시스템 전체에 더욱 중점을 두게 됩니다.

인권의 문화가 실제로는 부유하고 사회 인적 네트워크가 공고한 사람들이 자원을 전용하도록 흘러간다는 이스터리의 주장은 엇갈린 평가를 받고 있습니다. 이와 관련하여 3장에서는 법원의 역할을 살펴보겠습니다. 그중에 남아프리카공화국의 사례가 가장 주목받습니다. 남아공 판사들은 법원이 보건 시스템 운영에 필요한 자원 배분 결정을 하는 것은 적절하지 않다고 판단했습니다. 실제로 남아공 법원이 건강권을 근거로 정부가 비용-편인 분석에 따라 내린 정책 결정을 뒤집은 사례는 없습니다. 우리가 이번 장에서 살펴보았듯이, 신상 공개를 통한 비행 폭로 정책은 비교적 흔하고 효과적입니다.[v] 특히 경제적으로 어렵고 취약한 세층의 문제일수록 더욱 적극적으로 활용될 수 있습니다. 반면, 법원의 결정이 인권침해에 대한 최종적인 제재일지라도, 실제로는 많은 국가에서 법원이 그러한 역할을 수행하는 경우는 드뭅니다.

　이라크 침공의 여파로 발생한 초과 사망(excess deaths)에 관한 연구를 생각해 봅시다. 이라크 침공 이후, 평시보다 훨씬 많은 민간인 사망자가 나왔습니다. 우리가 눈여겨보아야 할 사실은, 폭격에 의한 사망자 외에도 다른 변수가 있다는 것입니다. 즉 전쟁이 발발하면 보건 문제가 늘어나지만 이에 대처할 보건 시스템의 역량은 약화됩니다. 이 때문에 많은 사망자가 발생하게 됩니다. 엄밀히 말하면 이는 인권 의제에는 포함되지 않을 수 있으나, 인권 의제의 목적과는 매우 적절하게 관련된 주제입니다.[VI]

　그러나 저마다 다른 법 전통을 이어온 여러 국가의 법원이 동일한 판단을 한 것은 아닙니다. 남아메리카에서는 건강권 논쟁을 다룬 수만 건의 판례에서 법원은 의료 서비스를 제공하라는 판결을 내렸습니다. 해당 판결 중 대부분이 공적 자금으로 상당한 고가의 약품을 제공하라는 것이었습니다.

　예를 들면, 현재 브라질에서는 생존권과 건강권을 내세워 의료서비스 제공을 요구하는 소송이 유행병처럼 번지고 있다고 합니다. 여기에는 에이즈 뿐 아니라, 다른 여러 가지 질병까지 포함됩니다. 특히 당뇨, 알츠하이머, 다발성 경화증 등이 주를 이룹니다. 승소한 사람들을 살펴보면, 사회적으로나 경제적으로 상류층이 주를 이루는 경향이 있습니다.[VII] 이러한 추세가 얼마나 사회에 악영향을 끼치는지 분명하게 알기 어렵지만, 건강 형평성과 비용-편익 분석에 의한 정책 결정에 부정적인 영향을 끼칠 것입니다. 이스터리의 이의제기를 통해 얻는 교훈은 매우 중요합니다. 결국 어떤 좋은 일을 하려는 시도가 아무런 해를 끼치지 않을 것이라고 안일하게 생각해서는 안 된다는 점입니다. 다른 모든 것들과 마찬가지로, 권리를 옹호하는 것 역시 마찬가지입니다.

이번 장의 목표는 건강권이라는 개념이 두 가지 측면에서 받는 압박을 살펴보는 것이었습니다. 첫 번째 우려는 건강권의 도덕적 기반에 관한 것입니다. 두 번째 우려는 실제 적용 방법과 그 결과에 관한 것입니다. 건강권의 의미와 그 토대 및 함의에 대하여 알아보면서 일반논평 제14조의 형태로 제시된 구체적인 내용을 자세히 살펴보았습니다. 동시에 모두가 이러한 비판에 관하여 적절한 답변이 제시되었다고 생각하는 것은 아니라는 점도 인정하였습니다. 이제는 건강과 인권의 현실 세계에 눈을 돌려 질환과 질병이 개인과 사회 차원에서 각각 어떻게 나타나는지 살펴보아야 할 때입니다. 이와 더불어 인권의 관점에서 건강을 생각하는 것이 어떻게 고통을 막거나, 최소한 경감시키는 데 도움이 될 수 있는지 고민해 보아야 합니다. 다음 장에서는 위의 과제를 국제 보건에 있어 핵심적인 영역인 인간면역결핍 바이러스(HIV)와 후천성면역결핍증(AIDS) 문제에 대한 자세한 사례연구를 통해 살펴보도록 하겠습니다. 해당 바이러스와 질병 사례를 통해 건강권 이론과 건강권 운동이 선진국에서 시작하여 이제는 세계적인 대응의 일환으로 어떠한 양상으로 발전했는지 살펴보겠습니다.

HIV/AIDS and the human right to health

제3장 **인간면역결핍바이러스(HIV), 후천성 면역결핍증(AIDS)과 건강권**

건강권에 대한 자각

건강권 운동과 관련한 이야기는 인간면역결핍바이러스(HIV)와 후천성면역결핍증(AIDS)을 분리해서 생각할 수 없습니다. 물론 그렇다고 해서 인간면역결핍바이러스(HIV)와 후천성면역결핍증(AIDS) 이슈만이 건강권과 관련이 있는 것은 당연히 아닙니다. 이 주제와 관련된 모든 이슈가 인권과 관련되어 있다는 말은 더더욱 아닙니다. 그렇지만 이 바이러스와 질병과 관련한 이야기를 통해 인권의 모든 측면이 부각되었습니다. 물론 인간면역결핍바이러스(HIV)와 후천성면역결핍증(AIDS) 이야기는 아직 완전한 것은 아닙니다. 자주 회자되는 주제로는 소수 집단에 대한 차별 문제, 금기시되는 주제를 다룰 필요성, 가장 취약한 계층 사이에서 퍼지는 유행병 문제, 공공 안전과 개인 이동과 행동의 자유와의 충돌, 국제적인 해당 바이러스와 질병 창궐 문제에 대응하는 과정에서 발생하는 암묵적 인종차별 문제, 값비싼 특허약 이용에 대한 현실적인 제약, 10대 청소년을 포함하여 사람들이 성행위와 관련하여 새로운 정보를 토대로 교육을 받고 인식과 행동을 바꿔야 할 필요성, 정부의 환자 방치 문제, 여러 국제 금융 기구에 의한 인권 침해 의혹 문제, 올바른 보건 운동의 역할, 치료 프로그램 운영 과정에서 의도치 않게 발생한 문제, 그리고 조나단 만(Jonathan Mann)이 언급했던 "취약성에 대한 사회적 결정요인(the social determinants of vulnerability)" 등이 있습니다.[I]

1981년 후천성면역결핍증(AIDS) 위기가 확산되기 시작했을 때, 건강권이라는 개념은 정치와 보건 영역의 의제로서 명확히 포함되지는 않았습니다. 그러나 2003년 넬슨 만델라 대통령이 대중에게 "에이즈는 더 이상 질환이 아닙니다. 인권의 문제입니다."[II]라고 선언하면서 변화하기 시작했습니다. 실제로 2010년 세계 에이즈의 날(World AIDS Day)의 주제는 "치료와 인권 보장" 이었습니다.[III]

샌프란시스코와 뉴욕의 동성애자 단체가 인간면역결핍바이러스(HIV)를 안고 사는 사람에 대한 차별과 가혹한 처우에 반발하여 시위 등 각종 인권 운동을 펼치는 과정에서 인간면역결핍바이러스(HIV)와 후천성면역결핍증(AIDS)은 인권 문제로 부상하게 되었습니다. 위와 같은 초창기 인권 캠페인은 북미와 서유럽, 더 나아가 전 세계에서 후천성면역결핍증(AIDS) 인권운동의 원동력이자 모델이 되었습니다. 궁극적으로 이러한 노력을 통해 건강 그 자체와, 의료 서비스를 받을 권리를 인권의 문제로서 검토해 보게 되었습니다. 이를 통해 건강권의 개념은 더욱 성숙하게 됩니다. 그리하여 건강권은 온갖 종류의 질병을 치료하고, 보건 시스템을 발전시키며, 위생이나 영양과 같이 건강에 근본적으로 영향을 끼치는 여러 가지 요인을 강화하는 논리로 활용됩니다. 이 장에서는 후천성면역결핍증(AIDS) 권리 운동 사례를 통해 불완전한 건강권 개념이 어떻게 발전하여 진실로 국제문제가 되었는지 다루겠습니다.

인간면역결핍바이러스(HIV) 및 후천성면역결핍증(AIDS)과 건강권은 서로의 개념을 보충하기 위해 만들어졌습니다. 이번 장에서 우리의 임무는 인간면역결핍바이러스(HIV)와 후천성면역결핍증(AIDS)이 건강권과 서로 맞물려 발전하는 모습을 살펴보면서 두 개념을 더 잘 이해하는 것입니다. 너무나 슬프게도 1998년 스위스 항공 추락 사고로 세상을 떠난 조나단 만(Jonathan Mann)은 인권과 후천성면역결핍증(AIDS) 사이의 연결고리를 만들고자 노력했던 핵심 인물 중 하나였습니다. 그는 "인권의 체계를 활용하면 인간면역결핍바이러스(HIV)나 후천성면역결핍증(AIDS) 감염에 취약하게 만드는 사회적 근본 원인에 관하여 분석하고 대응할 때 전통적인 공중보건학과 의생명과학에서 이어져 온 그 어떤 틀보다 보건 정책을 더욱 포괄적으로 일관되면서도 실용적으로 분석할 수 있다."[IV]라고 주장했습니다. 동시에 인간면역결핍바이러스(HIV)와 후천성면역결핍증(AIDS) 문제를 접하면서 건강권 운동가 역시 자극을 받아 분명히 집중해야 할 부분이 무엇인지 파악할 수 있게 되었습니다.

이 장에서 우리는 우선 여러 선진국이 인간면역결핍바이러스(HIV)와 후천성면역결핍증(AIDS)에 대응한 방식을 살펴보겠습니다.

이후 분석의 범위를 넓혀 전 세계적으로 해당 바이러스와 질병이 전파되는 과정, 특히 아프리카에서의 양상을 살펴보려고 합니다. 위와 같이 건강권의 관점에서 가장 중요한 문제를 살펴보면서 이 장의 결론 부분에서 여러 가지 다른 견해를 종합해 보고자 합니다.

HIV/AIDS의 발견과 대응

미국에서는 1981년 인간면역결핍바이러스(HIV)와 후천성면역결핍증(AIDS)의 최초 사례가 확인되었습니다. 이 새롭게 발견한 바이러스와 질병에 대해 긴박하게 대응하던 때가 선진국에서는 "역학적 과도기"로 여겨지던 때였다는 사실을 기억할 필요가 있습니다. 즉, 이 시기에 여러 선진국은 이제 전염병은 상당 부분 정복되었고, 미래의 보건 문제는 심장질환과 암과 같이 연령과 생활 습관에서 비롯된 만성질환이 주를 이룰 것이라고 믿고 있었습니다. 최근 간염과 생식기 헤르페스의 발병 때문에 의학계가 자신감에 다소 타격을 입은 적은 있었지만, 그때까지만 해도 이토록 중대한 전염병이 새롭게 등장할 것이라고는 그 누구도 예상하지 못했습니다. 하지만 이 무서운 바이러스와 질병에 관한 연구에 착수하게 되자, 의학계는 놀라운 과학적 대응을 보여줍니다.

첫 번째로 확인된 환자 집단은, 동성애자(Homosexuals), 헤로인 사용자(Heroin users), 혈우병 환자(Hemophiliacs), 아이티 사람들(Haitians)을 포함하는 "4H"라고 당시 일컬어 졌는데,[I] 때로는 매춘부(Hookers)를 포함하여[II] "5H"로 불리기도 했습니다. 이들 환자 집단에는 자연스레 이미 소외되고 낙인이 찍힌 집단이 포함되어 있었습니다.

실제로 1981년 6월 발표된 보고서를 보면, 환자의 상태에 관하여 그리드(GRID), 즉 동성애 관련 면역 결핍증(Gay Related Immune Deficiency) 이라고 언급되어 있습니다. 그 이유는 초기 환자 집단 모두가 동성애자였기 때문입니다. 이들은 상당히 떨어진 면역력 때문에 흔치 않은 감염 증세나 카포시육종(Kaposi's sarcoma)과 같은 매우 드문 증상을 보였다고 보고서에 기록되어 있습니다. 후천성면역결핍증(AIDS)은 흔히 "게이 전염병"이라고 불렸습니다. 물론 다른 특성을 보이는 환자 집단도 곧 알려지게 됩니다. 주사기로 약물을 주입하는 사람이나 혈우병의 환자 중에 발병하는 경우가 있는 것으로 보아, 사례별로 차이가 있을 수 있으나 이는 혈액을 통한 전염 가능성을 보여줍니다. 이에 반해, 아이티인 사례는 처음에 분석하기가 더욱 어려웠습니다. 일부 사람들은 출혈이 발생하는 부두교 종교의식이 전염의 원인이라고 넘겨짚기도 했습니다.[III]

심지어 1980년대 초반만 해도 우리는 인권과 인간면역결핍바이러스(HIV)와 후천성면역결핍증(AIDS)사이의 연결성을 찾을 수 있었습니다. 초창기에는 동성애자 목욕탕에서 이뤄지는 성행위나 약물 사용 등이 이 바이러스와 질병 원인으로 추정되었습니다. 이에 여러 도덕주의자는 "그런 식으로 행동하면 결과는 뻔하다"라고 주장했습니다. 이러한 사고방식을 기반으로 목욕탕 폐쇄 등 동성애에 상당한 제한을 두는 조치가 이루어졌고 대중들은 이를 지지했습니다. 이러한 조치는 공중보건 차원에서 전염을 막기 위해 시행되었지만, 그렇다고 해서 이 바이러스와 질병이 어떻게 확산된 것인지 명확하게 규명한 것은 아니었습니다. 위와 같은 정책적 조치와 태도는 해당 바이러스와 질병으로 고통을 겪고 있는 사람들과 그 가족에 대한 진심어린 걱정에서 비롯된 측면도 있습니다. 하지만 그보다도 이 바이러스와 질병에 대한 과학적, 의학적 대응에 있어서 환자의 모든 상태를 이해하고 치료하겠다는 사명감이 더 크게 작용했습니다. 물론 혈우병 환자에게는 더욱 큰 연민 의식을 느끼게 됩니다. 혈우병 환자들은 이미 매우 어려운 시간을 보내왔고, 자기 잘못으로 후천성면역결핍증(AIDS)에 걸린 것이 아니라는 사실을 사람들이 알고 있기 때문입니다.

미디어에서는 인간면역결핍바이러스(HIV) 감염자나 후천성면역결핍증(AIDS) 환자가 겪는 제한과 차별로 인한 피해, 무고한 환자를 보호할 필요성을 역설한 이야기가 많이 다루어졌습니다. 돌이켜 생각해 보면, 앞서 언급한 문제 중 일부는 건강권의 측면에서 설명할 수는 있습니다. 물론, 그렇게 하는 것이 당시로서는 매우 어렵고 생소했을 것입니다. 경제, 사회, 문화 권리는 1976년이 되어서야 회원국들이 비준함으로써 효력을 얻게 되었고, 건강권에 대한 상세한 지침을 제시한 일반 논평 14조는 20여 년이 지난 2000년이 되어서야 공표되었다는 사실을 떠올려 보십시오. 미국 단체인 인권을 위한 내과 의사회(Physicians for Human Rights)는 1986년이 되어서야 설립되었고, 한동안 고문, 사형, 비인간적인 투옥 생활과 같이 시민으로서 정치적 권리를 학대받는 문제에 중점을 두었습니다. 그런데도 인권의 문제는 또 다른 방식으로 중요하게 연관되어 있습니다. 즉, 인권은 시민 모두의 권리를 지키는 데 있어서 매우 중요합니다. 이러한 시민의 권리에는 치명적인 위협을 가하는 심각한 감염의 위험에 직면하였을 때, 이동과 결사의 자유, 편견과 차별로부터 자유로울 권리 등이 있습니다.

조나단 만(Jonathan Mann)과 그의 동료들은 건강과 인권 사이의 세 가지 연결고리를 구분하여 우리에게 도움을 주었습니다. 이에 따르면, 우선 보건 정책이 강제 감금과 같은 인권 유린을 야기할 수 있습니다. 둘째, 고문과 같이 건강에 심각한 악영향을 끼치는 인권 침해는 물론, 보건 서비스를 이용하는 데 있어서 극심한 빈곤이나 차별과 같이 보다 더 일상적인 사례도 있습니다. 마지막으로 건강권 자체가 치료받을 권리와 관련된 이슈와 직접적으로 연관된 경우도 있습니다.[IV]

앞서 살펴보았듯이, 인권은 일반적으로 정부에게 세 가지 의무를 부여합니다. 이는 바로 존중할 의무, 보호할 의무, 이행할 의무입니다. 우선 존중할 의무는 국가 주도의 차별을 하지 못하게 정부에 촉구하는 것을 포함합니다. 두 번째로 보호의 의무는 정부가 타인이나 기관에 의해 개인의 권리가 침해되는 것을 막을 것을 촉구합니다. 세 번째로 정부는 시민이 필요한 자원을 공급받을 수 있도록 보장하고, 관련 정책과 법률, 사회 기반을 마련하여, 시민들이 자신의 권리를 향유하도록 보장해야 합니다.

초창기에 인권과 건강 사이의 관계는 주로 차별, 배제 그리고 보호와 관련이 있었습니다. 첫째, 각국 정부는 후천성면역결핍증(AIDS)의 심각성을 고려하여 이 질병에 감염된 환자와, 감염 위험이 높을 것으로 추정되는 사람들을 어떻게 관리할 것인지 결정해야만 했습니다. 가령 과거 공중보건 이론이라면 강제적으로 격리를 지시했을 것입니다. 정부는 이러한 정책을 추구해야만 할까요? 이러한 조치는 환자의 권리를 존중하지 않은 것이 되는 것일까요? 정부가 후천성면역결핍증(AIDS) 환자를 강제로 격리하지 않는다면, 건강에 대한 심각한 위협으로부터 환자가 아닌 사람들을 지키지 못하는 것이 되어 정부가 이들을 보호할 의무를 저버린 것일까요?

둘째, 의료인은 어떻게 행동해야 할까요? 나미비아에서 후천성면역결핍증(HIV) 활동가로 활약하고 있는 데이비드 러쉬는 이 질병이 순전히 의학적으로는 정복 불가능하다는 근거 없는 믿음을 보여 줄 뿐이라고 지적했습니다.[v] 의학계는 상당히 오랜 시간 동안 마땅한 치료법도, 환자의 고통을 경감시킬 특별한 대책도 찾지 못했다는 절망적인 충격 속에 빠져 있었습니다. 의료진은 그저 후천성면역결핍증(AIDS)으로 인한 2차적인 감염이 발생했을 때 이를 치료할 수 있었기는 합니다. 그러나 환자의 기저질환에 대하여 의사가 진단한 것에 대해 환자에게 알려주는 일은 어떻게 해야 할까요? 당시에는 질병의 감염 여부를 판별하는 명확한 검사가 없었습니다. 이러한 상황에서 의료진은 자신의 의학적 의심을 드러내어 환자를 공포에 떨게 하거나, 반대로 환자의 안정을 위해 의학적 소견을 드러내지 않고 모든 것을 불확실한 상태로 두거나 더 나아가 거짓말로 안심시키는 방법 중 하나를 선택해야만 했습니다. 둘 중 어느 방법이 인권을 더욱 존중하는 것일까요? 근본적으로 정부는 주거, 고용, 보험 등의 문제와 관련하여 차별 문제에 대처하기 위한 정책을 수립해야만 했습니다. 개인이 누구와 어떤 관계를 맺을지를 결정하도록 허용해서 치료법이 없는 치명적인 질병에 걸렸다고 판단되는 사람과의 접촉은 정부가 차단하는 것이 합리적일까요? 아니면 이러한 조치는 정당화할 수 없는 차별일까요?

위와 같은 많은 의문은 해당 질병과 그 전염 경로에 대해 새로운 사실이 알려지면서 비로소 해소되기 시작했습니다. 초기에 해당 질병의 원인을 두고 추측을 토대로 여러 가지 가설이 제기된 끝에, 1983년이 되어서야 의학계는 미국과 프랑스에서 진행된 연구를 통해 후천성 면역결핍증(AIDS)은 앞서 알려지지 않았던, 레트로바이러스에 의해 발병하며, 체액이 교환되는 과정에서, 특히 혈액의 접촉을 통해 모든 형태의 전염이 발생한다는 데 합의가 이루어지게 됩니다. 일단 이 점을 이해하면, 명확한 감염 원인을 확인하지 않더라도 안전한 성관계, 약물중독자와 주삿바늘 공유 금지, 의료용 혈액제제, 특히 수혈에 대한 보다 철저한 관리 등 감염 사례를 줄이기 위한 공중 보건 수단을 권고하거나 이행할 수 있었습니다. 이러한 예방대책 중 대다수가 이제 일상이 되었습니다. 가령, 운동선수들의 경우 과거에는 경기에만 집중하였다면, 이제는 경기 도중 상처를 입게 되면 경기장 밖으로 나가 관리와 치료를 받습니다. 마트에서는 그동안 잘 안 보이는 곳에 진열했던 콘돔을 모두의 눈에 잘 띄는 선반에 진열하여 판매하기 시작했습니다.

하지만 감염의 인과관계에 대해 보다 정확한 설명을 할 수 있게 되면서 치료법에 대한 기대도 커졌습니다. 두창, 홍역, 유행성이하선염, 풍진, 소아마비, 독감과 같은 질병 치료를 위한 의학적 연구를 통해 백신을 개발하는 데 성공하였듯이, 후천성면역결핍증(AIDS)의 경우에도 백신을 개발하는 것이 상대적으로 자연스러운 절차라고 여겨졌습니다.[VI] 상당히 많은 연구가 진행되었는데, 특히 미국이 이 일에 적극적으로 나섰습니다.

1984년에 최초로 올린 실질적인 성과는 바로 인간면역결핍바이러스(HIV) 감염 여부를 확인하는 혈액검사였습니다. 이를 통해 진단검사를 개발하여 해당 검사 결과를 분석함으로써 조처할 수 있는 가능성이 열렸습니다. 흥미롭게도 피터 볼드윈(Peter Baldwin)은 아무리 인간면역결핍바이러스(HIV)와 후천성면역결핍증(AIDS) 관련하여 미국이 겪었던 문제가 유럽 전역에서 동일한 양상으로 발생했음에도 불구하고, 국가마다 대응 방식은 상당히 달랐습니다. 볼드윈의 주장에 따르면, 가령 미국과 스웨덴은 프랑스, 독일(바바리아주는 제외)과는 달리 더 많은 제한을 가하는 경향이 있었습니다.[VII] 미국과 스웨덴은 인간면역결핍바이러스(HIV) 양성 반응을 보이는 사람들의 이민을 거부하였고, 일부 사례에서는 환자를 강제 격리하기도 했습니다. 미국과 스웨덴이 상대적으로 더욱 자유주의를 지향하는 사회이다 보니 이러한 조치가 상당히 놀라울 수 있습니다. 물론 두 국가가 자유주의 전통으로 그 명성을 누릴 만한 자격이 있는지에 대해서는 논의가 필요할 수 있습니다. 하지만 볼드윈은 모든 국가가 훨씬 더 이전에 발생했던 전염병에 대한 대응으로서 일련의 관행과 규제를 이미 도입한 상태였다고 주장합니다. 또한 정부의 초기 대응은 대부분 기존에 가지고 있었던 정책을 다시 이행하는 정도에 그쳤습니다. 공중 보건 정책에는 격리조치를 포함할 수 있습니다. 해당 격리 조치에는 성관계 파트너에게 감염 여부 알리기, 강제 치료, 입국 제한, 수혈과 모유 수유 제한, 임산부, 성 노동자와 그 고객, 재소자, 의료진, 심지어 경우에 따라 전체 인구를 포함하여 감염 위험이 높은 집단에 대한 강제 진단 검사 실시, 접촉 경로 추적, 주소 변경에 따른 등록 및 통보, 혼인 제한, 고의 또는 부주의에 의한 전염에 대한 형사처벌 또는 시민으로서 의무 부과, 강제 불임 시술, 강제 임신 중절, 감염 아동 퇴학 조치, 유고 시 장례 절차에 대한 특수 관리 등이 격리조치에 포함될 수 있습니다.

이러한 여러 가지 전략은 여러 곳에서 시도되었는데, 서호주(West Australia)에서는 혈청 양성 반응자가 버스 기사에게 그 사실을 통지하지 않고 탑승하는 행위를 처벌하였습니다.[VIII] 다수의 지역에서 많은 조치가 후천성면역결핍증(AIDS)이 성병으로 분류되는지 여부에 의해 좌우되었습니다. 이러한 경향은 스웨덴의 사례에서 잘 확인할 수 있습니다. 인간면역결핍바이러스(HIV) 양성반응으로 확인된 사람들의경우 다른 질병을 앓는 사람들과는 달리 공적 보조금 신청이 거부되었습니다. 게다가 매우 엄격한 공중 보건 규제를 받아야만 했습니다. 심지어 수십 명의 시민들이 결국 강제 격리 조치를 당하기도 했습니다.[ix]

흥미롭게도, 우리가 2장에서 살펴본 일반 논평 14조에서는 격리 조치가 도덕적으로 적합한 상황에 대해 다루었습니다. 이와 관련하여 격리 조치가 절대적으로 필요한 경우에 제한적으로 최소한의 기간만 시행되고 검토되어야 합니다. 이후에 유럽법원은 스웨덴 정부가 인간면역결핍바이러스(HIV) 양성반응이 나왔다는 이유로 강제 격리된 원고에 대해 필요 이상으로 제한 조치를 가하여 원고의 자유권을 침해하였다고 판결하였습니다.[x]

또한 미국에서 약물중독자와 그 파트너와 같이 감염 위험이 가장 높은 여성 중에는 흑인과 히스패닉계가 압도적으로 많다는 점은 주목해야 합니다. 역사적으로 흑인과 히스패닉은 강제 불임 시술이나 우생학적 정책에 의해 고초를 겪었던 것은 물론, 다양한 차별에 시달려야 했습니다. 이런 이유로 미국에서는 세계 어느 나라보다 생식과 임신중절이 매우 예민한 문제입니다.[xi]

스웨덴과 미국이 후천성면역결핍증(AIDS) 환자의 이동과 활동을 통제하는 조치에 중점을 두고 자국으로의 이민과 방문을 제한하는 데 주력한 반면, 다른 국가들은 구분 없이 모두를 대상으로 하는 교육을 강조하였습니다. 실제로 전체주의 성향의 정책을 채택하여 예방주의 규칙과 규제를 실시하든, 아니면 자발적 행동 변화를 중점으로 동의를 구하는 정책을 채택하든, 강제가 아닌 교육에 중점을 두고 있다는 것은 널리 주목받는 사실입니다. 가장 잘 알려진 교육프로그램으로는 영국에서 1986년부터 1987년 사이에 진행된 "무지로 인해 죽어서는 안 됩니다(Don't Die of Ignorance)."가 있습니다. 이 프로그램에는 포스터, 전단지, 텔레비전 광고 등이 포함되어 있습니다. 다만 이 프로그램은 전 인류가 인간면역결핍바이러스(HIV)에 감염될 위험에 처해 있다고 오도한 측면도 일부 있습니다.

이처럼 해당 바이러스와 질병이 발견된 초창기에는 전문 의료인도 별다른 도움을 줄 수 없었습니다. 큰 노력을 기울였지만 연구 결과 역시 별다른 치료법이나 완화책을 도출하지 못했고, 정부의 대응 역시 지체되었습니다. 이러한 상황을 고려할 때, 피어 파이어트(Peter Piot)와 동료들이 주목하듯이,[XII] 시민사회가 이 문제에 관하여 앞장서는 것은 어찌 보면 당연한 일이었습니다. 이렇게 지도적인 역할을 하는 시민사회가 재정적인 측면에서 충분히 여유로워졌다고 보기는 어렵습니다만, 그래도 급진화되면서 자율적인 힘을 얻게 된 것은 불과 최근의 일이라는 점에도 주목해야 합니다.

후천성면역결핍증(AIDS)과 관련된 시민사회의 움직임은 흔히 동성애자 권리 운동의 효시로 평가받는 뉴욕 스톤월 항쟁(Stonewall riots) 이후 겨우 십 년이 좀 지나서야 힘차게 도약하기 시작했습니다. 실제로 심지어 1970년대만 해도 미국에서 동성애는 질환으로 여겨졌습니다.[XIII] 이처럼 질환으로 치부되던 동성애에 대한 인식에 변화가 일어나기 시작하자 많은 동성애자 권리 신장 단체들은 차별에 맞서 싸우기 위해 결집하였습니다. 후천성면역결핍증(AIDS)이라는 질병의 출현에 맞서, 동성애자와 양성애자 모두의 건강에 초점을 맞춘 새로운 단체들은 위와 같은 투쟁의 기운을 이어받아 활동을 펼쳐 나갔습니다. 이러한 단체들은 안전한 성관계에 대한 방법을 알리고, 의학적인 면에서나 시민으로서 정치적 권리 측면에서나 환자를 지원하는 활동을 하였습니다. 이러한 단체로는 미국의 남성 동성애자 건강 위기와 샌프란시스코 에이즈 재단(Gay Men's Health Crisis and San Francisco AIDS Foundation), 영국의 테런스 히긴스 트러스트(Terrence Higgins Trust), 에이즈로 1984년 세상을 떠난 철학자 미쉘 푸코(Michel Foucault)의 파트너였던 다니엘 드페르(Daniel Defert)가 설립한 프랑스의 AIDES 가 있습니다.[xiv]

이러한 시민 사회 단체는 후천성면역결핍증(AIDS)에 대응함에 있어서 상당히 인상적인 속도와 힘을 보여줬습니다. 1983년 마땅한 치료 방법이 없을 때만해도 후천성면역결핍증(AIDS)을 진단 받는 것은 사형선고나 다름 없었습니다. 이렇게 서구 사회가 사로잡혀 있던 편견은 여러 단체들의 활동 덕분에 서서히 완화되기 시작했습니다. 후천성면역결핍증(AIDS) 환자 자문 위원회(Advisory Committee of People with AIDS)가 제시한 덴버원칙(Denver Principle)은 인권의 어휘로 명시되지는 않았습니다. 그렇지만 위험한 전염성 질환에 감염될 위험이 높은 집단의 구성원을 위한 종합적인 인권 헌장이 갖추어야 할 요소들을 잘 보여준 핵심 원리 입니다. 이 문서는 후천성면역결핍증(AIDS) 환자를 구분하는 방식과 관련하여 다음과 같이 강력한 의견을 표명합니다.

"우리에게 '희생자'라는 꼬리표를 붙이려는 시도에 반대합니다. 이는 그저 패배를 의미할 뿐입니다. 희생자라는 개념 아래 우리는 그저 때때로 '환자'일 뿐이며, 이는 수동성, 무기력, 그리고 타인의 보호 및 관리에 대한 의존을 의미할 따름입니다. 우리는 후천성면역결핍증(AIDS) 감염인(People With AIDS)입니다."

다음으로 덴버원칙은 "의료진을 위한 조언", 그 다음에는 "모두를 위한 조언", 이어서는 "후천성면역결핍증(AIDS) 감염인을 위한 조언", 그리고 마지막으로 "후천성면역결핍증(AIDS)과 함께하는 이들의 권리"에 관하여 언급합니다. "모두를 위한 조언"부터 상세히 언급할 가치가 있습니다.

"모두를 위한 조언"

1. 후천성면역결핍증(AIDS)이 일상적인 사회적 접촉에 의해 전염될 수 있다는 증거는 없습니다. 그렇기 때문에 후천성면역결핍증(AIDS)과 함께하는 우리를 직장과 집에서 내쫓고, 우리와의 접촉을 거부하고, 우리가 사랑하는 사람, 우리의 공동체, 동료로부터 우리를 떼어 놓으려는 자와의 투쟁을 지지하고 함께합시다.

2. 후천성면역결핍증(AIDS) 감염인을 희생양으로 삼아서는 안 됩니다. 유행병을 이유로 감염인을 비난하지 말고, 감염인의 일상생활을 자의적으로 일반화하지 마십시오.

"후천성면역결핍증(AIDS) 감염인을 위한 조언"

1. 여러분의 단체를 만드십시오. 대표를 선출하여 언론을 상대하고, 의제를 고르고, 자체 전략을 기획하십시오.

2. 모든 단계의 의사결정에 참여하고, 활동하는 단체의 이사회에서 구체적으로 각자의 역할을 다하십시오.

3. 모든 관련 토론회에 참석하십시오. 다른 참가자들과 동등한 신뢰성을 바탕으로 서로의 경험과 지식을 공유하십시오.

4. 본인과 파트너를 위험에 빠뜨릴 수 있는 성적 행위를 삼가고 최대한 위험을 낮추도록 하십시오. 후천성면역결핍증(AIDS) 감염인이라면 파트너가 될 수 있는 사람에게 미리 감염 사실을 알려야 할 윤리적 의무가 있습니다.

"후천성면역결핍증(AIDS) 감염인의 권리"

1. 성적으로나 정서적으로나 충만한 삶을 영위할 권리

2. 수준 높은 치료와 사회서비스를 성적 지향, 젠더(성별), 진단 결과, 경제 상태, 인종을 비롯한 모든 형태의 차별 없이 동등하게 제공 받을 권리.

3. 모든 치료 과정과 관련된 위험성에 대하여 충분히 설명을 듣고, 치료방식을 선택하거나 거부할 수 있는 권리. 자신의 치료 받을 기회를 놓치지 않으면서도 연구에 참여하는 것을 거부할 권리. 또한 자신의 삶에 대하여 충분한 정보를 바탕으로 스스로

결정할 권리.

4. 의료기록에 관한 비밀과 개인 사생활을 보장받을 권리. 이를 통해 인간적인 존중을 받고 소중한 파트너를 선택할 권리.

5. 존엄성 있는 삶과 죽음을 누릴 권리.[xv]

후천성면역결핍증(AIDS) 감염인의 책임과 관련하여 과거 보수주의자들이 강조했던 성관계를 자제해야 한다는 내용 대신, 더욱 안전한 형태의 성관계를 강조한 것은 주목할 만합니다. 이러한 성관계에 대한 인식의 변화는 피터 볼드윈(Peter Baldwin)의 생각에서 잘 엿볼 수 있습니다. "성관계는 이제 더 이상 단순한 쾌락이 아닙니다. 아이를 낳기 위한 막간의 행복은 더더욱 아닙니다. 이제 성관계를 근본적인 인권으로 보아야 합니다."[xvi]

덴버원칙은 훨씬 더 이후에 발표된 지파 원칙(GIPA Principle, Greater Involvement of People Living with HIV/AIDS)에 영향을 미친 것은 분명합니다. 1994년 파리 에이즈 정상회담에서 인간면역결핍바이러스 보유자와 후천성면역결핍증(AIDS) 환자들이 자신의 생존과 권리의 문제에 더 적극적으로 참여하도록 이 지파 원칙에 대하여 합의가 이루어졌습니다.[xvii] 이 파리 에이즈 정상회담은 환자를 정치적, 법적, 사회적 측면에서 지원하는 환경을 조성할 것을 촉구하기 위해 마련된 자리였습니다. 지파 원칙은 시민 사회 단체의 강령이기보다는 다국적 협정으로서, 그 호소력은 불가피하게도 덴버원칙보다는 약할 수 있습니다. 하지만 지파 원칙은 근본적으로 건강은 단순히 전문 의료 부문만의 문제가 아니라 복잡한 사회, 정치 측면의 문제라는 점을 인정하고 있습니다.

　에이즈 위기에 대응하는 것이 얼마나 어려운지는 호주의 마이클 커비(Michael Kirby) 판사가 잘 설명하였습니다. 마이클 커비 판사는 여러 가지 새로운 바이러스의 등장에 대하여 경고한바 있습니다. 그가 말하는 바이러스란 후천성면역결핍증(AIDS) 환자 또는 그 질병에 감염될 위험이 높은 사람들에게 두렵고 가혹한 제한을 가하는 상당히 비효율적인 법을 의미합니다. 그는 일반적으로 대부분의 법이 우리가 순진하게 생각 하는 것과 달리, 사람의 행동을 바꾸는 데 그다지 효과적이지 못하다고 주장합니다.[XVIII] 특히 후천성면역결핍증(AIDS) 환자의 행동을 규제하려고 시도하는 법은 더욱 그렇다고 말합니다. 그에 따르면, 마약이나 성관계와 같은 생리적인 욕구는 질병의 진단이나 그로 인한 처벌에 대한 두려움보다 더 강합니다. 그는 특히 의무적인 진단 이나 증명 절차에 대해 반대합니다. 그에 따르면 이러한 강제적 조치가 검사를 받는 개인은 물론 사회 전체에 부담을 주는 반면, 그로 인한 이익은 미미할 뿐이라고 지적했습니다. 그러한 이익 마저도 별다른 효과적인 치료법이 없을 때에나 얻을 수 있는 것이라고 언급했습니다.[XIX]

　비용-편익 분석에 대해 이해하기 위해 혼전 검사(premarital screening)를 운영한 일리노이 주 사례를 살펴보겠습니다. 프로그램 운영 초기 6개월 동안 7만 명이 검사를 받는데 250만 달러의 비용이 발생했습니다. 검사 비용은 지원자에게 청구되었습니다. 그러나 오직 여덟 명만 양성 판정을 받았습니다. 그리고 단순히 검사를 원치 않았던 이들은 다른 지역에 가서 결혼했습니다. 여덟 명의 감염 환자를 발견한 것은 놀라운 결과이고, 그에 따른 비용과 불편은 충분히 감수할 만한 것일지도 모릅니다. 커비 판사의 요지를 강조하기 위해서 다음 사실을 이해하는 것이 매우 중요합니다. 바이러스는 항체가 형성되기 이전에 몸 안에 어느 정도는 이미 존재하고 있을 수 있습니다. 진단 검사로 걸러낼 수 있는 것은 항체이지 바이러스 자체가 아닙니다. 실제로 비교적 최근 감염된 환자 중에서는 가짜 음성 사례가 적지 않습니다. 만약 감염된 개인이 본인이 음성이라고 잘못 생각하고 있다면, 이러한 대규모 진단 검사는 오히려 사실상 공중 보건에 위협이 될 수 있습니다.

기본적으로 인간면역결핍바이러스(HIV)와 후천성면역결핍증(AIDS) 위기 초기에는 전염성 질환에 대응할 때 발생하는 인권과 공중 보건 사이의 가장 핵심적인 딜레마에 초점이 맞추어졌습니다. 어떻게 하면 후천성면역결핍증(AIDS) 환자의 자유권을 존중하면서도 훨씬 더 많은 비 감염자의 건강권을 지킬 수 있을까요? 감염병의 역사를 살펴보면, 주로 환자의 인권을 희생시키는 경우가 많았습니다. 특히 건강한 사람을 보호하기 위해 아픈 사람을 강제로 고립시켰습니다.[xx]

하지만 이 논쟁에서 양측이 누려야 할 권리의 균형을 맞추는 문제를 넘어, 그 이면에 숨겨진 난제에 대해 고민해 봐야 합니다. 왜냐하면 1980년대 중후반만 해도 인간면역결핍바이러스(HIV) 보균자나 후천성면역결핍증(AIDS) 환자의 시민권이 지켜지지 않으면, 공중보건이 위기에 처하게 될 것이라고 알려져 있었기 때문입니다. 사람들은 양성 진단 결과가 나오거나 그 사실이 가족, 이웃, 고용주, 보험회사에 알려질 것을 두려워한다면, 검사를 받으려 하지 않을 것입니다. 조나단 만에 따르면, 이러한 깨달음을 통해 처음으로 차별을 막는 것이 반드시 공중 보건 프로그램 운영에 핵심인 것은 당연합니다. 더 나아가 성 노동자, 불법 이민자, 경제적 취약계층, 약물 중독자, 젊은 노숙인의 인권 문제에 대한 지원 부족이야말로 인간면역결핍바이러스 전염에 있어서 매우 위험한 요소라는 획기적인 생각이 도출되었습니다.[XXI] 다른 많은 전염성 질병과 마찬가지로, 후천성면역결핍증(AIDS)은 부유하고, 이동량이 많은 사람들에게서 주로 비롯되지만, 결국은 사회 취약계층에게 전파됩니다.

그러나 제한 조치는 항상 비효율적이라는 타당치 못한 주장을 피하기를 원한다면, 쿠바에서 실행되었던 사례처럼 비교적 인도적이면서도 질병의 확산을 줄일 수 있는 정책을 찾을 수 있을 것입니다.[XXII] 질병의 원인이나 치료법을 모르는 상황에서는 어떻게 해야 할지 명확히 알 수는 없습니다. 다음과 같이 피터 볼드윈이 기록한 사실을 발견한다 해도 놀랄 일이 아닙니다. "최소 지난 10년간 각기 다른 국가와 지역사회는 딜레마 문제를 해결하기 위해 저마다 공중 보건 위기 때 사용하던 전략을 그대로 시도했습니다. 그러나 인간면역결핍바이러스(HIV)를 안고 사는 사람들의 활동을 제한하는 것이 단지 그들을 더욱 움츠러들게 만들 뿐이라는 메세지가 공유되자, 이들의 자유권을 존중하고 차별에 반대하자는 합의에 이르게 됩니다."[XXIII]

치료받을 기회

우리가 앞서 알아보았듯이, 한때는 혈액검사로 후천성면역결핍(AIDS) 진단은 할 수 있었지만, 치료방법이 없었던 시절도 있었습니다. 이런 상황에서 감염자의 건강권은 사실상 고려될 수 없습니다.[1] 다행히도 초반에 과학이 빠른 속도로 발전하게 되면서, 1987년 최초의 항레트로 바이러스 요법이 시행될 수 있었습니다. 이 치료는 전에도 알려져 있기는 했으나, 임상적으로 사용된 적없는 에이지티(AZT)이라는 약물 치료입니다. 이 약의 이름은 아지도티미딘(Azidothymidine)으로 지도부딘(Zidovudine) 또는 레트로버(Retrovir) 라고도 알려져 있으며, 원래는 암 치료를 위해 제조되었습니다. 아지도티미딘은 1985년 인간면역결핍바이러스(HIV)에 대항하는 효능 검사에서 효과가 있는것으로 나타났습니다. 이 약물은 임상 검사를 통해 이례적으로 빠른 발전을 거듭하여 불과 2년 만에 널리 사용할 수 있게 되었습니다. 보통 치명적인 질환의 첫 번째 치료제를 검증하는 임상시험에 어떠한 연구 윤리를 적용할지를 두고 매우 큰 논란이 일기 마련입니다. 이를 감안 한다면, 위의 2년이라는 시간은 매우 놀랄 정도로 빠른 속도입니다.

약효를 검증하려면, 한 집단은 실제 검증 대상 약을, 다른 집단은 위약을 복용하게 하는 이른바 무작위대조시험(randomized control trial)을 시행하는 것이 과학적 표준입니다. 아지도티미딘 역시, 이러한 방식으로 약효 검증이 시행되어 1987년에 상당히 고무적인 결과가 발표되었습니다. 총 282명의 환자가 참여하여 8주에서 24주 동안 치료를 받았습니다. 임상 실험이 끝날 때까지 위약을 받은 집단 중 19명 사망했고, 아지도티미딘을 처방받은 사람 중에는 단 한 명만 사망했습니다.[II] 하지만 실험 참가자 중 약 복용을 중단해야만 했을 정도로 심각한 부작용 사례가 발견되기도 했습니다.[III]

실험의 표본 규모도 작았습니다. 비록 아지도티미딘에 대한 실험을 통해 상당히 긍정적인 전망이 예상되었음에도 불구하고 일반적으로 약을 사용할 수 있다고 판정할 수 있을 정도의 안정성과 약효를 선언할 수 있으려면 더 많은 연구를 해야 합니다. 만약 후천성면역결핍증(AIDS)의 증상이 이토록 심각하지 않았다면, 또한 이와 관련한 정치적 부담이 크지 않았다면, 아지도티미딘이 인가되기까지 그 안정성과 약효에 대해 분명 더 많은 연구가 이루어졌을 것입니다.

하지만 이 경우 매우 어려운 윤리적 문제가 제기될 수 있습니다. 치료될 수도 있다는 절박한 희망을 품고 실험에 참여한 사람을 위약 대조군으로 편성하는 것은 윤리적으로 용인될 수 있을까요? 이처럼 위약 대조군에 편성하는 것은 환자를 과학 진보의 수단으로 활용한다는 점에서 분명 인권침해에 해당하는 것으로 볼 수 있습니다.

게다가 약이 출시되기 전에 부작용 여부를 판단하기 위해 안전성 검사를 실시하는 것이 일반적입니다. 하지만 약이 치명적인 위협에 효과적이라면, 과연 부작용에 신경을 써야 하는지 의문을 제기 할 수도 있습니다. 부작용 여부를 검사하느라 승인이 지체되면 사람들의 건강권이 침해되는 것은 아닐까요? 앞서 살펴보았듯이, 위기감으로 인해 인도주의 논지가 "건전한 과학"의 주장보다 우세할 수밖에 없었고, 정작 실험 대상자의 권리에 대한 질문은 상황의 긴박함에 묻혔습니다. 이 때문에 의료계는 새로운 치료법이 충분한 검증을 거치지 않았다는 비난에 취약해질 수밖에 없었습니다.

치료에 아지도티미딘을 이용할 수 있게 되자, 초창기에는 바이러스 양을 줄여 인간면역결핍바이러스(HIV)와 후천성면역결핍증(AIDS)의 진행 속도를 감소시키는 데 사용하였습니다. 그러다가 1990년에는 이 약이 예방적 수단으로도 활용할 수 있다고 여겨졌습니다. 특히 산모에서 아기로의 전염을 방지하는 데 효과가 있다고 파악되었습니다.

소수의견이었지만, 인간면역결핍바이러스(HIV)에 대한 회의주의도 남아 있었습니다. 캘리포니아 주립대학교 버클리 캠퍼스의 생물학자 피터 듀스버그(Peter Duesberg)와 동료 학자들은 인간면역결핍바이러스(HIV)가 후천성면역결핍증(AIDS)의 원인이라는 사실을 부인했습니다. 이러한 주장이 옳다면 아지도티미딘은 필요가 없는 정도가 아니라 심지어 역효과를 일으킬 뿐입니다. 후천성면역결핍증(AIDS)의 주요 증상이 원래 아지도티미딘의 독성 효과 때문에 발생했다는 주장도 제기되었습니다. 아지도티미딘은 처음 치료에 도입되었을 때 현재 기준으로 볼 때 지나치게 많은 투여량이 사용되었고 부작용 역시 심한 양상을 띄는 경우가 많았습니다. 아지도티미딘을 이용한 치료 효과는 생존을 수년이 아닌, 불과 수개월 정도 수준으로만 연장하는 데 그쳤습니다. 의료 기관들도 아지도티미딘은 생명을 연장하는 효과가 있었음에도 불구하고 결코 치료법이라고는 할 수 없다는 사실을 인정해야만 했습니다.[IV]

이 급진적인 회의주의는 약물 치료에 대한 효과와 심각한 부작용에 관한 일련의 타당한 우려와 밀접하게 연관되어 있습니다. 이와 같은 우려에는 과잉의료화(medicalization)가 야기하는 일반적인 사회적 논란거리 뿐만 아니라 의원성 질병(physician-induced illness: 의사의 개입이 오히려 질병을 야기하는 상황)에 대한 우려까지 포함됩니다. 심각한 질환 때문에 고통을 겪고 있다고 간주되는 사람들은 우연히 그런 건강 상황에 처하게 된 사람으로 여겨지게 되는 것 보다, 자신의 삶이 의료진에 의해 심지어 특정 질병의 희생자나 환자로서 통제된다는 사실을 깨닫게 될 수 있습니다. 이는 덴버 원칙을 통해 반박하고자 했던 논리이기도 합니다. 이러한 우려는 한 사람의 인생이 전문의료인에 의해 통제되어 개인의 존엄과 자기 관리 능력을 훼손한다는 점에서 인권의 문제와 교집합이 있다는 것을 알 수 있습니다. 과잉의료화에 반대하는 것은 충분히 합리적입니다. 하지만 이러한 저항이 약 복용에 반대하는 형태로 이루어질 수 있습니다. 이 때문에 약물 치료가 매우 효과적일 수 있는 경우, 비극적인 상황을 야기할 수도 있습니다.

치료가 효과가 있는지와, 치료 비용을 누가 부담할 것인지에 대한 질문은 별개의 문제입니다. 여기서 건강권은 "치료받을 권리"라는 새로운 차원의 문제와 마주하게 됩니다. 이 치료받을 권리에 대한 문제는 특정 국가에서 상대적으로 비교적 간단하게 다뤄지곤 합니다. 영국과 스웨덴처럼 국가 주도로 운영하는 보건 시스템이 확립되어 있는 경우 건강권이라는 개념이 국가 정책의 우선순위에 반영되어 있습니다. 이 때문에 특정 치료에 대한 처방이 가능해진 경우, 적격 대상에 해당되는 사람이라면 누구나 무료로 해당 치료를 받을 수 있습니다. 다만 이러한 치료 혜택을 얼마 전 이민 온 사람들에게도 적용할지 여부에 대한 문제에는 답을 하기가 좀 더 어렵습니다. 특히 후천성면역결핍증(AIDS) 양성 환자로 알려진 사람이 입국했을 때 어떻게 대처할지 또한 매우 어려운 문제일 것입니다.

조세 기반 또는 사회 보험의 형태로 재원을 확보하여 운영되는 전 국민 의료시스템을 운영하고 있는 국가라면 표준 절차 체계에 의해 운영되고 있습니다. 물론 프랑스에서처럼 마약 중독자나 불법 이민자 등과 같이 흔히 사회적 혜택에서 배제되는 계층이 전 국민 의료시스템의 사각지대에 놓여 그 혜택을 보장받지 못한 채 치료받지 못하는 경우가 있을 수는 있습니다. 게다가 인간면역결핍바이러스(HIV) 보균자나 후천성면역결핍증(AIDS) 환자는 고위험 집단입니다.[v] 미국의 보건시스템은 이와 같은 취약 집단을 위한 고가의 치료 서비스를 제공할 준비가 되어있지 않았습니다. 1980년대 아지도티미딘이 처음 승인 받았을 때, 매우 높은 가격에 상용되기 시작했고, 인간면역결핍바이러스(HIV)보균자들은 보험 혜택을 제대로 받을 수 없거나 심지어 일도 할 수 없게 되면서 보험 자격을 상실하기도 했습니다. 가입했던 보험이 대부분의 치료 비용을 보장하지 않거나 심지어 인간면역결핍바이러스(HIV)를 보유했다는 이유로 보험 계약이 종료되는 사례도 있었습니다. 메디케이드(Medicaid) 제도를 통해서 이들 중 일부만 혜택을 받을 수 있었고, 오히려 저소득 근로자나 소정의 예금을 보유한 사람들은 혜택을 받지 못했습니다. 결국 정부 지원을 받을 수 있는 자격을 얻기 위해 오히려 자산을 줄이는 일이 빈번해졌습니다.

미국의 상황은 받아들일 수 없고 지속 가능하지도 않다는 주장이 널리 인식되면서 새로운 입법에 대한 사회적 기대가 고조되는 상황에서 라이언 화이트 후천성면역결핍증 환자를 위한 종합적인 자원 운영에 대한 긴급 조치법(Ryan White Comprehensive AIDS Resources Emergency Act (CARE))이 통과되었습니다. 혈우병 환자였던 십 대 소년 라이언 화이트(Ryan White)는 후천성면역결핍증(AIDS)을 진단받고는 고향에서 심각한 차별을 받습니다. 그 후 그의 가족은 더욱 더 수용적이고 이해심 많은 지역으로 이사하게 됩니다. 그가 겪은 어려움이 알려지자 엘튼 존(Elton John)과 마이클 잭슨(Michael Jackson)과 같은 유명 인사들이 따뜻한 관심의 눈길을 보내게 됩니다. 이를 계기로 어려움에 부닥친 그의 힘든 현실이 더욱 큰 관심을 받게 되었고,

그 자신도 유명 인사가 되어 텔레비전 토크쇼에 출연하여 그의 삶과 경험을 널리 알리게 되었습니다. 엘튼 존은 그의 임종을 함께했으며 그의 장례식에서 피아노를 연주하며 그를 추모하기도 했습니다.[VI]

동성애자도, 약물중독자도 아닌 한 평범한 미국 소년이 다른 질환의 치료 과정에서 혈액제제 사용에 의해 감염된 라이언 화이트 사례에 대한 전국적인 관심은 미국의 인간면역결핍바이러스(HIV) 보균자나 후천성면역결핍증(AIDS) 환자에 대한 인식을 바로잡는 계기가 되었습니다. 영화배우 록 허드슨(Rock Hudson), 테니스 선수 아서 애쉬(Arthur Ashe), 농구선수 매직 존슨(Magic Johnson)과 같은 유명 인사들도 해당 질환에 걸리면서 이러한 인식의 변화에 영향을 미쳤습니다. 라이언 화이트는 1990년에 세상을 떠났고 같은 해에 그의 이름을 딴 관련 법(라이언 화이트 후천성면역결핍증(AIDS) 환자를 위한 종합적인 자원 운용에 대한 긴급 조치법(Ryan White Comprehensive AIDS Resources Emergency Act (CARE))이 그 해 통과되었습니다. 이 법은 다른 모든 재원 조달 방법이 불가능하게 되었을 때 최후 수단으로서 의료 서비스를 제공합니다. 이른바 "후천성면역결핍증 예외주의(AIDS Exceptionalism)"의 한 예라 할 수 있습니다.[VII] 신장투석치료를 제외하고는 미국에서 정부가 모든 환자에게 치료비 지급을 보장하는 것은 인간면역결핍바이러스(HIV)와 후천성면역결핍증(AIDS) 치료뿐입니다. 이와 더불어 미국에서는 보험 혜택을 보장하기 위한 또 다른 몇 가지 법이 통과되었습니다. 그 중 하나가 1986년에 통과된 통합예산총괄조정법(Consolidated Omnibus Budget Reconciliation Act of 1986, COBRA)입니다. 이 법은 직장을 떠나게 된 사람에게도 직장의료보험 혜택을 일정 기간 유지하는 것을 허용합니다.[VIII] 이러한 조치를 잘 살펴보면, 건강권을 치료받을 권리의 의미로 인식하고 있음을 잘 알 수 있습니다. 부유한 국가의 국민이 생명을 연장할 수 있는 약이 있고, 다른 국민들이 부유하거나 해당 약의 비용을 지원받을 수 있는 보험 가입자로서 그 약을 이용할 수 있는 상황에서, 경제적인 이유로 사용해 보지 못하고 죽는다면 이는 인간의 존엄성을 심각하게 훼손하는 것입니다.

치료 서비스에 대한 접근권, 특히 아지도티미딘의 경우 선진국에서는 전 국민에게 거의 보편적으로 제공할 수 있는 수준이 되었습니다. 그러나 앞서 살펴보았듯이, 아지도티미딘은 대단히 효과적이지는 않았습니다. 한 가지 이유는 인간면역결핍바이러스(HIV)는 인간의 몸에서 빠르게 돌연변이를 만들어내기 때문입니다. 그뿐만 아니라, 인간의 염색체 내에 스스로를 각인시키기 때문에 한 번 감염되면 제거할 수 없습니다.[IX] 빠른 돌연변이 생성으로 인하여 처음 기대와는 다르게 백신을 만들기도 어렵습니다. 인간면역결핍바이러스(HIV)는 이러한 특성 때문에 약에 대한 내성도 쉽게 생깁니다. 이러한 이유로 1990년대에는 환자들에게 내성을 극복하기 위해 아지도티미딘을 다른 약과 함께 복용 하는 삼제 요법(triple therapy)의 형태로 복용하도록 지침을 제공했습니다. 1990년대 중반이 되어서야 드디어 새로운 유형의 약이라 할 수 있는 단백질분해효소 억제제가 개발되었고, 아지도티미딘이나 다른 약물치료와 혼합하여 사용할 경우 상당히 효과적이라는 사실이 입증되었습니다. 이 치료가 바로 고활성 항레트로바이러스 요법(Highly Active Anti-Retroviral Therapy, HAART)

입니다. 이러한 접근을 통하여 선진국에서 과거 사형선고나 다름없었던 인간면역결핍바이러스(HIV) 감염은 이제 일상적인 약물 치료를 해야 하는 만성 질환에 가깝게 간주되기 시작했습니다.

그렇다고 해서 더 이상 윤리적인 측면이나 정책적인 측면에서 확인해야 할 것이 없는 것은 아닙니다. 역시나 가장 핵심적인 질문은 과연 이토록 비싼 고활성 항레트로바이러스 치료의 비용을 어떻게 분담할 것인가에 대한 문제입니다. 일례로, 영국에서는 해당 치료의 연간 비용은 만 육천 파운드로 추정됩니다. 물론 일부 의사는 최고가의 이 새로운 치료법을 처방할 수 있는 예산조차 없는 경우도 있습니다. 고가의 비용에도 불구하고, 이 치료에 대해 사람들이 지불한 가격이 때로는 비용 대비 효과가 매우 뛰어나다는 평가를 받기도 합니다. 왜냐하면 이 치료가 인간면역결핍바이러스(HIV) 보균자를 기회감염으로부터 보호하여 훨씬 더 고가의 치료비용이 발생하지 않도록 방지하는 것은 물론, 그들이 사회의 건실한 일원으로서 활동할 수 있도록 하기 때문입니다.[x]

그렇다면, 부유한 국가에서 건강권과 인간면역결핍바이러스(HIV)와 후천성면역결핍증(AIDS)을 어떻게 보고 있을까요? 우리가 건강권을 "건강에 대한 표준 위협"으로부터 보호하는 것으로 이해한다면, 위 바이러스와 질병은 표준 위협이라 할 수 있습니다. 우리는 기술적으로나 재정적으로 이 위협에 대항할 수단이 있고, 일련의 법률과 여러 기관을 활용하여 일상적인 의료 서비스를 통해 대응할 수 있게되었습니다. 상당히 적극적인 인권 운동을 전개한 결과, 직장과 가정에서의 차별은 이제 대부분 과거의 일이 되었습니다. 이러한 인권 운동은 어떤 형태로든 차별과 희생양 만들기를 거부하고, 치료받을 권리를 지지하는 캠페인 형태로 이루어졌습니다.

요컨대, 부유한 국가의 정부는 최소한 인간면역결핍바이러스(HIV) 감염자와 후천성면역결핍증(AIDS) 환자 문제와 관련해서 존중, 보호, 실행의 의무를 이행하는 데 상당한 진전을 보여왔습니다. 그러나 이러한 진전이 자발적으로 이루어진 것은 아닙니다. 풀뿌리 민중의 항의와 운동이 있었기에 정부가 인간면역결핍바이러스(HIV) 감염자의 시민으로서 권리와 자유를 지키고, 일반 대중을 위한 공중보건 캠페인에 관여하게 되었던 것입니다. 캠페인을 벌인 여러 시민사회 주체들은 정부에게 관련 연구를 지원하고 고가의 치료를 지원하는 방법을 모색하도록 압박을 가했습니다.

하지만 지금까지 다룬 내용만으로 전체의 양상을 파악했다고 볼 수는 없습니다. 모든 전염성 질환과 마찬가지로 결국 인간면역결핍바이러스(HIV) 감염자와 후천성면역결핍증후군(AIDS) 환자의 사례에서도 앞서 주목한 것과 같이 결국에는 취약 계층이 가장 위험한 상황에 놓이게 됩니다. 불법 거주자, 노숙자, 약물중독자, 그리고 성노동자 등과 같이 형편이 어려운 사람들은 훨씬 더 높은 감염 위험에 노출될 확률이 높습니다. 게다가 진단이나 약물 치료를 늘 받을 수 있는 것도 아닙니다. 1992년에 폴 파머(Paul Farmer)가 쓴 글에서는, 뉴욕 주에 사는 젊은 흑인 여성들의 경우 후천성면역결핍증(AIDS)이 사망의 주된 원인이 되었다는 사실에 주목합니다.[xi] 이러한 소외계층은 심지어 지금까지 상대적으로 관심을 받지 못하고 있으며, 부유한 국가에서도 국민의 건강권을 수호하기 위해 여전히 해야 할 일이 많이 있습니다.

HIV/AIDS와 미국 내 아이티인

앞서 살펴보았듯이, 아이티인들은 인간면역결핍바이러스(HIV)의 존재가 밝혀지기 전, 후천성면역결핍증(AIDS)에 걸릴 수 있는 위험 집단 중 하나로 여겨졌습니다. 이렇게 위험집단으로 선별되자, 혈액이 발생하는 부두교 의식이 그 원인으로 의심받기에 이릅니다. 대중 매체는 물론, 권위 있는 의학저널에서도 이러한 의심이 다루어졌습니다.[1] 이와 더불어 아이티에서 후천성면역결핍증(AIDS)의 유병률이 높은 이유와 관련해서, 미국 동성애자들이 성매매 관광으로 아이티를 즐겨 찾기 때문이라는 사실에 초점을 맞춘 논의가 이루어졌습니다. 물론 아이티에서 동성애자임을 밝히는 것은 매우 드문 일이기는 합니다. 하지만 이와 같은 의문은 여행의 방향에 대한 또다른 의문으로 이어집니다. 후천성면역결핍증(AIDS)은 어쩌다 보니 아이티에서 미국으로 흘러 들어가게 된 것일까요? 아니면 반대로 미국에서 아이티로 흘러 들어간 것일까요? 둘 다 아니라면, 미국과 아이티 모두 해당 질병이 다른 국가로부터 유입된 것일까요? 이러한 수많은 추측과 의심, 불확실성으로 인해 인권과 건강의 관련성 측면에서 상당히 중요한 생각들이 도출되었습니다. 아이티에서의 인간면역결핍바이러스(HIV) 감염자와 후천성면역결핍증(AIDS) 환자 문제를 자세히 살펴보기 전에, 아이티라는 국가 자체에 대하여 조금 더 알아 볼 필요가 있습니다. 2010년에 아이티에는 지진 때문에 25만 명이 목숨을 잃었고, 1년 여가 지나 지금 필자가 이 글을 쓰는 시점까지 수십만 명의 사람들이 집을 잃고도 적절한 쉼터도 없이 방치되어 있습니다. 이 비극은 세계 언론을 통해 퍼져 나갔습니다. 그러나 그 전에 이미 아이티는 이미 서반구에서 가장 가난한 나라였습니다. 문맹률과 영아사망률은 충격적인 수준으로 높았습니다. 다른 여러 지표를 통해서도 매우 절망적인 수준으로 빈곤한 국가임을 알 수 있었습니다.

아이티는 플로리다에서는 700마일, 쿠바 동쪽에서는 50마일 떨어진 위치에 있습니다. 그러다 보니 위험을 무릅쓰고 배를 타고 들어가기도 합니다. 아이티는 히스파니올라로 불리는 섬의 서쪽에 있으며, 동쪽으로는 도미니카 공화국이 있습니다. 아이티는 노예들의 집단 저항을 시작으로 십 년이 넘는 무력투쟁 끝에 마침내 1804년이 되어서야 프랑스의 식민 지배에서 벗어났습니다. 아이티에게 번영은 요원한 일이었습니다.[11] 우선 아이티는 프랑스에게 도저히 감당할 수 없는 배상금을 지불해야만 했습니다. 이는 1825년에 프랑스가 아이티의 독립을 인정하는 조건으로 합의한 내용에 따른 조치입니다. 처음에는 아이티에서 벌어진 일련의 노예봉기 사태를 염려했던 미국 역시 아이티의 내정에 끊임없이 간섭하며 괴롭혔습니다. 국제 무역과 국제 협력의 양상 역시 19세기 내내 아이티에게는 녹록치 않았습니다. 아이티에서 활동하던 외국 기업들은 아이티의 국내 정치에 더욱 깊이 관여했고 그 과정에서 국가 채무는 감당할 수 없이 쌓여만 갔습니다.

수십 년간 아이티의 국내 정치에 깊이 개입했던 미국은 그 내정간섭이 최고조에 이른 1915년 아이티를 침공하여 결국 완전히 지배하기에 이릅니다. 미국은 과거 아이티에서 외국인이 토지 소유하는 것을 매우 적극적으로 추진했었습니다. 그러던 중 미국은 이 침공을 통하여 새로운 헌법을 제정함으로써 외국인의 토지 소유를 제도적으로 합법화 했습니다. 칼 마르크스(Karl Marx)는 잉글랜드 후기 봉건사회에서 터전을 잃고 쫓겨나는 소작농들이 늘어나게 되자, 절박하고 값싼 노동력을 공급할 수 있는 여건이 마련되었다는 점을 지적했습니다. 이는 아이티에도 동일하게 적용될 수 있습니다. 즉 아이티는 미국 시장에 값싼 노동력을 제공하는 주요 공급처였습니다.

파파독 (Papa Doc) 이라 불리던 프랑수와 뒤발리에 (François Duvalier)는 1957년에 대통령으로 당선되었습니다. 초창기 인기를 누리던 뒤발리에는 점점 더 부패했고, 톤톤마쿠네스(Toton-Macoutes) 처럼 대통령 친위대로서 잔인한 소행을 일삼던 준군사조직을 등에 업고 더욱 심각한 독재 정치체제로 전환했습니다. 1971년 뒤발리에가 사망하자,

베이비 독(Baby Doc)이라 불리던 19살의 아들 장클로드(Jean-Claude)가 그의 자리를 물려받아 1985년까지 집권하였습니다. 장클로드가 집권하는 동안 아이티는 기본적으로 미국의 하청 전초기지 수준에 머물렀습니다. 당시에도 아이티는 국제원조에 상당 부분 의존하고 있었고, 심지어 그중 대부분이 차관의 형태여서 세계에서 가장 부채가 많은 국가 중 하나였습니다. 이러한 해외 자금의 대부분이 뒤발리에 가문과 그 측근들의 스위스 계좌로 흘러 들어갔습니다.

1986년 민중봉기에 의해 뒤발리에 가문의 시대는 막을 내렸습니다. 이후 아이티는 몇 차례의 쿠데타와 정치적으로 촉발된 학살을 겪으며 극도로 불안정한 상태였습니다.[III] 1990년이 되어서야 진정한 민주주의 선거를 치르게 되었고, 장 베르트랑 아리스티드(Jean-Bertrand Aristide)가 대통령으로 선출되었습니다. 그러나 불행하게도 1991년 또다시 쿠데타가 발생했고 1994년이 되어서야 아리스티드가 다시금 권좌에 복귀할 수 있었습니다. 아리스티드는 코스타리카의 선례를 따라 군대를 해산하려 했으나, 2004년에 발생하게 된 또 다른 쿠데타를 막기에는 역부족이었습니다. 사실 2004년 쿠데타는 직접적으로는 미국이 조직하고 재정적으로 후원한 것으로 많은 사람들이 짐작하고 있습니다. 또한 간접적으로는 아리스티드 대통령이 정치 개혁에 착수하도록 하기 위해 원조 제한 조치를 가한 것이 계기가 된 것으로 널리 알려져 있습니다. 결과적으로 아이티는 이 쿠데타로 인해 벗어나기 힘든 혹독한 가난에 빠지게 됩니다.

고국의 참혹한 상황 때문에 수많은 아이티 사람들이 생존을 위해 살길을 찾아 나섰고 수십만의 사람들이 북미로 이민을 떠났습니다. 그렇지만 새로운 곳에서도 아이티 사람들은 차별로 고통받았습니다. 아이티인들이 후천성면역결핍증 감염(AIDS)에 유달리 취약하다는 섣부른 결론은 그들이 이주한 북미사회에서 그들의 입지를 더욱 위태롭게 만들었습니다. 이러한 상황 속에서 미국에서 후천성면역결핍증(AIDS) 환자가 발생하자 즉각적으로 그 원인이 아이티인들 때문이라는 의심이 생겨났습니다.

이와 같은 후천성면역결핍증(AIDS)의 전파 경로에 대한 의문은 열띤 토론의 주제가 되었습니다. 폴 파머(Paul Farmer)는 1992년 당시까지 확보된 정보를 분석한 결과, 북미에서 발생한 후천성면역결핍증(AIDS)이 아이티에서 유래했다고 볼 수 없다고 주장했습니다.[IV] 그는 아이티에서 발생한 후천성면역결핍증이 미국인 성매매 관광객으로부터 비롯되었고, 이성 간 성적 접촉으로 전파된 것으로 보았습니다. 또 한 생존에 대한 희망을 안고 어렵게 새로운 도시를 찾은 가난한 취약계층 사이에서 더 많은 감염자를 발생시켰다고 주장하며 자신의 논문 내용을 확장해 나갔습니다. 이러한 그의 생각은 그의 사례 연구 결과와 일치하였습니다. 연구 결과를 살펴보면, 실제로 포르투프랭스의 교외 지역에 위치한 까르푸르에서 후천성면역결핍증(AIDS) 유병률이 상당히 높았는데 이 지역은 아이티에서 남녀 불문하고 모두 성매매 종사자가 많기로 유명했습니다.

2007년 폴 파머는 인간면역결핍 바이러스(HIV)와 그 아형을 토대로 실시한 자신의 연구를 발표하였습니다. 연구 결과에 따르면, 아프리카

남부지역과 인도에서 1형 인간면역결핍바이러스의 아형 C가 우세한 반면, 그 외 지역에서는 1형 인간면역결핍바이러스 아형 B가 가장 널리 퍼져 있었습니다. 아이티의 경우에는 1960년대 후반 그 외 지역에서 우세한 1형 인간면역결핍바이러스 아형 B가 아프리카로부터 유입된 것으로 나타났습니다. 인간면역결핍바이러스(HIV)는 아이티에서 수년간 머무르며 미국 등 다른 지역으로 폭넓게 퍼지기 전까지 주로 이성간 성 접촉에 의해 전파된 것으로 보입니다. 이 연구에서는 1969년 일회성 감염을 통해 해당 질병이 미국으로 전파된 것으로 분석했습니다.[v]

그런데 감염경로를 분석하는 것이 그렇게 중요할까요? 질병이 어디에서 유래했는지에 대한 연구는 역사적으로 매우 흥미로운 주제이기도 하지만 더욱 중요한 이유는 백신을 개발하는 데 있어 필수적인 정보이기 때문입니다. 보편적으로 효과적인 백신을 생산하려면 바이러스의 초기 형태와 그 전파 양상은 물론, 돌연변이 발생 여부를 알아야 합니다. 하지만 새로운 연구 결과에서 당장 윤리 문제와 관련한 토론이 필요한 부분이 있는지는 명확하지 않습니다. 많은 미국인들이 아이티인 때문에 후천성면역결핍증(AIDS)이 창궐하게 되었다고 비난하고 싶었을 것이고, 아이티 사람들은 북미 사람들 때문에 아이티에 무서운 질병이 유입되었다고 비난하고 싶었을 것입니다. 이러한 감염경로에 대한 논쟁과 관련하여, 도덕철학자는 양측 모두 인과관계에 대한 책임과 도덕적 책임을 구별하지 못했다고 지석할 것입니다. 산사태는 등산객의 기침 한번에 촉발될 지도 모르는 일입니다. 그럼에도 불구하고 어떤 사람이 원인을 제공한 책임이 있다 하더라도, 실제로

산사태가 발생할 가능성이 있었고, 기침이 그 산사태를 일으킬 위험이 있었다는 사실을 미리 안 것이 아니라면, 도덕적 책임은 있다고 할 수 없습니다. 인간면역결핍바이러스(HIV) 보균자나 후천성면역결핍증(AIDS) 환자의 경우 아무도 자신의 행위가 광범위한 유행병으로 이어질 것으로 예상하지 못했습니다. 물론 근거가 부족해 보이는 음모론 중 하나라도 사실로 판명 난다면 이야기가 달라지겠지만, 바이러스가 어느 경로로 유입이 되었든, 도덕적 비난을 하는 것은 적절하지 못합니다. 바이러스가 인간 집단에 한 번 유입되면, 어떤 경로이든 전염 되기는 매우 쉽습니다.

그럼에도 불구하고 이러한 학구적인 도덕적 측면에서의 논쟁은 아무리 강하게 주장한다 하더라도, 대중에 대한 비난을 약화시키기는 어려워 보입니다. 왜냐하면 인과관계의 역사가 논쟁의 중심에 있기 때문입니다. 그러나 이 논쟁에 참여하는 모든 이들이 어떤 특정 감염 경로를 강력히 주장하거나 혹은 부인하면서 인과 관계와 도덕적 책임 사이에 동일한 형태의 혼란을 야기할 위험을 초래하고 있다는 사실을 주목할 필요가 있습니다.

의학적 증상의 원인에 대하여 안다면 공중보건의 측면에서 다양한 영향을 끼칠 수 있을 것입니다. 미국에 인간면역결핍바이러스(HIV)가 유입되기 이전에 이미 아이티에 해당 바이러스가 퍼져 있었다면, 유병률이 미국에서보다는 아이티에서 높았을 것입니다. 그러므로 순전히 의학적 관점에서 보면, 후천성면역결핍증(AIDS)이 처음 확인되었을 때 실제로 분명한 증거 없이 그랬던 것처럼 아이티인들을 특별 위험 집단으로 관리하는 것은 합리적인 일이었을 것입니다.

그러나 공식적인 수준에서 어떤 방향을 따르든, 위험 집단의 구성원으로 확인받는 일은 또 다른 문제입니다. 예를 들어, 특별 위험 집단의 구성원은 추가적인 도움을 제공받을 수 있습니다. 그렇지 않으면 그들의 활동은 다양한 시점에서 다양한 방법으로 제약받을 수 있습니다. 여기에서 다시금 핵심적인 인권의 딜레마와 마주하게 됩니다. 다른 사람의 건강을 보호하기 위해서 특정 집단의 자유를 제한하는 것이 옳은 것일까요? 대신에 많은 이들이 대체로 합의할 수 있는 접근 방법을 주장할 것입니다. 즉 예를 들자면, 헌혈을 하는 사람들에게 전염성 있는 질병 문제를 이해하도록 장려하고 의심이 되는 경우에는 헌혈하지 못하게 하는 노력을 해야 한다고 주장할 것입니다. 문제는 아무리 특정 수단이 의학적 관점에서 비롯된 것이라 할지라도, 실제 의료시스템이 사회적 영향으로부터 완전히 차단된 채 운영되지는 않는다는 점입니다. 공중 보건 법령으로 인해 오히려 상당한 문제가 발생하기도 하는데 가장 극명하게 드러나는 문제가 낙인효과입니다. 이 문제는 추후 더 심도 있게 다뤄보도록 하겠습니다.

미국에서는 안타깝게도 초창기에는 종종 필요 이상으로 엄격한 조치를 단행하는 경우가 많았습니다. 그러한 조치가 변경되더라도 아이티로서는 회복할 수 없는 손해를 입을 수밖에 없었습니다. 아이티인들이 한번 위험 집단으로 확인되자 그 이후의 영향은 더욱 참혹했습니다. 미국인들이 더 이상 위험을 무릅쓰고 아이티로 발을 들이려 하지 않자, 주요 외화 수입원이자 고용 창출의 동력이었던 관광산업이 무너졌습니다. 미국에 거주하고 있던 아이티인들은 이미 흑인이자, 외국인이며, 크레올어를 사용한다는 이유로 힘든 삶을 살아가고 있었습니다.[VI] 그런데다가 아이티와 후천성면역결핍증(HIV)과의 상관관계로 인하여 아이티 아이들은 놀림감이 되기 일쑤였고, 소상공인들은 파산하거나 내쫓기기 십상이었을 정도로 더욱 심한 차별과 편견 속에서 어려움을 겪게 되었습니다. 수많은 아이티인이 수많은 아이티인이 국적을 속이고 다른 프랑스어권 카리브해 섬나라 국민 행세하는 법을 익혔다고 합니다.[VII]

뉴욕시 보건당국은 압박과 로비를 받은 끝에 아이티인들을 위험 집단 목록에서 삭제했습니다. 하지만 폴 파머가 주목했듯이, 일반 사람들의 상상 속에 뿌리 깊게 자리 잡은 위험 집단의 목록은 그리 쉽게 사라지지 않았습니다.[VIII] 미국의 질병 예방통제센터(Centers for Disease Control (CDC))의 경우에는 2년이 더 지난 뒤에야 뉴욕시의 선례를 따라 아이티인을 위험 집단 목록에서 삭제했습니다. 그러나 심지어 이러한 조치조차도 아이티인들의 고충을 덜어주지는 못했습니다.

아이티인들의 고충은 보건 영역 밖의 요인으로 인해 더욱 악화되었습니다. 인간면역결핍바이러스(HIV)와 후천성면역결핍증(AIDS) 이야기의 핵심은 1991년 아이티에서 발발한 쿠데타입니다. 아리스티드 전 대통령은 상당한 대중의 지지를 받고 있었기에 그를 몰아낸 군사 쿠데타에 대하여 많은 사람들이 반감이 있었습니다. 군부는 권력을 장악하자마자 아리스티드의 조력자를 체포하고 처형했습니다.

생명에 위협을 느낀 사람들은 살기 위해 피신했습니다. 특히 바다 건너 미국으로 향하는 사람이 많았는데 아이티 국민들은 그곳에서 "보트피플"이라고 불렸습니다. 이러한 상황은 사실 새로운 것이 아닙니다. 상당수의 아이티인이 지난 수십 년간 미국에서 난민 지위를 얻고자 노력했으나, 미국과 아이티 사이에 체결한 협정으로 인하여 이민을 시도한 거의 모든 아이티 인들이 본국으로 돌아와야만 했습니다.

폴 파머는 깜짝 놀랄만한 통계조사 결과를 인용하였습니다. 이에 따르면, 1981년에서 1991년 사이 24,559명의 아이티인이 미국으로 망명 신청을 하였지만, 단 8명만이 받아들여졌습니다.[IX] 1991년 아이티에서 군사 쿠데타가 발발한 이후 잠시 동안 미국은 아이티인 망명 신청자들을 본국 송환하는 정책을 잠시 유예합니다. 그러나 인권 단체와 국제연합(UN)의 반대에도 불구하고 미국은 이내 해당 정책을 다시 도입합니다.

이후 미국은 타협점을 찾습니다. 난민들을 아이티로 송환하여 매우 불확실한 미래로 몰아넣는 대신, 더욱 안전한 곳으로 보내는 것이었습니다. 다만 소름 돋게도 그 안전한 곳이라는 곳이 쿠바의 섬에 위치한 미군 기지로 악명 높은 관타나모만이었습니다. 비록 관타나모만이 아이티인들에게 "안식처" 또는 "오아시스"로 묘사되었음에도 불구하고, 실제로 이곳은 포로수용소 같은 곳이었습니다. 보안이 철저하여 나가는 것이 불가능한 집단 야영지의 텐트와 임시 쉼터에 아이티인 수천 명이 수용되었습니다. 심지어 수용소 관리를 담당하던 미군이 심각한 학대를 했다는 주장도 제기되었습니다. 1992년 여름이 되자, 관타나모는 초과수용 문제로 더 이상 난민을 받을 수 없게 되었습니다. 그리하여 정책은 또다시 바뀌게 됩니다. 보트를 타고 온 아이티 난민들은 본국 송환되었습니다. 이는 미국에 도착하면 모두가 정치적 난민으로 인정받는 쿠바인의 경우와는 매우 대조적인 모습입니다.

미국 정부는 일부 난민은 진실로 생명에 위협을 받고 있다는 사실을 인정하기도 했습니다. 폴 파머는 욜란데 장(Yolande Jean)의 이야기를 들려줍니다. 그녀는 자신이 이전에 체포되어 고문당했다는 사실을 증명할 서류를 겨우 챙겨 놓았습니다. 미국법에 따르면, 욜란데 장은 정치적 난민으로서 안전한 피난처를 제공받을 수 있었습니다. 또한 그녀는 관타나모에서 검사받은 후 미국으로 입국할 수 있어야 했습니다. 그러나 안타깝게도 입국 절차상 욜란데 장은 검사를 받아야만 했고, 인간면역결핍바이러스(HIV) 양성 판정을 받았습니다. 이때만 해도 미국 정부는 인간면역결핍바이러스(HIV) 양성 환자의 입국을 거부하는 매우 제한적인 조치를 취하고 있었습니다. 이 정책은 두 가지 이유에서 채택되었습니다. 하나는 공중 보건의 위기를 초래할 수 있다는 우려 때문이었습니다. 둘째는 미국 정부가 새로운 이민자를 위한 치료 비용을 지불할 준비가 되어 있지 않았기 때문입니다.[x]

욜란데 장은 아이티로 송환되는 대신에 관타나모에서 다른 200여명의 적격 아이티인 망명자 중 양성 판정을 받은 사람들과 함께 수용되었습니다. 이 환자들은 함께 수용되는 바람에 결핵과 같이 상호 전파에 의한 기회감염의 위험 속에 놓여있었습니다. 수용소는 의료

시설로 알려져 있었지만, 전문 의료인은 거의 없었습니다. 수용되었던 아이티인들은 시위하고 항의하였으나 그저 더욱 심한 탄압을 받을 뿐이었습니다. 이에 욜란데 장은 단식투쟁을 이끌었습니다. 그러나 그녀의 보고서에 따르면 이 때문에 잔인한 구타를 당하기 일쑤였습니다. 도망을 가거나, 극단적 선택을 하는 수감자들도 생겨났습니다. 마침내 1993년 존슨 판사는 해당 수용소가 불법이라고 판결하였고, 이에 따라 미국은 욜란데 장을 포함한 난민들을 받아들였습니다. 존슨 판사는 해당 수용소와 관련하여 세상에서 유일하게 인간면역결핍바이러스(HIV) 양성 반응을 보인 사람으로만 구성된 난민 수용소였다고 언급하며, 이러한 무기한 구금은 통상 스파이나 살인자의 경우에나 적용되는 것이라고 지적했습니다.[xi] 혹자는 좀 더 최근에 이러한 구금 사태를 목격했다면 테러리스트로 의심받는 용의자에게나 적용되는 것이라고 지적했을지도 모릅니다.

지금까지 다시 한번 인간면역결핍바이러스(HIV) 보균자나 후천성 면역결핍증(AIDS) 환자의 인권과 비감염자의 건강권 사이의 첨예한 갈등을 살펴보았습니다. 아이티인이 미국으로 이동한다고 해서 미국인이 감염 위험에 노출되는 수준은 미미함에도 불구하고, 감염자의 건강은 상당 부분 간과되었기 때문에 그러한 갈등은 더욱 악화되었습니다. 이러한 요인들이 표출되어 합리적인 결단에 이르기까지는 수년이 걸렸습니다.

HIV/AIDS의 국제적 확산
: 아프리카

1988년 까지만 해도 138개국에서 최소 한 건 이상의 인간면역결핍바이러스(HIV) 보균자 또는 후천성면역결핍증(AIDS) 환자 발생 사실을 국제보건기구에 보고했습니다.[I] 또한 2004년 까지 거의 4천만명의 감염 사례가 발생한 것으로 보고되었습니다. 해당 바이러스와 질병은 남아시아와 동남아시는 물론, 동유럽과 라틴아메리카를 통해 전파되었습니다. 하지만 이러한 확산세는 사하라사막 이남의 아프리카 지역에서 가장 두드러졌습니다.

비록 이 바이러스와 질병은 미국에서 처음 발견되었지만, 이내 과학자들은 아프리카에서 유래한 것이라고 확신했습니다. 현재 이론에 따르면, 인간면역결핍바이러스(HIV)는 서부중앙아프리카에서 종간 장벽을 최소한 세 번 넘었다고 합니다. 이 바이러스는 침팬지로부터 발생하여, 인간에게 전염된 것으로 보입니다. 아마도 폭력적인 사냥 과정에서 혈액이 섞인 것으로 보입니다. 물론 검댕맹거베이(Sooty Manabey)와 같은 다른 영장류도 원인으로 지목되기는 했으나,[II] 고릴라보다 침팬지로부터 직접적으로 전염된 사례가 두 배 더 많았습니다.[III] 바이러스가 종간 장벽을 넘은 시기에 대한 추정은 계속해서 더욱 과거 시점으로 거슬러 올라가면서, 최소 1921년 이전이나 심지어 1902년

이전에 발생했다는 가설도 제시되었습니다.[IV] 이러한 이유로, 불명확한 사인에 대한 재검사가 이루어졌고,[V] 아내와 자식까지 함께 감염되어 1976년에 모두 사망한 노르웨이 선원의 사례 역시 인간면역결핍바이러스(HIV)나 후천성면역결핍증(AIDS)과 관련되어 있다는 사실이 확인되었습니다.[VI]

아프리카에서 인간면역결핍바이러스(HIV)와 후천성면역결핍증(AIDS) 감염 문제는 잘 알려진 사실이나, 이에 대한 대응은 최소한 선진국에서의 속도에 비하면 매우 느렸습니다. 이는 다양한 요인이 복합적으로 작용했기 때문입니다. 우선 한 가지 이유는, 아프리카 국가 정부가 해당 질병이 자신들의 국가 안에 존재한다는 사실을 알리고 싶어 하지 않았기 때문입니다. 그 이유는 전염의 원인이 약물 복용과 동성 간 성관계 등에 관하여 더욱 금기시하고 부끄럽게 여기는 풍조가 더욱 심했기 때문입니다.[VII] 실제로 많은 아프리카국가에서는 동성애자에 대한 심한 차별이 여전히 남아있었습니다. 가령 동성애가 불법인 우간다에서는 최근 상당히 처벌 수위가 높은 반동성애법안이 최근 발의된 바 있습니다.[VIII]

두 번째 복잡한 요인은 인간면역결핍바이러스 1형 (HIV-1)과 2형 (HIV-2) 두 가지 종류가 있다는 사실입니다. 1형은 미국과 유럽에서 절대다수 감염의 원인이지만, 2형은 서아프리카에서 일반적인 유형입니다. 두 유형의 궁극적 결과는 동일하지만, 2형 바이러스의 진행 추이는 1형보다 느립니다.[IX] 그러나 이처럼 서아프리카에서는 진행이 느린 2형이 유행 하다 보니, 아프리카에서의 인간면역결핍바이러스(HIV)

문제는 선진국에 비해 상대적으로 덜 심각하다는 인식이 생기게 되었습니다. 즉, 어느 정도 시점까지는 큰 문제를 일으키지 않고 전파되어 왔음이 틀림없고, 2형 인간면역결핍바이러스(HIV-2) 때문에 어디서도 사람이 죽지는 않을 것이라는 생각이 만연해 있었습니다. 이러한 인식은 실상 필요한 조치를 취하지 않은 사실에 대한 자기 합리화 과정으로 볼 수 있습니다. 또한 아프리카 국가들의 영아 사망률이 워낙 높다 보니 상대적으로 아프리카 국가 사람들의 생명 가치가 덜하다는 무의식 속의 믿음과 인종주의가 섞여 있는 것으로 볼 수도 있습니다.

최소한 처음에는 광범위한 공중 보건 차원의 대응을 하는 데 항레트로바이러스 치료와 같이 막대한 비용이 소요 될 때나 아무런 조치를 취하지 않는 것을 예상할 수 있었습니다. 물론 그렇다고 그것이 정당화될 수 있다는 말은 아닙니다. 아프리카 국가에서는 선진국과는 달리 해당 바이러스 감염이나 질병의 확진이 대부분 이성 간 성관계를 통해 발생하고 초기 단계에서는 여성의 감염 비율이 훨씬 높습니다. 실제로 사하라사막 이남 지역에서 인간면역결핍바이러스(HIV) 보유자의 50 퍼센트 이상이 여성이었습니다.[x]

인간면역결핍바이러스(HIV)는 아프리카의 서부 적도지방에서 시작해서 서쪽으로는 코트디부아르까지, 동쪽으로는 이전에 자이르라고 불리던 콩고공화국까지 퍼졌고, 이후에는 아프리카 중앙부를 통해 강과 무역경로를 따라 퍼져 나갔습니다. 1980년대까지만 해도 후천성면역결핍증(AIDS)은 탄자니아와 우간다에 분명 존재했습니다. 끊임없이 계속되고 치료도 불가능한 설사병과 연이어 발생하는 체중이 감소하는 증상으로 인하여 "날씬이 병(slim disease)"이라 불렸습니다.[XI] 의학논문을 보다보면, 증상과 관련한 전문용어 때문에 특정 질병이 야기하는 현실적인 문제에 무감각해지고 질병을 추상화하는 경향이 생기게 됩니다. 특히 형편이 어려운 사람들이 그 질병으로 인하여 처하게 될 수 있는 어려움을 간과하기 쉽습니다. 아래 묘사는 국제에이즈협회(International AIDS Society) 사무총장 엘.오. 칼링즈(L. O. Kallings)의 심금을 울리는 기록입니다.

> "비록 가난한 나라에 살았지만, 과거에는 강하고 아름다웠던 수많은 청년이 볼품 없이 왜소해졌고, 돌보아 주는 사람도 없이 결핵이나 폐렴 혹은 또 다른 원인 때문에 열이 나고 기침에 시달리며 계속해서 설사하고 아구창이나 식도 칸디다증으로 인한 고통 때문에 심지어 먹지도 마시지도 못하고 바닥에 누워 있다. 이들의 피부에는 보통 넓은 부위에 포진이 퍼져 있다. 후천성면역결핍증(AIDS) 환자들은 대체로 무기력증으로 인하여 상당히 쇠약하며, 때때로 정신적 문제를 겪기도 한다. 심지어 거대세포바이러스로 인한 망막염으로 시력을 잃기도 한다. 환자들은 스스로를 지키기 어렵고, 대체로 가족에게 버림받거나 후천성면역결핍증(AIDS) 감염을 우려하는 이웃들에 의해 마을 밖으로 쫓겨나기도 한다. 소문에 따르면, 심지어 생매장당하는 사람도 있다고 한다."[XII]

후천성면역결핍증(AIDS)은 아프리카 중앙부를 통해 퍼져갔으나, 우간다와 탄자니아에서 발병율이 제일 높았습니다. 이어서 잠비아와 짐바브웨까지 퍼지게 되었습니다. 남아공의 경우에는 아파르테이드(Apartheid) 시기 감염자 수가 많이 나온 것은 아니었습니다. 그러나 아파르테이드 시대가 막을 내리고 1994년 국경이 열리면서 추방당했던 남아공인들이 돌아오고 대규모 노동인구가 이주하면서 후천성면역결핍증(AIDS)과 관련된 양상이 극적으로 달라졌습니다. 결국 남아공은 후천성면역결핍증(AIDS) 전파의 진원지가 되었습니다. 감염률은 스와질란드와 보츠와나가 더 높았지만, 남아공은 인구가 훨씬 더 많았다는 점을 눈여겨 봐야 합니다. 5백만명이 넘는 남아공인이 인간면역결핍바이러스 보균자이며 60만여 명이 증상이 모두 발현한 환자였습니다.[XIII] 게다가 하루에 수백명이 이로 인해 죽어갔습니다. 더욱이 후천성면역결핍증은 또한 심각한 재정적 어려움을 야기했습니다. 단순히 임금노동자를 상실하는 문제만이 아니었습니다. 아프리카에서는 전통적으로 장례식에 많은 공을 들이고 비용 또한 상당히 많이 듭니다.[XIV]

인간면역결핍바이러스(HIV)와 후천성면역결핍증(AIDS)이 심각한 사회 문제로 떠오르면서, 개발경제학의 이론은 잘못된 방향으로 전개되어 갔습니다. 세계은행(World Bank)은 해외 원조와 차관을 구조조정이라는 명분으로 제동을 걸었습니다. 이는 민간 부문을 활성화하는 반면 보건 부문의 공적 지출을 포함한 정부 지출 규모를 줄임으로써 개발도상국을 가난에서 벗어나게 하려는 의도였습니다. 이러한 결정이 경제학적 관점에서는 옳은 것이었는지는 몰라도, 보건의 관점에서는, 특히 해당 질병의 확산에 대응하기 위해 애쓰는 국가에는 재앙이었을 뿐입니다. 심지어 경제적 측면에서도 결과는 고무적이지 못했습니다. 세계은행과 국제통화기금(International Monetary Fund, IMF)은 보건부문 지출에 대한 제한을 요구했는데, 이 때문에 개발도상국은 자국민들의 건강권 보장과 관련한 핵심의무를 이행하지 못했습니다.[xv]

개발도상국은 자국민의 건강과 관련한 수요와 권리를 자국의 예산으로 보장할 수 없었습니다. 여러 국제기구들이 이 문제에 대한 사명감을 가지기 시작했습니다. 물론 문제 해결을 위해 나서기까지는 상당한 시간이 걸렸습니다. 후천성면역결핍증(AIDS)에 관한 글로벌프로그램은 1987년에 확립되었고 조나단 만이 책임자로 임명되었습니다. 확립 초기부터 조나단 만은 후천성면역결핍증(AIDS)을 안고 사는 사람의 인권을 강조하였습니다. 그는 사태를 더욱 악화시킬 수 있는 다양한 형태의 차별과 처벌 수단에 관하여 반대 입장을 분명히 했습니다. 글로벌프로그램은 사태의 경각심을 고취한 점에서는 분명 의미가 있었지만, 정치적 후원이나 기부가 부족했기에 운영의 효율성 측면에서는 제한적일 수밖에 없었습니다.[xvi]

1996년에는 유엔에이즈계획(UNAIDS)이 설립되었고 피터 파이엇 국장이 리더쉽과 관리 능력을 발휘하여 다양한 단체를 한데 모아 협력을 강화하였습니다. 2001년이 되어서야 에이즈, 결핵 및 말라리아 퇴치를 위한 세계 기금(Global Fund to Fight AIDS, Tuberculosis, and Malaria)이 설립되는 등 비소 활농에 필요한 상당한 기금을 조성할 수 있었습니다. 이때 코피 아난(Kofi Annan) 국제연합(UN)

전 사무총장은 고통을 겪고 있는 환자들의 90퍼센트가 돈이 없어 구호 약품을 얻지 못하기 있는 사실에 주목하고, 이 문제를 해결하기 위해 70억에서 100억 달러 상당의 활동 자금을 모금할 것을 요청했습니다.

일부 사람들은 회의적이었습니다. 의약품 비용은 이러한 대규모 프로그램을 유토피아적으로 보이게 만들었습니다.[XVII] 그게 다가 아닙니다. 악명높게도 미국 국무부 대외원조처 처장이었던 앤드류 나시오스(Andrew Natsios)는 2001년 아프리카 국가 사람들은 서양식의 시간관념이 없기에 고활성 항 바이러스요법(Highly Active Anti-RetroviralTherapy, HAART)에 필요한 엄격한 복용 방법을 지키기 어렵다고 주장했습니다. 오히려 약물 내성이 생겨 앞으로 더 큰 문제가 될 것이라는 뜻이었습니다. 다른 사람들도 고활성 항레트로바이러스 요법은 환자들을 관리할 수 있는 기술적으로 선진화된 의료 환경에서만 운영될 수 있다고 평가했습니다. 즉, 그렇지 못한 환경에서 이 치료법을 도입하게 되면 약물 내성으로 이어질 확률이 높기 때문에, 그저 소용이 없는 정도가 아니라 오히려 해로울 뿐이라는 것입니다.

국경 없는 의사회(Médecins Sans Frontières)는 이 비관주의를 받아들이지 않았습니다. 그리하여 가장 열악한 환경에서도 적용될 수 있는 모델 치료 프로그램을 마련하였습니다. 즉, 상대적으로 저렴한 제네릭 의약품을 사용하고 여러 가지 약을 한 알의 정제로 조합하여 치료의 복잡함을 줄이는 것입니다. 국경 없는 의사회는 수준 높은 관리 시스템과 차별화된 방식을 발견했고 2003년에는 미국의 경우보다 높은 치료유지율과 생존율을 보고 할 수 있었습니다.[XVIII] 회의주의자들의 주장은 잘못되었습니다. 선진화된 치료를 받을 수만 있었다면, 또한 건강권 개념에서 도출되는 내용이 받아들여졌다면, 개발도상국 국민들도 이를 통해 도움을 받을 수 있었을 것입니다. 이 두 가지가 수용된 이 시기야말로 건강권 운동이 자리 잡은 시기라고 할 수 있을 것입니다.

이번 장 도입부에서 주목했듯이, 2003년은 넬슨 만델라(Nelson Mandela)가 후천성면역결핍증(AIDS)은 단순히 질병이 아니라 인권 문제이기도 하다고 주장한 해입니다. 그리고 같은 해 국제보건기구(World Health Organization, WHO)는 2005년까지 3백만 명이 항레트로바이러스 치료를 받을 수 있게 하겠다는 "3x5" 구상을 내놓았습니다. 비록 목표 달성에는 실패했지만, 그럼에도 불구하고 3x5 구상을 계기로 목표 달성에 필요한 제반 사항을 상당히 많이 갖추게 되었습니다.[XIX] 그렇지만, 2006년이 되어서야 비로소 국제연합(UN)은 치료, 예방, 돌봄에 관한 보편적 접근권 개념을 확립하고 해당 목표를 달성하기 위하여 지원하기로 했습니다.[XX] 조지 W 전 미국 대통령이 설립한 후천성면역결핍증 환자 구호를 위한 대통령의 긴급 구상(President's Emergency Plan for AIDS Relief, (PEPFAR)) 이나 게이츠 재단(Gates Foundation)과 같은 주요 자금원 덕분에 필요한 자금을 조성할 수 있었습니다. 전 지구적인 노력은 실로 놀라웠습니다. 무려 4만 개가 넘는 비정부기구가 열정을 쏟아왔습니다.

이번에는 1980년대 말의 상황을 되짚어 보겠습니다. 우간다는 후천성면역결핍증(AIDS) 창궐의 기세를 겨우 누그러뜨려 감염률을 7퍼센트 대로 안정화했습니다. 이 정도면 깜짝 놀라울 정도로 높은 수준이지만 남부아프리카 국가들에 비해서는 낮은 수치 입니다. 전염병 억제책은 해당 문제를 진두지휘하던 무세베니(Museveni) 우간다 대통령의 직접적이고 솔직한 관리 방식에서 비롯되었습니다. 그는 피델 카스트로(Fidel Castro)로부터 훈련을 위해 쿠바에 파병되었던 우간다인 병사가 감염되었다는 사실을 듣자마자, 국민들에게 병이 퍼진 경로를 설명하고 남성들에게 한 명의 여성과만 성관계를 할 것을 당부했습니다.[XXI] 무세베니 대통령은 최근에 우간다에서 불공정한 선거 운동에 대한 의혹으로 뉴스에 더 많이 오르내리지만, 그는 분명 인간면역결핍바이러스 감염과 관련하여 계몽적인 정책을 펼친 것과 관련하여 공이 있습니다.

타소(The AIDS Support Organisation, TASO)라는 시민단체 역시 중요한 역할을 하였습니다. 에이즈 퇴치지원 기구 타소는 1987년 노에린 칼리바(Noerine Kaleeba)와 그의 동료들이 설립하였는데 그중 여러 명이 실제로 인간면역결핍바이러스(HIV)에 양성반응을 보였고 안타깝게도 오래 생존하지 못했습니다. 타소의 임무는 해당 바이러스 감염을 막아 희망을 되살리고 감염과 그로 인해 질병 때문에 고통받는 개인, 가족, 공동체의 삶의 질을 높이는 과정에 기여하는 것입니다. 처음에는 상담을 통해 지원과 조언을 제공하였고 이제는 건강권의 개념 아래 정당한 권리로 여겨지는 항레트로바이러스 치료를 제공합니다.[XXII]

안타깝게도 남아공은 우간다와 같은 조치를 선택하지 않았습니다. 음베키(Mbeki) 남아공 대통령은 인간면역결핍 바이러스가 후천성면역결핍증의 원인이 아닐 수 있다고 다양한 논문을 통해 주장한 피터 두스버그(Peter Duesberg)의 주장을 기존 학계 이론보다 더 신뢰하였습니다. 두스버그의 연구 결과가 처음 공개되었을 때 일부 학자들이 흥미를 보이기도 했습니다. 그러나 이내 두스버그 이론에 대한 많은 반박 근거가 쏟아져 나오자, 과학계에서 그의 이론을 받아들이지 않았습니다. 두스버그의 이론에 관하여 반박 논문을 발표한 저명한 과학 학술 저널 네이쳐지(Nature)의 편집장을 포함한 다른 과학자들의 우려에도 불구하고 두스버그는 그의 입장을 고수했습니다. 비록 음베키 전 대통령이 두스버그가 인간면역결핍바이러스(HIV)가 그저 나그네 바이러스(passenger virus)일 뿐이며 후천성면역결핍증(AIDS)과 그 어떤 연관관계도 없다고 한 주장에 완전히 동의했는지는 불분명합니다.[XXIII] 그러나 음베키 대통령은 "아프리카 문제는 아프리카의 해결 방식으로" 풀어야 한다고 믿었던 사람으로서 해당 질병에 대한 서구식 의료접근법에 부정적이었는데, 특히 아지도티미딘 치료법에 더욱 그러하였습니다. 2003년까지만 해도 음베키 정부의 악명 높은 보건장관이었던 챠발랄라-음시망(Tshabalal-Msimang)은 남아공 국민들에게 항레트로바이러스 치료를 받기보다는 면역력을 기르기 위해서 비트루트, 마늘, 레몬, 올리브 오일 그리고 아프리카 감자를 먹어야 한다고 강조했습니다.[XXIV] 그녀의 주장은 국제사회의 분노와 조롱을 야기했고, 이미 "비트루트 박사"로 알려진 남아공에서도 국민들의 우려와 당혹스러움을 자아냈습니다. 시민사회 단체들 역시 이러한 보건장관의 억지 주장이 치료를 필요로 하는 환자들의 건강권을 침해했다고 신랄하게 비판했습니다. 심지어 남아공은 도와주겠다는 다른 국가들의 제안도 거절하였고 이는 보건 및 인권의 위기로 이어졌습니다.[xxv]

이러한 정치적인 여건으로 남아공에서는 인간면역결핍바이러스(HIV)와 후천성면역결핍증(AIDS)이 확산되었습니다. 대통령이 공중보건에 대한 장기적인 원칙을 기반으로 굳건한 리더십을 발휘한 우간다 사례와 달리, 남아공은 혼돈에 휩싸이고 말았습니다. 진단받은 환자들이나, 자신이 걸렸을지도 몰라 걱정하는 이들은 타인이 치료해 주겠다고 하거나, 조언을 주려고 하면 쉽게 받아들이곤 합니다. 예를 들어, 처녀와의 성관계를 통해 성병이 나을 수 있다는 허황된 믿음이 수 세기 동안 사라지지 않고 이따금 불거지곤 했습니다.[xxvi] 일부 연구자들은 이러한 미신이 남아공 전역에 퍼져 결국 아동 성범죄는 물론[xxvii], 흔히 성 경험이 없을 것이라고 오해를 받는 여성 장애인에 대한 성범죄를 초래했다고 비난했습니다.[xviii]

이러한 "처녀 치유(virgin cleansing)"에 대한 일반 사람들의 미신과 관련하여 여러 논쟁이 있었지만, 정작 남아공에서 미성년자에 대한 성폭력이 매우 빈번하게 발생한다는 사실은 제대로 다뤄지지 못했습니다. 이는 아마도 여성 청소년이나 장애인 여성과의 성관계를 안전하다고 인식 하기 때문으로 보입니다. 영아 성폭행 사건은 매우 적었지만, 성적으로 성숙하기 시작하는 여성 청소년들을 나이가 훨씬 많은 남자가 강간하거나 협박이나 압력을 행사하여 성관계 하는 일은 그보다 훨씬 자주 발생했습니다. 특히 가해자가 학교 교사인 사례도 적지 않았습니다. 이러한 참혹한 현실 속에서 10대 소녀의 인간면역결핍바이러스(HIV) 감염률이 같은 또래 소년들의 감염률보다 대략 25배 더 높게 나왔습니다.[xxx] 이는 현재 아프리카에서 수백만 명의 아동들이 성인의 보살핌 없이 살아가고 있는 비극의 소용돌이 중 일부일 뿐입니다. 후천성면역결핍증(AIDS)의 확산이 공동체를 휩쓸면서 아이들은 돌봐 주는 어른도 없이 홀로 남겨지게 되었습니다. 이렇게 혼자 남겨진 아이들은 나이 많은 성인 남자의 성폭력에 더욱 취약하게 노출되어 있습니다. 이러한 폭력에는 강간뿐 아니라, 성관계를 대가로 음식과 돈을 바꿔주는 "계약 성관계(transactional sex)"의 형태도 포함됩니다. 난민캠프에서 살고 있는 여자아이들도 실상은 마찬가지입니다.[xxxi] 이 부분에서 여러 측면에서의 자행되는 인권 유린이 당혹스럽게도 복잡하게 뒤섞여 개별적인 인권 문제를 더욱 악화시키는 것을 발견할 수 있습니다. 충분히 막을 수도 있었던 부모의 죽음으로 인하여, 아이들은 단지 생존을 위하여 자신의 건강에 대한 심각하고 모멸적인 위험을 감수해야만 했습니다.

그 결과, 남아공의 경우 감염자 숫자가 폭발적으로 증가할 수밖에 없는 상황으로 번져갔습니다. 서방국가들의 지원도 늦어졌고, 남아공 정부는 그마저도 도움을 받으려 하지 않았을뿐더러 심지어 거절하기까지 했습니다. 서방국가의 경우와 마찬가지로, 남아공에서도 후천성면역결핍증(AIDS)과 관련된 지원은 시민사회 단체의 몫으로 남겨졌습니다. 카리스마 넘치는 리더십을 발휘한 재키 아흐마트(Zacki Achmat)가 이끈 치료행동캠페인(Treatment Action Campaign, TAC)은 이러한 움직임을 선도하였습니다. 재키 아흐마트는 남아공 사상 처음으로 판사로서 자신이 동성애자임을 밝힌 에드윈 캐머런(Edwin Cameron)과 함께 활동하며 동성애자 권리 운동가로 성공적인 행보를 보여왔습니다. 재키 아흐마트는 반아파르테이트 운동이 벌어지던 자신의 학창 시절에 겪었던 폭 넓은 경험을 하면서 많은 것을 배웠습니다. 이후에는 미국에서 동성애자 권리 옹호 운동을 이끈 위인들의 업적을 통해서도 많이 깨닫게 되었다고 합니다. 그가 1990년에 인간면역결핍바이러스(HIV) 감염 진단을 받았을 때 이미 그는 노련한 활동가였습니다. 그리고는 곧 인간면역결핍바이러스(HIV) 보균자와 후천성면역결핍증(AIDS) 환자 권리 운동에 참여하게 됩니다. 1999년 재키 아흐마트는 일반 남아공 사람들이 약물 치료를 받을 수 있을 때까지 "약을 쟁취하기 위한 단식투쟁"을 하기로 결심합니다.[XXXII] 그의 결심은 남아공 정부가 아프리카인의 방식으로 해결점을 찾고자 한 것으로 시작되었습니다. 남아공 정부는 공업 용제를 기반으로 바이로덴(Virodene)이라고 하는 약을 개발하였는데 매우 저렴하지만, 독성이 강하고 제대로 검증되지 않아 사용 승인을 받지 못했습니다. 그러나 1997년까지만 해도 남아공의 개인병원에서는 삼제 요법(Triple Therapy) 치료를 할 수 있었습니다. 다만 대부분의 환자가 도저히 감당할 수 없을 정도로 비싼 가격이었기 때문에 최상류층 사람들만 해당 치료를 받을 수 있었습니다. 아흐마트는 삼제 요법으로 친구 캐머런 판사가 놀라울 정도로 건강을 회복하는 것을 보았습니다. 그러나 약물 치료만 받았어도 살 수 있었을지도 모르는 다른 친구들이 약값을 마련하지 못해 치료도 못해보고 죽는 것을 목격하면서 아흐마트는 단호한 조치를 취하기로 했습니다.

비슷한 시기, 감염 사실을 거의 공개적으로 알리지 못하던 때에 당당히 라디오와 텔레비전에 출연해 자신의 인간면역결핍바이러스(HIV) 양성 사실을 알린 구구 들라미니(Gugu Dlamini)라는 여성이 이웃의 칼부림에 사망하는 일이 발생했습니다. 이에 아흐마트와 동료들은 저렴한 가격에 약을 구할 수 있도록 하고 인간면역결핍자이러스(HIV) 보균자의 시민으로서 권리를 옹호하고자 치료 행동 캠페인(TAC)을 설립하였습니다. 바로 그때가 아흐마트가 약을 쟁취하기 위한 단식투쟁을 발표한 시점이기도 합니다.

치료 행동 캠페인(TAC)은 드디어 남아공이 미국이 주도하는 무역 제재로 인한 고충을 겪지 않고도 인간면역결핍바이러스(HIV) 환자를 위한 제네릭 의약품을 생산할 수 있도록 지원하기 위하여 발족하였습니다. 이 캠페인의 배경에는 1994년에 체결된 무역관련 지식재산권 협정(Agreement on Trade-Related Aspect of Intellectual Prop-erty Rights, TRIPS)이 있습니다. 세계무역기구(World Trade Organisation, WTO)에 가입한 모든 회원국은 20년 동안 국제적으로 특허권을 보장하는 지식재산권 체제에 동의하였습니다. 지식재산권에 관한 협정이 체결되기 이전에는 규모가 큰 개발도상국이나 중진국은 주요 제네릭 의약품을 직접 생산하고 있었습니다. 그러나 이 협정이 체결된 이후에는 계속 이전과 같이 생산할 경우, 이 지식재산권에 관한 협정을 위반하게 되는 것입니다. 2001년 39개 제약회사들이 남아공 정부를 상대로 자신들의 특허권을 주장하며 소송을 제기하였습니다.[XXXIII] 이에 대한 대응으로 시민운동가들은 제약회사가 환자들이 감당할 수 없는 수준으로 치료비용을 증가시켜 건강권을 침해한다고 강력히 규탄하였습니다. 또한 이러한 인권 침해로부터 가난한 나라의 시민들을 보호해야 한다고 국제사회에 호소하였습니다.

클린턴 전 미국 대통령은 이와 같은 국제적 압력과 반발 움직임에 남아공 정부의 기존 정책을 옹호하였고, 제약회사들은 소를 취하하였습니다. 이는 실로 큰 승리였습니다. 치료행동 캠페인과 아흐마트는 거대 제약회사가 인간면역결핍바이러스(HIV) 관련 약품의 가격을 획기적으로 낮추거나 심지어 무료로 기부하도록 설득하고자 사람들의 이목을 사로잡는 독창적인 활동에 참여하였습니다.

그다음으로 넘어야 할 장애물은 남아공 정부였습니다. 음베키 대통령은 계속해서 인간면역결핍바이러스(HIV) 관련 약이 독성이 너무 강하여 상당히 위험하다는 입장을 고수하였습니다. 이러한 주류 과학에 대한 반감 때문에 결국 제약회사 약을 아무리 저렴하게 또는 심지어 무료로 공급하더라도 환자들이 실제로는 구하기 어려울 수밖에 없었습니다.

아흐마트는 심지어 거대 제약회사의 꼭두각시가 아니냐는 비난을 받기도 하였습니다.[xxxiv] 변호사 앤써니 브릭크(Anthony Brink)가 2007년 헤이그에 있는 국제사법재판소에 매우 이례적으로 자신이 소속된 단체에서 제기된 소송을 직접 대리하였습니다. 그는 아흐마트가 아지도티미딘 치료와 다른 항레트로바이러스 치료를 촉진하는 노력을 물거품으로 만들었다고 비난하며 다음과 같이 주장했습니다.

> "아흐마트는 자신이 남아공에서 설립한 치료행동 캠페인이라
> 는 단체를 이끌며 다국적 제약회사의 앞잡이 노릇을 하고 있습
> 니다. 그는 후천성면역결핍증 치료제로서 항레트로바이러스
> 라는 이름으로 광고되고 있는 특허 화학물질을 홍보하고 있을
> 뿐입니다." xxxv

치료행동 캠페인은 남아공의 집권당인 아프리카 민족 회의(African National Congress, ANC)가 과거에는 건설적으로 국정을 운영해 왔으나 이제는 진보를 가로막고 있다는 사실을 깨닫고는 어쩔 수 없이 법적인 대응을 고려할 수밖에 없었습니다. 이 부분에서 남아공의 상황은 인권 관점에서 볼 때 특히 흥미롭습니다. 건강권은 1997년에 발효된 남아공의 새로운 헌법 제27조에 포함되어 있는데, 여기에는 모자보건 의료 서비스와 응급의료 서비스를 비롯한 각종 의료 서비스를 받을 권리가 포함되어 있습니다.xxxvi 이는 국내 헌법재판소에서 건강권 소송을 실제로 심리 할 수 있는 매우 중요한 본보기입니다. 그러나 이러한 건강권을 근거로 제기한 소송이 성공적인 결과로 이어질 가능성은 당장 높지 않았습니다. 주요 판례로는 남아공의 새로운 헌법에 건강권이 채택된 후 얼마 지나지 않아 1997년에 수브라모니(Soobramoney)라는 사람이 보건부 장관을 상대로 제기한 소송이 있습니다.xxxvii 당시 원고였던 티아그라지 수브라모니(Thiagraj Soobramoney)는 신장병으로 많은 어려움을 겪고 있었습니다. 더반지역에 있는 병원에서 공석자금에서 시원뇌는 신상 투석 치료를 받고사 했으나, 투석 치료 기계가 워낙 고가인 데다 공급 물량도 부족한 상태였습니다. 병원 측에서는 치료 대상자 선정이나 순서와 관련하여 엄격한

지침을 마련해두고 있었는데, 수브라모니는 이 기준에 부합하지 못하였습니다. 그는 남아공 헌법 제27조를 근거로 소송을 제기하였는데, 특히 응급의료서비스를 받을 권리를 주장하였습니다. 또한 남아공 헌법 제11조 역시 소송의 근거로 활용하였습니다. 제11조에는 "모든 국민은 생존권을 누릴 권리가 있다"고 직접적으로 명시되어 있습니다.

그러나 법원은 심지어 생존권도 자원 제약의 맥락에서 이해되어야 한다고 강조하였습니다. 또한 법원은 이러한 자원을 할당하는 결정을 내릴 적합한 기관이 아니라는 기존 판례를 따랐습니다. 그 결과 재판부는 병원이 부족한 투석기계를 운영하는 원칙이 정당화 될 수 있는지 여부에만 집중하였고, 해당 측면에서는 문제가 없다고 판단했습니다. 수브라모니는 패소 판결을 받은 후 불과 몇 일 후에 세상을 떠났습니다.

법원이 이러한 자원 할당 문제와 관련된 결정을 내리기를 주저하는 것은 충분히 이해할 수 있습니다. 혹시나 건강권 소송을 추진하여 얻어낼 수 있는 것은 없을지 고민하는 분도 계실 것입니다. 물론 건강권에 근거한 주장이 앞으로 받아들여질 가능성이 전혀 없다고 볼 수는 없습니다. 수브라모니 관련 소송에서 판사는 의료서비스를 받을 권리가 헌법적으로 보호받는 생존권에 속하는 것이라는 주장을 다룬 인도의 판례(*Paschim Banga Khet Mazdoor Samity and others v. State of West Bengal and another*)를 언급하였습니다. 해당 사건에서는 머리에 심각한 부상을 입은 한 환자가 많은 국영병원에서 진료를 거부 당하는 바람에 사립병원을 알아봐야만 했습니다. 적어도 몇몇 병원은 가능한 치료 환경을 갖추고 있었지만 별다른 이유도 없이 그를 돌려보냈습니다. 이러한 이유로 법원은 원고의 손을 들어주어도 의료 자원을 할당하는 기준을 왜곡시키지 않는다고 판단할 수 있었습니다.

　물론 모든 계층의 환자들이 항레트로바이러스 치료를 받을 권리를 근거로 소송을 제기한다면, 국가재정에 막대한 영향을 끼칠 것입니다. 그럼에도 불구하고 1999년에 치료행동 캠페인(TAC)은 인간면역결핍바이러스(HIV)에 감염된 임산부가 태아에게 바이러스를 전염시킬 수 있는 개연성을 줄이기 위해 필요한 네비라핀(Nevirapine)이라는 약품을 환자들에게 제공하도록 압박하였습니다. 실제로 치료행동 캠페인의 운동은 남아공 헌법 27조 a 항에 근거를 둔 것으로 보입니다. 해당 조항은 모자보건 서비스를 포함한 보건의료서비스를 받을 수 있는 권리를 보장하는 내용을 담고 있습니다. 네비라핀의 제조사는 실제로 정부에 일정 기간 동안 약을 무료로 제공하였기에 스브라모니 사건과는 달리 재정적 측면에서의 영향은 비교적 적었습니다. 치료 과정은 정말 간단합니다. 산모에게 1회 투여하고 아기에게 소량을 투여하면 됩니다. 하지만 심지어 치료가 끝난 후에도 수유로 인한 감염의 위험이 남아 있기에, 종합적인 일괄 치료 프로그램은 모유를 분유로 바꾸는 것을 포함합니다. 이는 그리 간단한 문제가 아닙니다. 특히 모유 수유에 대한 강한 문화적 애착, 세계보건기구의 모유 수유에 대한 지지, 분유 가격, 그리고 남아공 일부 지역에서 안전한 물을 구하기 힘든 현실을 고려할 때 더욱 그렇습니다. 이 경우 사회 기반 시설에 대한 개선과 관련 종사자에 대한 교육이 필요할 것입니다. 정부는 평가 관리뿐 아니라 안전성과 효과성에 대한 우려를 표명하며 그저 소규모 선행 연구만을 허용했고, 이에 대한 시행도 매우 더디게 이루어졌습니다.

헌법재판소는 선행연구가 공중보건 차원에서 여러가지 좋은 명분이 있다고 인정하였습니다. 그러나 법원은 정부가 대책 없이 시간을 낭비하는 동안 개인병원 조차 이용하지 못한 산모들이 고생하는 모습에 상당한 우려를 표명했습니다. 재판부는 종합적인 일괄 치료 프로그램을 충분히 제공하지 못할 경우 효과적이지 않거나 심지어 해로울 수 있다는 정부의 주장은 받아들이지 않았습니다. 이에2002년 법원은 네비라핀이 임상적으로 영아에 대한 바이러스 전염을 막을 수 있다는 증거가 있다면 정부는 환자들에게 해당 약물을 제공해야 한다고 판결했습니다.[xxxviii]

위에서 살펴보았던 수브라모니 판결과 치료 행동 캠페인 판결 사이에는 큰 차이점이 발견됩니다. 첫째, 수브라모니의 경우, 구체적으로 치명적인 상태였던 특정 개인에 대하여 병원이 치료할 수 있었음에도 불구하고 거부를 한 사례입니다. 하지만 재정적 한계 상황에서 수브라모니를 치료하기로 결정 할 경우, 수브라모니와 같이 어려운 처지에 있는 사람이 발생할 경우 그 사람을 치료하지 못하게 될 수 있습니다. 그리하여 법원은 보건당국이 논리적으로 옹호할 수 있고 합리적인 근거로 위와 같이 결정한 것이라면 적절하다고 판결했습니다.

치료행동캠페인(TAC) 소송의 경우 정부의 입장은 훨씬 더 이해하기 어려웠습니다. 정부는 다른 여러 가지 문제는 물론이고, 감당하기 어려울 정도로 큰 비용이 드는 종합적인 일괄 치료 프로그램을 확대할 것을 강조했습니다. 그럼에도 불구하고, 법원은 네비라핀에 대한 적절한 시험과 환자와의 상담이 함께 이루어질 경우, 최소한의 비용으로도 수천 명의 목숨을 살릴 것이라는 증거를 인정하였습니다. 실제로 수천 명이 넘는 아기들이 인간면역결핍바이러스(HIV)에 감염되었을 때 보건 시스템이 떠안을 부담에 비하면 결국에는 비용을 절감하게 될 것입니다. 일부 비평가들이 음베키 남아공 전 대통령의 후천성면역결핍증 거부 주의(AIDS Denialism)와 관련된 정부의 입장에 대해서, 더 나아가 심지어 아프리카민족회의(ANC)의 희망이라 할 수 있는 바이로덴 xxxix과 같이 수익성까지 있는 치료제를 남아공이 자체 개발하는 것에 대하여 설명하려고 시도해 왔다는 것은 전혀 놀라운 일이 아닙니다. 물론 해당 판결문에서 이러한 화제는 다루어지지 않았습니다.

결론적으로 법적인 측면에서 보면, 수브라모니 판결에서는 관계 당국이 어려운 여건 속에서 합리적으로 대응한 것으로 보이지만, 치료행동캠페인(TAC) 사건에서는 관계 당국이 수브라모니 판결과 같은 정당한 사유를 제시할 수 없었다는 점에서 두 사건에 차이가 있습니다. 두 판례의 차이점을 좀 더 들여다보면, 결국 치료행동캠페인(TAC)은 정부의 잘못된 정책 때문에 어려움을 겪는 당사자들로부터 지지를 받는 캠페인이라는 점입니다. 치료행동캠페인(TAC)은 사회 운동에 대한 시민들의 지지에 편승할 수 있었습니다. 폭넓고 적극적인 대중의 지지는 물론, 미디어의 호응까지 받는 인권 관련 사례의 경우 막을 수 없는 힘을 생성 할 수 있습니다. 수브라보니 소송의 경우에도 분명 대중들의 상당한 공감을 끌어냈지만, 치료행동캠페인(TAC) 소송에 필적할 만한 지지를 받지는 못했습니다.

치료행동캠페인(TAC)이 이행해야 할 다음 단계 과제는 국가 의료 시스템의 운영 계획에 대한 투쟁이었습니다. 자신이 벌이는 캠페인에 대한 지지를 받기 위해서 국제 시위를 촉구하는 것을 포함하여 지난하면서도 반복적인 투쟁과 시민 불복종 운동 또한 필요했습니다. 결국 국가 의료시스템 운영 계획은 비록 만족스럽지 못했지만 2003년 말이 되어서 드디어 수립되었습니다. 53,000명을 수개월 안에 항레트로바이러스 치료를 받을 수 있도록 하고 치료 센터를 준비하겠다는 담대한 계획을 내놓았습니다.[XL]

그러나 당시 보건부 장관은 계속해서 항레트로바이러스 요법에 대한 반대 의견을 표명하며 다시 한번 영양 측면에서 문제를 해결하는 방법으로 눈을 돌렸습니다. 2005년이 되어서야, 항레트로바이러스 약에 대한 주문이 제대로 이루어졌습니다. 2008년 음베키 대통령이 사임하고 새로운 보건장관이 취임하자, 치료행동캠페인(TAC)의 계획에 박차가 가해졌습니다.

치료행동캠페인(TAC)은 치료받을 권리를 지키기 위해 벌이는 운동의 범위가 너무 좁다는 사실을 줄곧 인식하고 있었습니다. 인간면역결핍바이러스(HIV)나 후천성면역결핍증(AIDS) 문제를 모두 보건 시스템에서 다루어야 할 문제라고 떠넘길 수는 없을 것입니다. 설사 건실한 보건 시스템을 갖추고 있더라도 이는 마찬가지입니다. 더욱이 남아공 지방의 경우 보건 시스템이 제대로 운영되고 있지도 않았습니다. 비정부기구의 캠페인은 대부분 엘리트나, 학계, 전문가 집단, 언론 및 각종 통신 수단 등을 통해 이루어집니다. 치료행동캠페인(TAC) 역시 이와 같은 방식으로 노조나 교회와 연대하며 캠페인을 벌였습니다.

그러나 치료 행동 캠페인(TAC)은 가난한 사람들이 스스로를 돌볼 수 있는 환경을 조성하고,[XLI] 건강 증진을 위해 보건과 거버넌스에 대한 이해를 바탕으로 정치적인 사회운동을 선도하겠다는 근본적인 목표를 가지고 있었습니다. 이 단체는 미국 후천성면역결핍증(AIDS) 활동가로부터 '치료 이해 능력(treatment literacy)'이라는 개념을 차용했습니다. 일반 사람들로 하여금 자신의 건강을 스스로 돌볼 수 있도록 하려면 과학, 보건 그리고 의사의 치료 행위에 대한 깊이 있는 이해가 필요합니다. 200여 명의 사람들이 "치료 이해 능력 전문가"로 훈련 받았습니다. 치료행동캠페인(TAC)은 매달 십만여 명에게 관련 정보를 제공하여 건강 관리에 대한 이해도를 높일 것을 요구했을 뿐 아니라, 항레트로바이러스 요법의 확산을 위한 투쟁에 더욱 적극적으로 임할 것을 촉구하였습니다.

활동가는 전문가가 아닌 실제 인간면역결핍바이러스(HIV) 보균자가 중심을 이루었습니다.[XLII] 이렇게 힘들고 위험한 과정을 거쳐 남아공은 점점 더 우간다 사례와 비슷한 수준에 이르게 됩니다. 한 전문가에 따르면, 이제 일반적으로 아프리카에서 비용은 더 이상 주된 문제가 아니라고 합니다. 비용보다는 환자라는 사실이 밝혀지면서 찍히는 낙인과, 미흡한 정치적 의지 그리고 열악한 보건 의료 환경이야말로 가장 심각한 문제라고 합니다.[XLIII]

이제 남아공의 이웃국가인 보츠와나의 상황에 대해서 잠시 주목해 볼 필요가 있습니다. 물론 남아공 사례만큼 복잡하지는 않습니다만,

보츠와나의 경우에도 남아공과 마찬가지로 인간면역결핍바이러스 (HIV) 보균자와 후천성면역결핍증(AIDS) 환자가 폭발적으로 증가했습니다. 실제로 인간면역결핍바이러스(HIV) 감염자의 비율은 남아공보다도 높은 수준이었습니다. 한 때 15세 청소년의 85 퍼센트가 결국 후천성면역결핍증(AIDS)으로 사망할 것이라는 예측도 있었습니다.[XLIV]

그러나 위와 같은 어려운 상황이 이제 현격히 완화된 것으로 보입니다. 보츠와나의 정치 상황은 남아공과 대조되는데,[XLV] 이는 매우 중요한 부분입니다. 보츠와나는 1966년에 평화롭게 독립을 이룩하였고, 그 이후로 정치적인 안정을 유지해왔습니다. 국내총생산(Gross Domestic Product, GDP)으로 볼 때 보츠와나는 아프리카에서 가장 부유한 국가 대열에 속합니다. 그러나 후천성면역결핍증(AIDS)이 창궐하면서 보츠와나는 심각한 타격을 받았습니다. 그러나 보츠와나는 할 수 있는 대응부터 하기 시작했습니다. 1999년에서 2000년에 이르기까지 아기가 엄마로부터 감염될 확률을 낮추기 위해서 아지도티미딘과 네비라핀이 사용되었고, 미국의 여러 대학의 지원에 힘입어 이러한 노력은 더욱 확대되어 갔습니다.

2000년부터 2004년까지 보츠와나는 역대 가장 높은 후천성면역결핍증(AIDS) 감염률을 기록했습니다. 그러나 그 이후 정부의 대응과 의약품을 기부하는 제약회사, 게이츠재단, 머크재단(Merck Foundation)과 같은 공익재단, 미국의 에이즈 퇴치를 위한 대통령 긴급 구호 계획(President's Emergency Plan for AIDS Relief, PEPFAR) 해외 주요 단체들의 기부에 힘입어 고활성 항레트로바이러스 치료법이 이제 널리하게 되었고, 정부 역시 대량으로 관련 의약품을 구매할 수 있게 되었습니다. 또한 의료진을 양성하고, 약효를 추적 관찰하여 평가, 연구하는 프로그램도 운영하고 있습니다. 인간면역결핍 바이러스 감염 검사를 의무 사항으로 둘 것인지, 또한 어떤 상황에서 할 것인지를 결정하는 것과 같은 공중 보건 정책과 프로그램을 어떻게 운영할 것인지와 관련하여 물론 많은 질문이 제기될 것입니다. 그러나 보츠와나는 문제 대응에 있어서 중심을 잡은 것으로 보입니다. 남아공 사례와 비교할 때, 보츠와나에서 시민사회의 역할은 상대적으로 미미했습니다. 왜냐하면 보츠와나 정부가 어떤 대응을 해야 한다고 판단하면, 바로 그렇게 단행했기 때문입니다. 이는 남아공 정부가 상당 기간 사태를 악화시킨 측면이 있는 것과는 대조적입니다. 재키 아흐마트가 항레트로바이러스 요법을 장려했다는 이유로 어처구니 없이 '학살자'라는 비난을 받았지만, 다른 전문가들은 무려 33만 명이 넘는 희생자를 양산했다고 알려진 타보 음베키 대통령이야말로 그런 비난을 받아야 한다는 더욱 설득력 있는 주장을 하였습니다.[XLVI] 그러나 당장 시급한 과제는 미래를 향해 나아가는 것이지, 과거로 되돌아가는 것이 아닙니다.

남아공과 보츠와나 모두 아프리카에 부유한 국가에 속하며, 비록 해외에서 지원을 받기는 했지만 나름의 치료 프로그램을 운영할 자금을 보유하고 있었습니다. 다른 아프리카 국가들도 남아공과 보츠와나처럼 치료 프로그램을 운영할 여력이 있는시에 데헤 살펴 볼 필요가 있습니다.

예를 들어, 남아공의 동쪽 방향 영토에 자리 잡고 작은 내륙 국가 에스와티니 왕국(스와질란드의 새로운 이름)은 아직도 절대 왕정을 유지하고 있습니다. 다른 남아프리카 국가들이 보유한 광물자원을 보유하고 있지도 못하는 형편입니다. 에스와티니는 세계에서 가장 높은 인간면역결핍바이러스(HIV) 감염률을 기록했고, 이에 따라 평균수명은 가장 낮은 것으로 알려져 있습니다. 환자들이 너무 많이 몰렸기에 보건 시스템에 과부하가 걸렸고, 이 상황에서 자체 보건 시스템으로 상황을 개선 시킬 것을 기대하는 것은 사실상 불가능해 보였습니다. 그러나 이러한 어려운 상황 속에서도 대규모 치료 캠페인에 자금을 마련할 방법은 계속해서 마련되어 왔습니다. 물론 이는 지속성 여부를 예상하기 힘든 기부라는 시스템에 의존했습니다. 그래도 필요한 치료에 드는 비용의 절반 이상이 충당되었습니다.[XLVII]

아프리카 사례에 대한 검토를 마무리하기 전에 인간면역결핍바이러스(HIV) 예방에 관하여 알아볼 필요가 있습니다. 인간면역 결핍 바이러스(HIV)를 치료하는 것은 물론 치료는 중요합니다만, 예방이야말로 궁극적인 목표일 것입니다. 예방이라는 목표는 어떻게 달성할 수 있을까요? 모든 위험한 행동을 피하는 것도 한 가지 방법이 될 수 있겠습니다. 그래서 2008년 정책이 바뀌기 전까지 교회나 미국이 후원하는 프로그램의 핵심 강령에서 금욕이 강조되었습니다. 금욕을 강조하는 정책은 단독 전략으로 사용될 경우 비현실적이고 가망 없는 것으로 자주 비판 받아왔습니다. 확실히 '금욕정책'은 분명 보완되어야 했습니다. 교육이 그 답이 될 수 있을까요? 우리는 "치료 이해 능력"의 일환으로 교육의 중요성을 확인하였습니다. 실제로 교육은 공중 보건 전략에 있어서 중요한 요소임은 틀림없습니다. 그러나 교육의 효과에 관하여 회의적인 평가 역시 계속해서 제기 되어왔습니다. 예를 들자면, 의사, 간호사 그리고 심지어 후천성면역결핍증 전문 상담사의 감염률이 다른 직군의 감염률과 비교해 볼 때 별반 차이가 없다는 주장이 계속 제기되어왔습니다.[XLVIII]

콘돔 사용은 분명 매우 중요한 전략으로서, 추가로 피임이나 다른 성병 예방에도 도움이 됩니다. 그러나 이 역시 한계가 있습니다. 남편이 인간면역결핍 바이러스에 감염된 것으로 의심이 들더라도 자기 남편에게 콘돔 사용을 요구하기란 매우 어려울 수 있습니다. 여성들이 자신의 질병에 대한 취약함을 좀 더 잘 관리할 수 있도록 살균 크림이나 젤을 제공하는 것은 큰 도움이 되었습니다. 테노포비르(Tenofovir)라는 약을 기반으로 만든 한 젤 제품이 남아공에서 진행된 소규모의 연구에서 다소 효과를 보이면서 미미하지만 어느 정도 가능성이 보였으나, 결코 충분히 신뢰할 만한 수준은 아니었습니다. 주요한 예방책으로 자리 잡으려면 약효가 상당한 수준으로 개량될 필요가 있었습니다.

그러나 젤은 여성 혼자서 사용할 수 있다는 점에서 남편에게 사용을 요구해야 하는 콘돔보다는 여성 입장에서 더욱 개인적인 수단입니다. 그럼에도 불구하고 남편으로부터 감염을 걱정하는 여성이 남편 모르게 젤을 사용한다면, 그녀는 여러 측면에서 더욱 위험한 상태에 노출될지도 모릅니다. 이웃이 그녀가 젤을 사용하는 것을 알게 되었다고 가정해 봅시다. 물론 미국 교외에서 실제로 이런 일이 발생할 가능성은 없습니다. 그러나 이웃에게 젤을 사용하고 있다는 사실을 들킨다면, 그녀는 이웃의 낙인과 험담 때문에 고통받게 될 것입니다. 만약 남편이 자기 아내가 자신에게 의심을 품었다는 사실을 알게 될 경우, 그 아내는 가정 폭력의 위험에 처하게 될지도 모릅니다. 이러한 쟁점은 백신 접종 문제에서도 발견됩니다. 백신 접종은 모든 아이들을 대상으로 정기적이고 보편적으로 이루어져야만 효과를 볼 수 있듯이, 젤의 사용 역시 모든 여성이 두루 사용할 수 있어야 사회적으로도 효과를 기대할 수 있을 것입니다.

다시 말해서, 개발도상국의 많은 여성들이 인간면역결핍바이러스(HIV) 감염에 취약한 이유는 바로 인권을 제대로 보장받지 못하기 때문입니다. 여성들은 자기 남편의 폭력적인 성관계 요구에 저항하기에는 힘이 너무 약합니다. 이와 같은 폭력적인 요구는 심지어 에스와티니 같은 나라에서 법적인 규범을 통해 보호마저 받고 있습니다. 즉 아내는 법적으로 남편의 소유물입니다.[XLIX] 그렇기 때문에 여성 스스로 본인의 성생활을 주체성을 가지고 관리하려는 그 어떤 시도도 위험천만할 뿐입니다.

여기서 일반 논평 14조의 핵심 아이디어를 적용해 보면 도움이 될 것입니다. 즉 의료 서비스는 반드시 특정 사회 내에서 "문화적으로 적절히" 받아들여질 수 있도록 운영되어야 합니다. 최소한 여성의 인권이 다른 방식으로 강화되기 전에 문화적으로 부적절한 접근법은 효과적이지 못할 뿐 아니라, 역효과를 낳을 수도 있으며, 심지어 위험할 수도 있습니다.[L]

HIV/AIDS 치료의 숨겨진 비용

인간면역결핍 바이러스와 후천성면역결핍증을 치료하는데 성공한다면 진정 위대한 승리일 것입니다. 후천성면역결핍증(AIDS)의 창궐로 너무나도 많은 희생자가 발생했지만, 그래도 최소한 한줄기 희망은 있습니다.

그러나 이 치료 개발 성공의 이면에 이목이 쏠리기 시작했습니다. 일련의 연구에서는 단일 질환에 중점을 둔 소위 "수직 프로그램(virtical program)"에서 말라리아나 결핵뿐 아니라 후천성면역결핍증(AIDS)과 같은 특정 질병에 더 많은 예산이 투입됨에 따라 숨겨진 비용이 발생한다고 지적했습니다. 가령 분만 시 산모가 전문가의 도움을 받지 못하는 사례나 정기적인 예방접종을 받지 못하는 사례가 증가하고 있습니다. 왜냐하면 앞서 말씀드린 한 질병에만 집중하는 "수직 프로그램"을 운영할 인원이 필요하기 때문입니다. 또한 그 인원 중 대부분이 의료계 전문 자격 훈련을 마친 사람이어야 합니다. 원래 외국 등 타지에서 들어온 사람보다는 그 지역사회에서 성장한 인재를 선호하는 뿌리 깊은 전통이 있습니다. 그러나 우리가 현재 다루고 있는 개발도상국에서는 양성 과정을 마친 전문 의료인이 넘쳐 일자리를 찾지 못하는 일은 없습니다. 오히려 비정부기구나 외국 대학 또는 정부 기관에서 운영하는 수직 프로그램에 채용된 의사와 산호사가 원래 자신이 근무하던 곳을 떠나면서, 그 자리에 공석을 남기게 되었습니다. "아프리카에서 에이즈에 관한 스물여덟 개의 이야기"의 저자 스테파니 놀랜(Stephanie Nolen)은 콩고에 사는 티나 아미시(Tina Amsi)의 이야기를 들려줍니다.

"부카부 공공병원은 수시로 약탈을 당하던 병원이었습니다. 티나 아미시는 2003년 그 병원 산부인과에서 근무하고 이었습니다. 근무 환경이 얼마나 열악했으면 손잡이도 없어진 문이 많았고, 매트리스 마저 부족했습니다. 심지어 가장 기초적인 의약품조차 제대로 구비해 놓지 못하고 있었습니다. 티나는 국경 없는 의사회 (Médecins Sans Frontières, MSF)로 빠르게 근무지를 옮겼습니다. 물론 월급도 올랐지만, 무엇보다 가장 큰 차이점은 국경 없는 의사회에서 운영하는 병원이 필요한 약과 의료 장비를 모두 갖추고 있다는 사실입니다. 드디어 그녀가 의대를 다닐 때부터 꿈꿔왔던 진짜 의술을 펼칠 수 있는 기회를 잡은 것입니다. 티나가 콩고에서 했던 단편적이면서 임시변통으로 처리하던 업무와는 분명 달랐습니다. 티나는 국경 없는 의사회의 훌륭한 직원이었습니다."[1]

다음 장에서 살펴보겠지만, 개발도상국의 보건 분야 인재들이 어떻게 고향을 떠나 선진국으로 채용되는지에 관하여 계속해서 논의해 왔습니다. 그러나 지방 중소도시에서 대도시로의 이동과 같은 한 국가 내 두뇌유출도 국가 간 두뇌 유출만큼 심각한 문제이지만, 많은 논의가 이루어지지 않았습니다.

이러한 이유로, 건강권 강화 운동은 이제 수직적 프로그램보다는 "보건시스템강화"또는"수평적프로그램(horizontalprogram)"쪽으로 변화하기 시작했습니다. 이 경우 불가피하게도 인간면역결핍바이러스(HIV) 보균자나 후천성면역결핍증(AIDS) 환자 중 치료를 받을 수 있는 사람이 줄어들거나, 치료를 받을 시기가 늦춰질 것입니다. 이러한 문제를 해결하기 위해 애쓰고자 하는 사람이라면 앞에서 살펴본 쟁점들을 이해할 때 더 큰 절망에 빠질 수도 있습니다. 그러나 이 문제가 해결하기 쉬웠다면, 진작에 해결하고도 남았을 것입니다.

결론

앞서 1, 2장에서 살펴보았듯이 인권에 관하여 분석할 때 존중의 의무, 보호의 의무, 그리고 이행의 의무라는 세 가지 유형의 의무를 발생시키는 것으로 보는 것이 일반적입니다. 이번 장의 결론에서 위와 같은 분석 방식을 인간면역결핍 바이러스(HIV)와 후천성면역결핍증(AIDS)과 관련된 사례와 인권 문제에 적용해 보는 것은 도움이 될 것입니다.

존중의 의무는 정부가 개인이 권리 행사에 직접적으로 간섭하지 않을 것을 요구하는 원칙입니다. 건강권과는 다소 다른 맥락이기는 하지만, 예를 들어 정부가 시민들이 믿는 특정 종교에 대한 믿음을 금지한다면, 이는 시민에 대한 존중의 의무를 준수하지 않은 것입니다. 존중의 의무 위반은 폭정을 일삼는 정부가 영향력 없는 소수자들을 부당하게 괴롭히지 않는 이상 분명히 드러나지 않습니다.

민주적으로 선출된 정부가 고의로 시민의 건강을 해치려는 행위는 매우 이례적인 일입니다. 이는 시민의 건강을 증진하기 위해 필요한 조치를 단순히 취하지 않는 것과는 분명 구별됩니다. 물론 낙태를 법적으로 금지하는 것이나 인간면역결핍바이러스(HIV)나 후천성면역결핍증(AIDS) 관련하여 콘돔 사용을 금지하는 조치는 고의로 시민의 건강을 악화시키는 잘못된 정책이라 할 수 있습니다. 남아공 정부는 바이로덴(Virodene)이라는 검증되지 않고 독성이 매우 강한 약을 시판 초기에 공급을 활성화했다는 점에서 자국 시민의 건강권에 대한 존중의 의무를 거의 위반하는 수준에 이르렀습니다. 물론 항레트로바이러스 치료를 지연시킨 것은 존중의 의무를 위반했다기보다는 이행의 의무를 저버린 것으로 보는 것이 합리적이라고 생각합니다.

많은 다른 사례에서 알 수 있듯이, 인간면역결핍바이러스(HIV)나 후천성면역결핍증(AIDS) 관련하여 존중의 의무를 저버리는 것은 이동의 자유나 출산의 자유와 같은 다른 인권에 대한 존중의 의무를 저버리는 것과 관련이 있습니다. 우리는 앞서 감염 진단을 받거나, 감염이 의심되는 사람들의 활동을 제한하는 여러 가지 시도에 관하여 살펴보았습니다. 인간면역결핍바이러스(HIV) 보균자가 입국을 거부당하거나 그들의 성적 행위를 불법화하는 것이 그 구체적인 예입니다. 이러한 존중의 의무를 저버리는 행태 중에는 인간면역결핍바이러스(HIV) 보균자라는 이유로 심지어 강제 불임시술을 시킨 사례까지 있습니다. 실제로, 나미비아에서 이와 같은 강제 불임시술이 자행된 사례가 보고되었습니다.[1]

위 문제와 관련하여 복합적인 난제가 있습니다. 우선 인간면역결핍바이러스(HIV) 보균자의 활동에 제한을 가하는 것을 명백한 차별이라고 볼 수는 없습니다. 이러한 제한은 훨씬 더 많은 비감염자의 건강권을 지키고자 하는 노력의 일환이기도 합니다. 그래서 제한 조치가 당연히 언제나 옳지 못하다고 여길 수는 없습니다. 만약에 인간면역결핍바이러스(HIV)가 감기 바이러스처럼 쉽게 전염되었다면, 감염자들의 활동에 훨씬 더 강력한 제한 조치를 하는 것은 분명 정당한 것으로 여겨졌을 것입니다. 비록 대부분의 제한 조치가 과학적 근거 없이 급하게 결정된 것으로 드러났지만, 이러한 대응은 전혀 다른 양상으로 전개되었을 수도 있었습니다.

둘째로, 후천성면역결핍증(AIDS)에 대한 대응 초기에 조나단 만이 주장했듯이, 각종 제한 조치는 역효과를 나을 확률이 높습니다. 만약에 사람들이 해당 질병을 진단받으면 집과 일터를 잃게 되는데, 누가 검사를 받으려고 할까요? 이 때문에 질병과 관련된 문제는 공론화되지 못하고 더 심각한 공중 보건 문제로 번집니다.

결국 우리는 인간면역결핍바이러스(HIV) 보균자에 대한 차별의 수단을 정당화할 근거가 없다는 사실과 마주하게 됩니다. 하지만 이는 많은 국가들이 매우 어렵게 깨달은 교훈이기도 합니다. 인간면역결핍바이러스(HIV) 보균자에게 첫 번째 위협은 다른 나라도 아닌 자국 정부에 의한 차별입니다. 이는 정당화 될 수 없습니다.

정부의 두 번째 의무는 바로 보호의 의무입니다. 타인에 의해 건강권이 침해되는 것으로부터 시민들을 보호하는 것 역시 이 보호의 의무에 포함됩니다. 예를 들면, 미국의 사례에서 보았듯이, 정부는 보험회사가 인간면역결핍바이러스(HIV)나 후천성면역결핍증(AIDS)을 이유로 보험갱신을 거부하지 못하도록 제재할 수 있는 권한을 가지고 있다고 볼 수 있습니다. 이 보호의 의무에는 인간면역결핍 바이러스(HIV)를 안고 살아가는 사람들이 주변 사람들의 악의적인 편견 때문에 고통받지 않도록 보호하는 것도 포함되어 있습니다. 특히 이러한 사회적 편견이 건강에 해가 되는 경우에는 보호의 의무의 중요성이 부각됩니다. 십 대 청소년 라이언 화이트의 사례에서 볼 수 있듯이, 이렇게 보호해야 할 대상에는 이웃이 포함됩니다. 또한 아프리카의 사례에서 쉽게 확인할 수 있듯이 대가족의 구성원들 역시 포함됩니다.[11]

정부로서는 이러한 문제에 대응하는 것은 정말 어려운 일입니다. 미국 정부가 그랬듯이, 정부는 보험 회사와 같은 영리 단체를 규제하거나, 고용과 주거에 관한 보호를 강화할 수도 있습니다. 그러나 사람의 태도를 바꾸고 행동을 통제하기란 매우 어렵습니다. 그럼에도 불구하고 교육과 모범이 되는 인물들과 좋은 선례를 통해 여전히 진보할 수 있습니다. 이와 같은 좋은 선례로는 지금은 세상을 떠난 다이애나비(Princess Diana)가 1987년 후천성면역결핍증 (AIDS) 환자와 악수를 나누는 장면을 꼽을 수 있습니다. 문제가 복잡할수록 해결하는 데 오랜 시간이 필요합니다. 그러나 그렇다고 해서 포기해서는 안 됩니다.

보호받을 권리의 두 번째 측면은 앞으로 일어날 수 있는 감염을 막아야 할 의무와 관련되어 있습니다. 함께 살펴보았듯이, 각국 정부는 대체로 이 감염 방지의 의무를 위험 집단 구성원의 행동을 제한하는 데 정당성을 부여하는 방향으로 해석하곤 했습니다. 일반적으로 감염을 줄이는데 도움이 되는 교육이나 콘돔 구매를 보다 용이하게 하는 등의 공중 보건 정책을 시행하는 것을 의미합니다. 분명히 합리적으로 보이는 정책도 부정적 효과가 있을 수 있다는 점에서, 완전히 단순한 문제란 없습니다. 절제를 강조하는 캠페인은 오히려 비밀스럽고 위험한 성관계로 이어질 수도 있습니다. 여성으로부터 남성에게 전염되는 위험을 줄인다고 알려진 남성 포경수술이 도리어 위험한 행동을 조장할 수도 있습니다. 사람들의 행동에 영향을 끼치는 것이 힘든 이유는, 대부분 인간은 아무리 교육을 잘 받았더라도, 강한 유혹 앞에서는 한없이 약한 존재이기 때문입니다. 즉, 한 번만 유혹에 넘어가도 감염될 위험은 늘 존재합니다.[III]

실행의 의무는 안전하고 효과적인 치료를 제공하는 것을 포함합니다. 부유한 국가들은 대체로 이를 위해 노력해 왔습니다. 개발도상국의 사례는 인권의 의무가 발전해 온 양상을 이해하는 데 큰 도움이 되었습니다. 먼저, 치료 서비스를 제공할 의무는 국가에 있습니다. 그러나 대다수의 국가가 치료에 드는 비용을 감당하지 못합니다. 한 가지 가능한 방법은 자원이 부족하다는 사실이 명분을 제공하는 "점진적 실현(progressive realization)"의 개념을 적극 활용하는 것입니다. 이에 따라 두 가지 차원의 시도가 함께 이루어졌습니다. 우선, 값비싼 약품의 가격을 낮추기 위한 다양한 시도가 있었습니다. 두 번째로 국제사회의 도움을 요청하였습니다.

지금까지 인권과 관련한 움직임의 양상을 관찰하였습니다. 인권 실현의 의무를 누가 부담하느냐에 대한 질문은 인권 회의주의의 한 단면이라는 사실을 상기해 봅시다. 우선, 그 부담 주체는 언제나 정부라는 것이 우리가 도출한 답이었습니다. 정부가 스스로 해야 하는 일을 하지 않았을 때는 질병도 더 퍼질 것입니다. 만약 정부가 남아공 정부의 사례처럼 의무를 다하려 하지 않는다면, 국제사회는 정부가 의무를 이행하도록 압박을 가할 의무가 있습니다. 만약 어떤 정부가 남아공 외 다른 아프리카 국가들의 경우와 같이 의무를 이행하려고는 하나, 그것이 불가능하다면, 국제사회는 그 역량이 부족한 국가를 도울 의무가 있습니다. 마침내 우리는 이러한 의무가 실현되는 것을 보았습니다. 앞서 살펴보았듯이, 보츠와나의 사례에서 제약회사는 약품의 가격을 낮추었고, 해외 기부단체들은 치료 프로그램에 대한 자금 지원을 더욱 늘렸습니다.

건강권 이행의 의무는 정부에게 보건 시스템을 개선하기 위한 중장기적인 정책 계획을 정기적으로 수립할 의무를 부여합니다. 법률 시스템은 치료받을 권리의 근거를 확립하고, 실제로 높은 수준의 치료를 담당할 특수 클리닉 운영을 위하여 의료진을 채용하기 위해서도 필요합니다. 국가마다 속도에 차이는 있을 수 있지만, 선진국들은 이러한 이행의 의무를 이행할 수 있을 것입니다. 하지만 개발도상국이 이행의 의무를 준수하는 것은 여전히 어렵습니다. 우간다는 부족하지만 초기에 이행의 의무를 실천하고자 노력했습니다. 보츠와나는 아마도 아프리카 국가중에서는 가장 성실히 이행의 의무를 실천한 것으로 보입니다. 건강권에 관한 의무를 온전히 이행하면서 시급한 정치적, 사회적 쟁점들이 정부와 의료계에서 일상적으로 다루어야 할 문제가 되었습니다.

이 장의 도입부에서 주목했듯이, 인간면역결핍바이러스(HIV)와 후천면역결핍증(AIDS)은 건강권과 함께 등장하고 성장했습니다. 해당 질병이 창궐하기 전에는 건강권에 대하여 사람들은 철학적 개념으로써, 그리고 사회 운동의 목표로써 그 개념을 잘 이해하지 못했습니다. 후천성면역결핍증(AIDS) 확산으로 촉발된 보건 비상사태와 그로 인한 타격을 겪는 과정에서 특정한 개인이 낙인찍히고 가차 없이 격리당했습니다. 이 과정에서 정부를 설득하고 압박할 수단을 개발할 필요가 있었고, 이러한 역할을 할 수 있는 새로운 단체가 여럿 탄생했습니다. 인권이라는 개념에는 언제든지 유용하게 쓰일 아이디어가 내포되어 있었습니다만, 우선 인간면역결핍증(HIV)을 안고 살아가는 사람들을 차별로부터 보호해야 한다는 주장에만 처음으로 활용되었습니다. 환자들을 차별로부터 보호하는 인권은 보건의 측면에서도 장점이 있습니다. 낙인이 제거되면 사람들은 검사받는 것을 상대적으로 덜 꺼리게 되기 때문입니다. 또한 자신이 보균자라는 사실을 이미 알고 있었던 사람들은 낙인이 제거되면서 행동을 바꿀 확률이 높아집니다. 일단 치료가 가능해지면서, 1세대 인권 운동은 치료받을 권리와 인간면역결핍바이러스(HIV)를 안고 사는 사람들로 하여금 자신의 건강과 치료에 관하여 보다 더 큰 자기 통제력을 옹호하는 2세대 인권운동에 의하여 힘을 얻게 됩니다. 초창기 인간면역결핍바이러스(HIV)와 후천성면역결핍증(AIDS) 활동가에 의해 닦여진 길은, 다음 장에서 살펴볼 여러 가시 보건 위기 관련하여 전 세계에 걸친 건강권 캠페인의 모범이 되었습니다.

선진국에서는 치료받을 권리가 주목받기 전에 차별 받지 않을 권리가 먼저 제기되고 널리 존중받았다면, 개발도상국에서는 차별받지 않을 권리보다 치료받을 권리가 먼저 대두된 경우도 있습니다. 항레트로바이러스 치료를 받을 수 있는 기회가 계속해서 늘어나고 있지만, 인간면역결핍바이러스(HIV)를 안고 사는 대다수의 아프리카 국가의 환자들은 치료를 받으러 나오지 않고 있습니다. 실제로 감염 상황에 대한 대부분의 인용된 통계 수치는 추정치일 뿐입니다. 인간면역결핍증(HIV)을 안고 사는 사람들에 대한 차별이 없어질 때까지 감염율은 계속에서 증가할 것입니다. 더욱이 여성에 대한 성폭력과 같은 다른 분야의 인권 침해가 있다면 문제는 훨씬 더 심각해질 것입니다. 치료비를 마련하는 일도 매우 힘든 일이지만, 환자들로 하여금 우선 치료가 필요하다는 사실을 받아들이게 하는 일은 더욱 어려운 일입니다. 또한 형편이 어려운 사람들을 감염으로부터 보호하는 일은 그보다 더 어려울 수 있습니다.

선진국에서 인권의 최종 승리라고 할 수 있는 치료받을 권리가 아프리카에서는 인간면역결핍바이러스(HIV) 감염자나 감염 위험이 높은 사람들의 시민으로서 정치적 권리 보다도 더 먼저 성취되어가고 있다는 점은 매우 역설적입니다.

Problems and prospects

제4장 **다양한 문제와 해결 가능성**

1980년대 초반이었다면, 건강권을 널리 알리는 운동은 상상할 수 없는 일이었을 것입니다. 하지만 건강권 캠페인과 관련된 사회적 풍경은 매우 극적으로 변화하였습니다. 일례로 1994년에는 "보건과 인권(Health and Human Rights)"이라는 새로운 학술 저널이 1994년 설립되었습니다. 이 저널의 첫 호를 발간할 당시에는 조나단 만(Jonathan Mann)이 편집장이었고, 지금은 폴 파머가(Paul Farmer) 그 자리를 맡고 있습니다. 또한 이 저널은 현재 온라인으로도 자유롭게 열람할 수 있습니다. 란셋(The Lancet), 영국의학저널(The British Medical Journal) 그리고 뉴 잉글랜드 의학 저널(The New England Journal of Medicine)과 같이 학계에서 명망이 높은 학술 저널에는 건강권을 고취하는 논문이 정기적으로 발표되고 있습니다. 최근 발표된 논문에서 미얀마, 가자지구, 에콰도르, 캄보디아, 멕시코, 아르헨티나, 네덜란드, 미국 그리고 네팔에 이르기까지 세계 각지에서 건강권과 관련된 화제들이 중점적으로 다뤄졌습니다. 여성, 아동, 망명 신청자, 재소자, 집시, 장애인, 원주민, 청각장애인, 레즈비언 그리고 마약중독자에 이르기까지 어려움을 겪고 있는 사람들은 다양했습니다. 건강권을 침해한 주체 또한 다양하게 지목되었습니다. 여기에는 각국 정부는 물론 대형 제약회사, 기부단체, 국제금융기관, 전문 의료인, 의학 교육자 및 기업까지 포함됩니다. 구체적으로 우려되는 문제로서 특히 두드러지는 사례 몇 가지만 들자면, 말라리아와 여전히 방치되는 다른 여러 가지 열대병, 필수 수술과 소아마비, 의무적인 백신접종, 중독성 물질 남용, 모성사망률, 여성 생식기 훼손 등이 있습니다.

수십 년 동안 건강권 활동가들은 더할 나위 없이 중요한 수많은 문제를 제기 해왔습니다. 이러한 문제 제기에 있어 핵심은 충분히 살릴 수 있는 수 백만 명의 사람들이 죽어가고 있다는 사실입니다. 세계는 그대로 멈춰 있는 것이 아닙니다. 세간의 이목을 가장 많이 받는 문제 중 몇 가지는 비평가들의 의견이 옳았습니다. 익숙한 형태의 불만과 이에 대한 대응이 거듭 제기되어왔습니다. 비정부기구, 관련 의료진 심지어 정부에 이르기까지 다양한 활동 주체들이 관련 쟁점을 강조했습니다. 사실상 할 수 있는 것이 없다는 정부의 운명론에 대항하여 여러 가지 소규모 계획과 구상을 통해 실현할 수 있는 대안이 나오고 있습니다. 국제기구와 기부단체들은 관련 연구에 대한 관심을 일깨우며 지원하고 있습니다. 이들 단체는 공식 성명를 발표하고, 각국 정부로 하여금 자발적으로 관련 규약을 확립하여 이행하도록 하는 등, 국제사회는 다양한 시행착오를 겪으면서도 진지하게 책임을 다할 수 있는 방법을 찾기 시작했습니다.

안타깝게도 대부분의 경우, 질병의 부담이 극적으로 감소한 수준에는 이르지는 못했습니다. 그러나 여러 가지 긍정적인 전망 역시 읽을 수 있습니다. 물론 많은 조치들이 효과가 좋지 못하거나 부적절하고, 심지어 부작용만을 낳는 것으로 드러났습니다. 때로는 앞서 언급한 바와 같은 개입이 새로운 발전을 가져오기보다는 피해를 다소 감소시키는 수준에 그치곤 했습니다. 그러나 이 모든 것이 발전해 나가는 과정의 일부분일 것입니다. 이번 장에서 가장 널리 다루어진 사례 중에서 몇 가지를 살펴보고, 새로운 쟁점이 등장했을 때 합리적으로 대응할 수 있는 결론을 도출해 보겠습니다.

세계은행과 각국의 보건시스템

세계은행(World Bank)은 국제통화기금(International Monetary Fund, IMF)과 함께 1944년 브레튼우즈(Bretton Woods Conference) 회의 결과로 세계 2차대전 이후 유럽재건을 위한 자금을 지원하기 위해 설립되었습니다. 이 책에서는 세계은행 정책의 일반적인 내용이나, 세계은행 경제학자였던 조제프 스티글리츠(Joseph Stiglitz)의 말처럼 진짜 악당이 국제통화기금(IMF)인지 아닌지를 분석하지는 않을 것입니다.[1] 대신, 세계은행이 개발도상국 국민의 건강에 미친 영향을 살펴보려고 합니다. 특히 개발도상국이 자국민의 건강권에 대한 보호의 의무와 이행의 의무를 다하는 데 세계은행이 끼친 영향에 관하여 알아보고자 합니다.

1950년대부터 1960년대까지 세계은행이 선호하는 개발 전략은 대규모 사회기반시설 확충이었습니다. 그러나 1970년대부터 로버트 맥나마라(Robert McNamara)가 지휘하던 세계은행은 보건 문제와 관련하여 두드러진 활동을 시작했습니다. 1974년 세계은행이 추진한 프로젝트는 서아프리카에서 사상충증(River blindness)을 제거하는데 성공을 거두었고, 그 효과는 30년 정도 지속될 것으로 전망되었습니다. 세계은행에서 1980년에 발표한 세계개발보고서(World Development Report)는 보건 시스템의 중요성과 정부가 충분한 원조를 받은 후 문제에 대응할 수 있는 역량을 강조했습니다.

1993년 주요 개발 문제에 있어서 보건 문제는 "보건 시스템에 대한 투자"라는 제목으로 공개된 세계개발보고서의 핵심 관심사가 되었습니다. 2004년에는 "세계은행은 개발도상국의 보건 시스템과 영양 문제, 인구 문제 개선에 기여하기 위해 보건 분야에 매년 10억 달러 이상 지출하는 등 가장 많은 자금을 지원한 외부 단체"라고 할 수 있게 되었습니다. 세계은행은 인간면역결핍바이러스(HIV)와 후천성면역결핍증(AIDS) 문제 해결을 위하여 가장 많은 자금을 지원하는 외부 단체 중 하나로, 현재 13억 달러 넘게 기부하고 있으며 그러한 투자 중 절반이 아프리카 사하라 사막 이남에 집중되어 있습니다.[11]

세계은행은 과감하고 창의적인 정책을 펼쳐 전 세계적으로 질병의 부담을 줄였다는 점에서 분명 그 공을 인정받을 만합니다. 그러나 비평가들은 이러한 승리주의(Triumphalism)의 이면에는 어두운 측면이 있다고 지적합니다. 1980년대 중반 미국에서는 로널드 레이건(Ronald Reagan)이, 영국에서는 마가렛 대처(Margaret Thatcher)가 나라를 이끌어가고 있었고, 세계은행과 국제통화기금은 흔히 "시장 근본주의(Market Fundamentalism)"나 "워싱턴 합의(Washington Consensus)"라 불리는 이념에 사로잡혀 있었습니다. 이러한 흐름에 반대하던 사람들은, 두 대표적인 국제기구가 거시경제학적 안정성, 자유 시장, 무역 자유화 그리고 공공부문 축소를 경제 성장과 빈곤 종식의 지름길로 인식하는 개발 방식에 모든 상황을 억지로 꿰맞추고 있다며 비판했습니다. 개발 운동에서 요즘 비난받는 프로그램들은 "구조 조정(structural adjustment)"[III]의 일환으로 알려져 있는데, 이는 국가 경제를 안정시키고, 인플레이션을 통제하며, 외부 투자자들이 국가 경제 환경을 더욱 매력적으로 느낄 수 있도록 고안된 것이었습니다.

실제 구조조정은 매우 훌륭한 이론을 기반으로 단행되었을 수도 있습니다. 또한 구조조정이 다른 부문에서는 아주 긍정적인 효과를 냈을 수도 있습니다. 하지만 아무리 그렇다 할지라도, 구조조정은 보건 시스템 구축에 심각한 악영향을 끼쳐왔다는 평가를 받습니다. 적어도 일부 가난한 나라에서 위와 같은 구조 조정의 부정적인 영향이 여실히 드러났습니다.[IV] 혹자는 세계은행의 정책이 건강의 사회적 결정요인에 대한 개념을 잘못 사용했다고 평가할 수도 있겠습니다.[V] 이 책에서 주목한 바와 같이 경제적으로 형편이 어려운 국가의 경우 국내총생산(GDP)으로 측정되는 부와 보건 관련 지표 사이에 유의미한 상관관계가 있습니다. 아마도 보건 부문의 좋은 결과를 달성하는데 가장 좋은 방법은 성장을 촉진하기 위해 필요한 모든 조치를 총동원하는 것일지 모릅니다. 하지만 이러한 생각은 훨씬 더 많은 문제를 내포하고 있으며 상황을 지나치게 단순화한 것으로 보입니다.

우선 세계은행은 각국에 경제 성장을 촉진하기 위한 구조 조정의 일환으로서 보건 분야 지출 등 공적 지출을 줄일 것을 요구했습니다.

장기적인 효과와 관계없이, 최소한 보건 분야에 대한 단기적인 영향은 고무적이지 않았습니다. 보건 분야에 대한 공적지출을 축소시킬 경우, 당연히 환자가 치료비를 부담해야 합니다. 비용이 얼마이든 누군가에게는 너무 비쌀 수 있고, 돈이 없으면 반드시 필요한 의료 서비스도 받을 수 없다는 사실은 경제학에 대한 기본 지식만 가지고 있어도 알 수 있습니다. 개인적인 치료 비용 부담이 발생하게 되면 의료 서비스를 받는 사람의 수도 분명히 줄어들 것입니다.[VI]

2004년에 작성된 세계은행 정책을 분석한 한 연구는 위와 같은 비판을 보다 상세히 강조하고 있습니다. 이 연구는 세계은행에서 직접 분석한 수치에 따라 보건 분야 예산을 1인당 13달러는 책정해야만 정부로서 핵심적인 의무를 다할 수 있다는 주장을 담고 있습니다. 위 연구의 저자들이 지적하기를 "모잠비크는 1987년 구조조정 프로그램을 도입한 결과 1인당 보건 지출은 1986년 3.5 달러에서 1988년 0.68 달러로 감소했습니다. 누가 봐도 구조 조정 프로그램은 많은 개발도상국에서 건강권을 실현하는 데 있어서 퇴행적인 결과를 낳았다고 결론을 내릴 것입니다."[VII] 실제로 유엔아동기금(UNICEF)은 구조 조정으로 인해 1년 안에 50만 명의 아동이 목숨을 잃었다고 추산했습니다. 물론 세계은행은 자연스럽게 독자적인 연구를 통해 이러한 유엔아동기금 주장의 증거에 대하여 의문을 제기했습니다.[VIII]

경제 성장을 위해 보건 의료 서비스를 축소하면 보건 분야로 그 혜택이 돌아온다는 세계은행의 주장에는 두 가지 모순점이 있습니다. 첫 번째는 보건 의료 서비스를 축소함으로써 발생하는 손해입니다.

두 번째는 구조조정이 일반적으로 빈곤 퇴치에 성공적이지 못하다는 점입니다. 세계은행과 국제통화기금이 빈곤 문제에 의미 있는 접근을 하지 못했다는 주장은 자주 제기됩니다. 더욱 정확하게 분석하자면, 국내총생산을 높이기는 했으나, 많은 국가에서 부가 불균등하게 분배되면서 빈곤을 겪고 있는 대중들의 상황에는 변함이 없습니다. 즉, 기대했던 바와 달리, 단기적인 고통이 장기적인 이익으로 이어지지 않았습니다. 이 보고서는 보건 역량을 강화하기 위한 세 가지 축을 제시합니다. 첫 번째는 비록 경종을 울리는 표현으로 되어 있기는 합니다만, 널리 존중받을 수 있을 듯합니다.

> "우선 정부는 각 가정이 자신들의 건강을 스스로 개선할 수 있는 경제 환경을 조성해야 합니다. 가난한 사람들이 소득을 얻을 수 있도록 보장하기 위해, 필요한 경우 구조조정 정책을 포함한 성장 정책이 필요합니다. 그리하여 학교 교육, 특히 여학생을 위한 교육에 투자도 늘릴 수 있을 것입니다."[IX]

두 번째로는 정부가 첨단기술이 집약된 병원 기반의 의료 서비스에서 비용 대비 효과적인 공중 보건 프로젝트에 예산을 배정하도록 권고합니다. 많은 이들이 이러한 접근법을 환영했습니다만, 그럼에도 불구하고 비평가들은 여전히 비용 대비 효과라는 개념이 보건문제에 어떻게 적용될 수 있을지에 대하여 우려했습니다. 물론 위험요소도 존재합니다. 바로 비용 대비 효과의 기준으로 볼 때 주변에 이용할 수 있는 자원이 부족한 사람들은, 만약 보건 예산이 부족하고 치료 비용이 높을 경우 비용 대비 효과가 떨어진다고 볼 수 밖에 없기 때문입니다.[X]

그러나 비평가들에 따르면, 세 번째는 첫 번째, 두 번째 항목에서 약속한 내용을 훼손하고 있기에 상세히 인용할 필요가 있습니다.

> "세 번째로 정부는 보건의료 서비스를 제공하고 자금을 마련하는데 있어서 다양성과 경쟁력을 더욱 증진해야 할 필요가 있습니다. 공중 보건 시스템과 필수 치료 서비스에 대하여 정부가 자금을 지원하게 되면 필수 치료 서비스 외 치료는 일반적으로 개인 보험이나 사회 보험의 조정을 통하여 개인이 부담하게 됩니다. 정부가 적절히 규제를 실시하면 광범위한 보건의료 서비스 제공과 비용 통제를 위한 인센티브를 강화함으로써 민간의료보험 시장을 강화할 수 있습니다. 심지어 공적 자금이 투입되는 치료 서비스의 경우라도 정부는 의료 서비스 공급에 있어서 경쟁을 장려하고 민간 영역의 참여를 독려할 수 있으며, 더 나아가 핵심 정보를 생산하고 전파함으로써 민간의료서비스 영역의 효율성을 제고할 수 있습니다. 이러한 조치들이 함께 이루어지면 보건 분야에 개선된 결과를 도출할 것이고 비용을 절감하는 동시에 의료 서비스를 이용하는 사람들의 만족도는 올라갈 것입니다."[XI]

많은 국가에서 정부가 운영하는 국가 보건 시스템이 미래지향적이거나 효율적이지 못하다는 것은 일반적인 사실입니다. 더군다나 인구가 많거나, 또는 널리 확산되어 있는 경우, 전국민을 대상으로 보편적 보건의료 서비스를 제공하는 시스템을 구축하기 더욱 어렵습니다. 주류경제학 이론에 따르면 보건 분야에 민간 영역의 경쟁 요소를 도입한다면 긍정적인 효과가 있을 것이라고 전망합니다. 그러나 이러한 전망이 일부 국가의 경우 실질적으로 적용이 되더라도 질병에 대한 부담이 매우 높은 가난한 국가의 경우에는 해당되지 않습니다. 최빈국의 보건시스템 문제는 보건분야에 경쟁적 요소가 없기 때문이며, 이로 인해 환자의 만족도가 떨어진다는 주장은 설득력이 부족해 보입니다. 라이베리아와 앙골라의 어린이들이 죽어가는 이유가 보건 서비스를 제공하고 이에 필요한 재원을 마련함에 있어서 다양성과 경쟁적 요소가 없기 때문이라고 하면 과연 누가 믿을까요? 보건 영역을 민영화 하는 것이 건강을 증진하거나 비용을 절감하거나 심지어 둘 다 가능하게 한다는 증거는 무엇인가요? 이러한 주장에 대한 자신감은 다소 놀라울 정도입니다. 보건 분야 지출 삭감은 자연스럽게 정책 실패로 이어졌습니다. 이렇듯 보건 분야에 민간 영역이 깊이 관여하는 것에 부정적이었던 사람들은 "보건 분야에 대한 투자(Investing in Health)" 라는 표현을 자연스럽게 두 가지로 해석했습니다. 하나는 국민이 건강할 수 있도록 정부가 지출하는 것은 장기적 관점에서 사회 차원에서도 이익이라는 뜻입니다. 반면 이 "투자"의 의미는 민간기업이 개발도상국의 보건 정책을 통해 이익을 창출할 방법을 모색하라는 권고로 해석될 수 있습니다.[XII]

균형의 측면에서 바라보자면, 우리는 구조조정 프로그램이 대부분 심각한 금융 위기에 도입된다는 사실을 상기해야 합니다. 이 점을 떠올린다면, 실제 구조조정 프로그램이 위에서 제기되는 것처럼 실질적으로 부정적인 영향을 끼쳤는지 판단하기가 어렵습니다. 따라서 구조

조정 전의 상황이 아니라, 구조조정이 아닌 다른 프로그램이 시행되었더라면 어떠했을 것인지에 대하여 이해해야 합니다. 하지만 이 점은 정말 알 수 없는 부분입니다. 대부분의 경우 우려하는 의견이 일리가 있다고 판명 났으며 1990년대 중반에는 구조조정이 마무리되었습니다. 지금까지 얻은 교훈이 있을까요? 1999년 이후로 진행된 세계은행의 프로그램은 개발도상국들이 더욱더 자기 주도적으로 경제 계획을 수립할 수 있도록 자율권을 부여하였습니다.

그러나 세계은행의 프로그램에 대해 우려하던 사람들은, 여전히 세계은행의 프로그램이 시행되고 있는 환경에서 개발도상국 정부가 핵심 인권에 관한 의무를 수행하기는 어렵다고 지적했습니다. 세계은행은 최소한의 기준을 맞추기도 어려운 국가들이 해외 원조를 구할 때 대규모 해외 차관은 거시경제에 문제를 야기할 수 있다며 우려를 표명했습니다. 물론 충분히 일리 있는 주장입니다. 대규모 외화 유입은 수출 산업에 악영향을 끼치고, 이 때문에 수출에서 미래의 희망을 보고 있는 개발도상국의 경우 해외 원조가 오히려 장기적으로 볼 때 악영향을 끼칠 수 있습니다.[XIII] 이러한 이유로 세계은행은 계속해서 정부의 보건 지출을 제한하려고 했던 것입니다.[XIV]

위와 같은 설명이 맞는 것이라면, 심각한 딜레마가 발생할 수밖에 없습니다. 정부는 현재 보건 분야의 문제를 외면하면서까지 장기적인 경제 성장을 추구해야 할까요? 아니면, 경제적 전망이 불확실하기 때문에 현재 보건 분야에서 시급히 개선이 필요한 문제부터 우선 해결해야 할까요? 보다 근본적으로, 한 국가에 특정 경제 정책을 선택하라고 압박을 가하는 것이 세계은행의 역할일까요? 이에 비판적인 의견을 갖고 있는 사람들은 인권보다도 거시경제적 요인을 중요시했다는 점에서 세계은행은 인권을 침해했으며, 세계은행에 운영비를 분담하고 있는 국가들까지 동일하게 잘못이 있다는 다소 도발적인 주장을 제기하기도 합니다.[XV] 게다가 세계은행은 보건 분야에서 대규모 자금이 빠져나가도록 만들었다는 비판을 받아왔습니다. 그래서 사하라사막 이남 지역의 여러 아프리카 국가에서는 그동안 보건 분야의 지출에 할당해 놓았던 자금이 본래 목적에 맞게 사용되지 못했는데 세계은행은 이에 대하여 조사하거나 상황을 개선하려는 그 어떤 조치도 취하지 않았습니다.[XVI] 심지어 세계은행은 자체 평가를 통해 "세계은행과 국제금융공사(International Finance Corporation, IFC)가 자금을 지원한 '건강, 영양 그리고 가난' 프로젝트는 실제로 가난한 사람에게 긍정적인 효과를 보장하고자 하였지만, 두 기관은 그 책임을 효과적으로 수행하지 못했다고 인정했습니다.[XVII] 해당 평가 보고서에 따르면, 빈곤 감소라는 명분으로 정당화되었던 수많은 프로젝트가 사실은 도움을 받을 가난한 사람들을 찾아내고 특정하는 내부 시스템 자체가 없었습니다. 그렇다 보니 혜택이 가난하다고 볼 수 없는 사람에게 돌아가는 경향이 있었다고 밝히고 있습니다. 예를 들어, 네팔의 위생시설 확충 프로젝트는 원래 가난한 사람들의 보건 위생 수준을 높이고자 했으나 실제로 프로젝트로 인해 덕을 본 사람들은 가난한 사람들이 아니라 주요 도로 옆에 사는 주민들이었습니다. 가난한 사람들은 대체로 더 멀리 떨어진 곳에서 살고 있었습니다.[XVIII]

수십 년 동안 세계은행과 국제통화기금(IMF)은 각국 정부가 유익한 보건 정책을 선택하지 못하게 함으로써 가난한 사람들의 건강에 해를 끼치고 있다는 비판을 받아왔습니다. 각계각층의 비판이 이어지면서 보건 분야에 발생하던 심각한 피해는 조금씩 줄어들기 시작했습니다. 그러나 보건 문제에 있어서 세계은행과 국제통화기금(IMF) 의미 있는 성과를 보여줬는지에 대한 판단은 아직 내리기 어렵습니다. 그럼에도 불구하고 두 기관의 정책에 반대하는 사람들은 여전히 보건 분야를 해치는 정책을 철회할 것을 요구해왔고, 이에 대하여 세계은행과 국제통화기금(IMF)이 이러한 비판을 경청하고 반성하려는 노력을 하고 있다는 점은 상당히 고무적입니다.

무역관련 지식재산권에 관한 협정과 의약품 가격
(Agreement on Trade-Related Aspects of Intellectual Property. TRIPs)

건강권운동가들은 가난이나, 문맹과 같은 건강과 질병의 근본적인 결정 요인에 많은 관심을 기울입니다. 그러나 일단 사람이 아프게 되면, 치료가 필요합니다. 세계보건기구는(WHO) 어느 나라에서나 환자가 이용할 수 있어야 하는 필수 의약품의 목록을 만들어 놓고 있습니다. 수백만 명의 사람들이 그러한 필수 의약품이 없어서 죽어가고 있습니다 심지어 국제보건 기구가 제시한 목록에 있는 의약품은 정부가 부담하기 힘든 약도 아니고 특허 기간이 종료되어 제네릭 약품으로도 구할 수 있는 의약품인데도 말입니다. 의약품이 구하기 어려운 것은 비용의 문제이기보다는 기관과 사회기반시설의 문제인 경우가 더 많습니다. 그럼에도 불구하고 많은 경우에서 의약품 가격 역시 중요한 문제이며 20년 전과 비교해 볼 때 더욱 심각한 문제가 되었습니다.

1990년대 이전에는 많은 개발도상국들이 다른 국가에 부여된 특허권이나 저작권을 잘 인식하지 못했습니다. 인도, 브라질 등과 같이 산업 역량을 갖춘 개발도상국들은 제네릭 의약품을 생산해서 필요한 의약품을 조달하고 있었습니다. 제네릭 의약품을 생산하지 못했더라면, 매우 부담스러운 고가의 의약품을 구입하기 위해 상당한 지출을 했을 것입니다.

그러나 브레튼우즈(Bretton Woods) 회의 결과 설립된 세 번째 국제기구이자 세계 무대에서 사실상 마지막으로 핵심적인 역할을 수행했다고 할 수 있는 세계무역기구(World Trade Organization, WTO)는 범세계적인 지식재산권법의 통일을 시도했습니다. 이러한 지식재산권 체제를 수립하는 데 있어서 핵심적인 수단은 바로 무역 관련 지식재산권에 관한 협정(Trade Related Aspects of Intellectual Property Rights, TRIPS)입니다. (혹시 TRAPS라고 줄여 쓰는 것이 더 적합하다고 생각하실 수도 있지만, 이는 이미 비밀을 실토한 것일 수도 있습니다.) 1994년 무역 관련 지식재산권에 관한 협정(TRIPS)이 논의되었습니다. 세계무역기구에 가입하면 세계 시장 진출에 유리하다고 여겨집니다. 또한 무역 관련 지식재산권에 관한 협정(TRIPS)은 모든 회원국에 대한 구속력을 가집니다. 물론 여러 가지 과도기적 면제 조항이 있기는 하지만 이제 대부분 만기가 도래했습니다. 이 협정의 목표는 국제적으로 모든 국가가 저작권과 특허권을 존중하도록 하는 것입니다.

이 협정은 신약에 대하여 20년간의 특허권을 부여합니다. 해당 약품을 생산한 제약회사가 경쟁에 대한 걱정 없이 가격 산정을 자유롭게 할 수 있는 잠정적인 독점권을 누리게 하는 내용을 포함하고 있습니다. 세계무역기구(WTO) 회원국은 특정 조항을 선택적으로 준수할 수는 없습니다. 세계무역기구(WTO)의 회원국으로서 무역을 하는 것은 이득이 될 수 있지만, 신약을 정가에 살 수 있는 여력이 없는 국가들의 경우에는 매우 큰 어려움을 겪을 수 있습니다. 결국 이처럼 형편이 어려운 국가들의 경우 자국민의 건강권 관련하여 이행의 의무를 다할 수 없게 되는 것입니다. 그렇다면 무역 관련 지식재산권에 관한 협정에 조인한 모든 국가는 제약회사로 하여금 필수 의약품을 매우 비싸게 팔 수 있도록 허용함으로써 건강권을 지킬 의무를 저버렸다고 볼 수도 있습니다. 비록 본 협정은 국가 비상사태에 특허 의약품에 대한 "강제 실시권(Compulsory Licensing)"을 허용하고는 있으나 실제로 해당 조항은 거의 적용되지 않습니다.[I] 브라질은 인간면역결핍바이러스(HIV) 제네릭 치료제를 저렴하게 생산하는 데 성공했고 이에 대하여 미국은 2001년 세계무역기구(WTO)에 이의를 제기했으나 취하한 바 있습니다.[II] 아마도 미국의 조치로 인해 브라질에서 인간면역결핍바이러스(HIV) 치료비가 감당할 수 없는 수준으로 인상되었더라면, 수만 명이 조기에 사망하는 사태가 발생하면서 전 세계적인 공분을 살 수 있을 것이라는 판단에 이의 제기를 취하한 것으로 보입니다. 비록 이 대목에서 대형 제약회사가 악당처럼 묘사되기는 했지만, 제약회사들이 왜 20년간 특허권을 보장받아야 하는지 이해하는 것은 중요합니다. 약을 생산하는 데 천문학적인 자금이 들어가는 것은 아닙니다. 하지만, 의약품 생산에 필요한 연구 개발에는 상당한 비용이 발생합니다. 한 가지 주목할 사실은 제약회사가 수행하는 대부분의 연구는 상업적인 제품 출시로 잘 이어지지 않는다는 점입니다. 그래서 다른 일련의 연구 과정에서 발생한 지출을 극소수의 성공한 제품을 통해 얻은 수입으로 보전해야 합니다. 만약 일시적인 독점적 지위를 보장받지 못한다면 제약회사들은 연구 비용을 감당할 수 없을 것입니다. 이 때문에 신약 공급이 완전히 고사 위기에 놓일 수 있습니다. 그렇다면 진정한 딜레마는 제약 산업을 살리면서도 의약품을 필요한 사람에게 원만히 공급할 수 있는가 하는 문제입니다.

이 문제에 관하여 더욱 자세히 알아보기 위해 결핵 치료제 내성 문제를 살펴볼 필요가 있습니다. 고대에도 존재했던 것으로 알려진 결핵은 우리 선조들의 건강을 해친 수많은 질병 중 하나였습니다. 의료 사학자 로이 포터(Roy Porter)에 따르면 "19세기에 이르기까지 공동체의 삶의 공간은 위생적으로 문제가 많았습니다. 이 때문에 인구를 자체적으로 유지할 수 없었습니다. 그저 농촌에서 일자리를 찾아 도시를 찾은 사람들로 필요한 인구를 채웠습니다. 하지만 이주해 온 사람들도 감염에 취약하기는 마찬가지였습니다."[III] 폐결핵은 주요 사망원인 중 하나였던 것으로 보입니다. 실제로 19세기 초반 프랑스 파리의 병원에서 사망 원인의 40퍼센트가 폐결핵 이었다고 합니다.[IV] 19세기 후반부터 공공장소에서 침 뱉기 금지 운동이 펼쳐지고, 요양원을 짓기 시작하는 등 공중 보건 조치가 시행되기는 하였지만, 결핵으로 인한 사망률은 여전히 높았습니다. 그러나 20세기 초반에 깨끗한 물을 공급하고 쓰레기통 뚜껑을 설치하는 등 수많은 공중 보건 관련 조치들이 이루어지면서 훨씬 더 위생적인 도시 분위기를 조성했습니다. 폐결핵 감염률 역시 대폭 감소하였습니다.[V] 여기에 몇 가지 항생제를 섞어서 사용하는 방법을 발견한 이후 폐결핵을 효과적으로 치료하는 방법도 개발되었습니다.[VI] 이처럼 치료법이 더욱 개선되면서 폐결핵 치료의 성공률은 높아졌고 내성 발생 비율은 감소했습니다.

어떤 의미에서 폐결핵 치료는 의학의 놀라운 성공 사례입니다. 그러나 오늘날에도 한 해 백 오십만 명에 이르는 사람들이 폐결핵으로 사망하고 있습니다. 왜 그럴까요? 모든 감염사례에서 환자들이 약을 구할 수 있는 것도 아닙니다. 실제로 개발도상국에서는 수많은 사람들이 치료를 받지 못하고 있습니다. 게다가 폐결핵 치료를 위한 항생제의 내성 사례는 늘어나면서 이제 폐결핵 사망 원인의 10퍼센트를 차지하게 되었습니다.

환자에게 항생제에 대한 내성이 생길 가능성은 처음부터 제기되었습니다. 그렇기 때문에 여러 가지 항생제를 서로 혼합하여 투약했던 것입니다. 1958년만 해도 폐결핵 내성은 처방이 잘못되었거나, 환자가 치료 계획을 잘 따르지 않을 때 생겨 이것이 다시 일반 내중에게까지 내성균이 퍼지는 것으로 알려져 있었습니다.[VII]

하지만 이에 대한 경고는 충분하지 못했고, 부주의한 관행으로 인해 발생할 수 있었던 무시무시한 결과는 결국 현실이 되고 말았습니다. 앞서 알아보았듯이, 폐결핵 약 내성으로만 한 해 15만 명 정도가 목숨을 잃고 있습니다. 이러한 문제는 수십 년간 이어진 잘못된 항생제 사용과 관련이 있습니다. 즉 의학적 치료 수단이 오히려 질병을 양산하는 것이죠. 이 과정에서 사람들은 모든 유형의 폐결핵에 대하여 취약해졌고, 이 문제는 인간면역결핍바이러스(HIV)와 후천성 면역 결핍증(AIDS) 확산 위기 국면에서 더욱 심각해집니다.

환자가 치료 프로그램을 잘 준수하도록 하기 위해 "치료 파트너"에게 환자가 약을 제대로 복용하는지 관찰하고 기록하게 하는 "단기 직접 복약 관찰"(Directly Observed Treatment Short-course, DOTS)이라는 치료 프로그램이 개발되었습니다. 그러나 많은 환자들이 최소한 두 가지 이상의 일반 1차 항결핵제에 내성이 생기는 다약제내성 또는 다중약물내성(Multi-Drug-Resistant Tuberculosis, MDRTB)이라는 증상을 보입니다. 이러한 상태는 이제 널리 확산되어 이미 결핵 치료를 받은 경험이 있는 사람들에게 영향을 끼칩니다. 즉, 폐결핵 치료를 받았던 환자들이 잘못된 초기 진단을 받았거나, 그 환자들의 치료 기간 동안 새로운 내성균이 생기는 경우가 발생합니다. 폴 파머는 1990년대 러시아 교도소에서 벌어졌던 처참한 전염병 사건에 대해 기록했습니다. 파머에 따르면, 다약제내성이 생긴 것으로 보이는 환자도 표준 1차 항결핵제로 치료를 받았습니다. 치료 효과는 없었고, 오히려 그 과정에서 더 강한 내성균이 새로 발생했습니다. 더욱이, 러시아 교도소의 수감자 과밀집 환경도 결핵의 급속한 확산에 기여했습니다.

1차 항결핵제는 상대적으로 저렴하고 대체로 효과적입니다. 그러나 2차 항결핵제의 경우 훨씬 문제가 심각합니다. 2차 항결핵제는 최대 100배 더 비용이 드는데, 약효가 발생하기까지 비용이 1인당 수만 달러가 발생할 수 있습니다. 심지어 효과가 나타나기까지 훨씬 더 많은 시간이 소요되기까지 합니다. 환자가 감당해야 할 독성 역시 더 강합니다. 그럼에도 불구하고 폴 파머는 1992년 페루에서 의료 분야 글로벌 비영리단체인 '파트너스 인 헬스(Partners in Health)'와 함께 이전에는 치료할 수 없다고 여겨졌던 환자도 2차 항결핵제를 사용하면 호전될 수도 있다는 것을 보여주었습니다.[VIII] 파머는 가까스로 약 50명의 소수 인원을 치료하는 데 필요한 자금을 지원해 줄 기부자를 찾아냈고, 훌륭한 결과를 토대로 치료 범위를 확대할 준비를 하였습니다. 그러나 러시아 교도소 사례처럼 재원이 충분치 못한 상태에서 대부분의 치료가 감당할 수 없이 비싸거나 비용 대비 효과가 크지 않은 것으로 나타났습니다. 많은 환자들은 그저 방치되어 죽음에 이르렀습니다.

비용 대비 효과성은 모든 보건 시스템에서 우려하는 사항입니다. 그 어떤 국가도 모든 치료 서비스를 제공할 수는 없습니다. 물론 이론적으로는 가능할지도 모르겠습니다. 그러나 폴 파머는 여기서 질문을 던집니다. 왜 어떤 치료는 비용 대비 효과적이지 않을까요? 왜 일부 치료는 이토록 비용이 비싸서 환자들에게 큰 부담을 지울까요? 왜 이런 치료를 제공할 예산이 없을까요? 파머는 러시아 교도소 사례를 두고 약값이 비싼 이유는 무엇보다 제약회사가 약값을 너무 비싸게 책정했기 때문이라고 지적했습니다. 또한 그는 러시아 역시 재정 상황이 여의치 않았기 때문이라고 주장했습니다. 이는 세계은행의 요구로 보건 시스템이 붕괴한 탓이기도 하고, 또한 러시아 엘리트들이 막대한 자금을 뉴욕과 스위스 그리고 카리브해 연안 국가로 빼돌렸기 때문이라고 지적했습니다. 이와 같은 이유는 불가항력의 자연 현상이 아닙니다. 바로 건강권을 침해하거나 무시하기로 한 인간의 결정에서 비롯된 것입니다.[ix]

지금까지 세계은행과 관련한 문제를 살펴보았습니다. 이제 무역 관련 지식재산권협정(TRIPS)이 발효되기 전에 세계 각국이 어떻게 대응했는지에 대해 알아볼 필요가 있습니다. 인도의 제약회사라면 신약의 샘플을 얻어 여러 가지 방식으로 제네릭 의약품을 생산하는 방법을 고안해 내는 것이 어려운 일은 아니었을 것입니다. 이러한 인도의 제네릭 약 개발은 다른 여러 개발도상국에서도 가능했을 것이고 수많은 사람에게 큰 도움이 되었을 것입니다. 무역관련 지식재산권협정(TRIPS)은 특허권을 인정받아야 하는 의약품에 대해서 앞서 언급한 인도의 사례와 같이 서둘러 제네릭 의약품을 개발하는 것을 문제 삼습니다. 물론, 이후에 도하 선언(Doha Declaration)과 다른 수정 조치를 통하여 유행병 창궐 상황과 같은 예외적 상황을 인정하기는 했습니다.[x] 다만 러시아는 세계무역기구 회원국이 아니기 때문에 무역 관련 지식재산권협정(TRIPS)의 적용을 받지 않는다는 사실은 주목할 필요가 있습니다. 이 무역 관련 지식재산권협정(TRIPS)이 발효되면서 특허 의약품의 제네릭 약을 구하기가 더욱 힘들어졌습니다.

혹자들은 지금 현 상태로는 너무 문제가 많아서 국제 특허권과 관련하여 우리는 완전히 새로운 접근을 할 필요가 있다고 주장해 왔습니다. 예를 들어, 철학자 토마스 포기(Thomas Pogge)는 제약회사가 상이한 유형의 특허권을 선택할 수 있는 "헬스 임펙트 펀드(Health Impact Fund)"라는 실로 기발한 제안을 합니다. 이러한 방식을 통해 제약회사들은 직접 개발한 의약품은 물론, 사람들의 건강에 기여한 바에 따라 이익을 볼 수 있습니다. 따라서 제약회사는 약을 최대한 많이 유통하기 위해 가격을 인하할 것이고, 또한 허가받은 제네릭 의약품의 생산을 오히려 장려하고, 방치되어 온 다른 질병 치료에 대한 연구를 활성화함으로써 더욱 대대적인 공공의 선을 추구하게 될 것입니다.[xi]

그러나 새로운 국제 특허권 체계로 전환하기란 매우 복잡한 일입니다. 또한 어떻게 그 새로운 체계에 필요한 자금을 마련할 수 있을지도 불투명합니다. 토마스 포기 역시 새로운 특허권 체계를 구축하는 데 상당한 비용이 발생할 것이라는 점을 인정합니다. 그러면서 부유한 국가들이 자국의 인권에 대한 의무 차원에서 자금을 지원하기를 기대합니다. 안타깝게도 지속해서 충분한 자금을 마련할 수 있을지는 불투명합니다.

실제로는 또 다른 이중 전략이 채택되어 왔습니다. 이 전략에는 국가별로 의약품 가격을 차등 적용하는 것과 기부자들이 직접 지원하는 것 두 가지 형태가 있습니다. 가격 차등 적용제는 말 그대로 똑같은 물품에 가격을 다르게 책정합니다. 이는 상업 전략으로서 잘 알려져 있습니다. 극장에서는 보통 학생들에게 상영 당일 할인을 적용해서 좌석을 판매합니다. 이렇게 하면 표를 팔지 못해 극장을 비우는 것보다 더 큰 수익을 올릴 수 있습니다. 같은 맥락에서 제약회사의 경우에도 가격을 인하하여 저소득국가에 의약품을 판매할 수 있다면, 높은 가격에 출시하여 매출을 거의 올리지 못하는 것보다는 나을 것입니다. 제약회사들은 심지어 "기업의 사회적 책임" 차원에서 명성과 신뢰를 쌓기 위해 의약품을 원가에 판매할 준비가 되어 있을 수도 있습니다.

그러나 제약회사로서는 사업상의 큰 위험도 존재합니다. 특정 국가의 시장에서 판매된 의약품은 다른 국가로 유입될 수 있고, 그렇기 때문에 저렴한 의약품을 취급하는 암시장이 어디서든 생길 수 있습니다. 이런 상황들이 일어난다면, 특허권 체계의 이점을 포기하게 됩니다. 이러한 이유로 국가별로 의약품 가격을 다르게 적용하려면, 매우 합리적으로 통제된 형태로 이루어져야 할 필요가 있습니다.

이제부터 그 부분을 살펴보려고 합니다. 위와 같은 위험을 알고 있는 제약회사는 일반적으로 저렴한 의약품이 공개 시장에 출시되는 것을 막습니다. 대신, 의약품이 필요하지만, 고가의 가격을 감당하지 못하는 환자들에게 비교적 저렴한 가격에 의약품을 제공하기 위해서 세계보건기구(WHO)나 국경없는의사회(Médecins Sans Frontières)와 같은 비정부기구나 기부자 단체와 협력합니다. 이 전략을 아주 잘 보여주는 사례가 다제내성 결핵입니다. 세계보건기구(WHO)는 다제 내성 결핵뿐 아니라, 이보다 문제가 더욱 심각한 광범위 내성 결핵도 치료하는 것이 비용 대비 효과적이라고 밝혔습니다.[XII] 해당 자금 지원은 인간면역결핍바이러스(HIV), 말라리아 그리고 결핵 퇴치를 위한 세계 기금(Global Fund for HIV, Malaria, and Tuberculosis)을 통하여 이루어졌습니다. 이를 바탕으로 제약회사들은 2000년에 출범한 "그린라이트 위원회 이니셔티브(Green Light Committee Initiative)"라고 하는 세계보건기구(WHO)와 국경없는의사회가 마련한 경로로 의약품을 저렴한 가격에 공급했습니다. 비록 지금까지 실제 유통량은 모든 사람들이 치료받기에는 턱 없이 부족하지만, 이러한 움직임은 의약품의 시장을 불안정하게 만들지 않으면서도 높은 가격 문제를 해결하는 데 대단한 진전을 가져왔습니다. 관련 프로젝트로 모든 국가가 다양한 형태의 결핵을 진단할 수 있는 실험실을 갖추도록 자금을 지원하는 계획이 진행되었습니다. 초기 목표는 2015년까지 전체 약제 내성 환자 중 80퍼센트를 치료하는 것이었습니다.[XIII] 이 목표는 실제로 달성하기는 어려워 보입니다. 하지만 시민사회 주도로 인권 캠페인을 통해 무엇을 성취할 수 있는지를 보여주는 과정에서 수많은 국제기구가 이에 자극을 받아 행동에 나설 것입니다. 각국 정부는 건강권을 보호하고 이행하는 의무를 다하라는 요구에 직면하여 압박받을 수도, 도움을 받을 수도 있습니다. 말라리아 치료 기금을 조성할 때 이러한 시도가 있었습니다.[XIV]

사실 제약회사들은 상당한 양의 자사 의약품을 기부합니다. 심지어 2002년에 너필드생명윤리위원회(Nuffield Council on Bioethics)는 사상충증, 상피병, 트라코마, 말라리아 치료제는 물론이고 피임약과 콘돔에 이르기까지 얼마나 다양한 치료제를 기부할 수 있는지 잘 보여주었습니다.[xv] 달라진 점이라면 다양한 기부단체와 다국적 기구가 비용을 함께 분담하면서 사용할 수 있는 기금 규모가 확대되었다는 사실입니다.

보건 분야 두뇌 유출

2006년에 발간된 세계 보건 보고서(World Health Report)에서 세계보건기구(WHO)는 전 세계에 의사, 간호사 그리고 조산사가 240만 명이나 부족한 실정이라고 추산했습니다. 보건 분야에서 부족한 모든 종사자를 합치면 무려 430만 명이나 된다고 합니다. 이러한 보건 분야의 인력 부족 사태는 사하라 사막 이남 국가에서 가장 두드러집니다.[I] 규모가 비교적 작은 대부분의 아프리카 국가에는 의사를 양성할 수 있는 의과대학이 없기 때문에 출신 국가를 불문하고 자격을 취득한 의사를 모집하는 데 의존하고 있습니다.[II] 이러한 보건 종사자 부족 사태는 그 자체로 매우 심각한 문제입니다. 또한 다음 주장처럼 여러 가지 방식으로 보건 서비스의 질까지 떨어뜨린다고 지적 받아왔습니다.

> "대부분의 개발도상국은 보건 서비스 수요에 대응할 적절한 의료진을 유지할 경제적 여력이 없습니다. 의료진을 구하기가 너무 어렵기 때문에 개발도상국 정부는 의료진이 수준 이하의 활동을 하더라도 처벌할 엄두를 내지 못할 것입니다. 많은 사례에서 자격을 갖춘 헌신적인 전문 의료인들이 턱 없이 부족한 급여를 받으며 장시간 노동에 시달리고 있습니다. 환자들은 행여나 미래에 보건의료 서비스를 받을 기회를 놓칠까 봐 불평하는 것조차 두려워하고 있습니다. 이렇듯 개발도상국에서는 가용 자원이 제한된 수준에 머물 수밖에 없는 만큼, 모든 사람을 위한 건강과 인권을 실현하기는 거의 불가능 할 것입니다."[III]

개발도상국이 수많은 시민들의 건강권을 이행하는 데 실패한 것에 대하여 전 세계는 어떤 노력을 하고 있을까요? 개발도상국은 의학 교육을 받는 사람을 늘리고자 노력했습니다. 그러나 지난 20여 년간 많은 선진국이 부족한 보건 인력을 해외에서 충당하자 개발도상국의 보건 인력난은 더욱 심각해졌습니다. 미래에 보건 인력이 만성적으로 부족해질 것을 예상한 선진국들은 해외 채용을 적극적으로 추진했습니다. 선진국에서 간호사 부족 문제가 불거진 이유 중 하나는, 여성이 노동 시장에서 다른 직업을 선택할 기회가 많아지면서, 자연스럽게 간호사라는 직업이 꼭 여성에만 국한된 것이 아니라는 인식이 퍼지게 되었기 때문입니다. 이와 동시에 선진국에서는 인구노령화와 만성질환의 증가에 직면하여 보건 분야에 대한 투자를 대폭 늘리고 있었습니다.

특히 의사와 간호사가 부족해질 것으로 예상하고 시선을 해외로 돌렸습니다. 예를 들어, 영국의 왕립 기금(King's Fund)에서 2004년 발표한 보고서에 따르면, "2002년에는 영국일반의료협의회(General Medical Council, GMC)에 새롭게 등록된 인원은 만 명이었고, 그 중 약 절반이 외국 출신이었습니다. 그러던 것이 2003년에는 만 오천 명의 신규 등록인원 중 삼분의 이 이상이 해외 출신이었습니다. 외국 출신 의료진의 증가를 살펴보면 유럽경제지역(European Economic Area) 외에서 들어온 경우가 대부분이었습니다."[IV]

이러한 의료진 부족사태는 세계 어디서나 마찬가지입니다. 지난 수십년간, 미국에서 활동하고 있는 의사의 25퍼센트가 외국에서 자격을 취득했습니다. 약 5천명 정도가 사하라사막 이남 지역의 아프리카국가 출신이었습니다. 특히 가나, 나이지리아, 그리고 남아공 출신 의사들이 특히 많았습니다. 2002년에는 라이베리아에서 자격을 취득한 47명의 의사들이 미국에서 활동하였습니다.[V] 이에 반해 라이베리아는 단 72명의 의사가 있을 뿐이었습니다. 간호사의 경우 의사의 사례에 비하면 다소 덜 충격적일 수 있지만, 상황은 비슷합니다. 캐나다, 뉴질랜드 그리고 호주의 경우에도 의료인 부족에 따라 개발도상국의 인재를 유입하는 현상이 발생하고 있습니다. 사실 이러한 전문 의료인 이민에는 특정한 경로가 있습니다. 미국은 캐나다에서, 캐나다는 남아공에서, 남아공은 이웃 아프리카 국가로부터 부족한 인력을 공급받는 실정입니다.[VI] 결국 가장 가난한 나라가 가장 심각한 인력 부족 문제를 체감할 것입니다. 세계보건기구(WHO)는 자격을 취득한 의사 중

50퍼센트 이상의 인력이 유출된 구가들의 사례를 제시하였는데, 여기에는 아이티, 시에라리온, 앙골라 및 모잠비크가 포함됩니다.[VII]

대부분의 국가에서 의사 양성 과정에 공적 자금이 투입됩니다. 특히나 개발도상국의 경우는 더욱 그러한 경향이 있습니다. 만약에 가나에서 자격을 취득한 의사가 미국에서 채용되었다면, 가나는 의사를 잃는 정도가 아니라 그 의사를 양성하기까지 발생한 비용을 상실하게 되는 것입니다. 아마 그렇게 이민을 간 의사는 미국에서 벌어들인 수입을 고향으로 보낼 것입니다. 이는 흔히들 개발도상국의 수입원이라 할 수 있는 "송금"의 개념으로 알려져 있습니다. 그러나 의사를 빼앗긴 손해를 송금으로 만회하기에는 턱 없이 부족합니다. 결국 이렇게 선진국은 개발도상국 의사를 채용함으로써 개발도상국 정부가 자국민의 건강권을 실현할 수 있는 능력을 위축시키고 있습니다. 이는 근본적으로 선진국이 모르는 사이에 개발도상국으로부터 상당한 재정 지원을 받는 것으로 이해할 수 있습니다.

게다가 숙련된 전문의료인의 이민은 시민사회와 민주주의의 관점에서 문제가 있습니다. 의사와 간호사는 지역사회의 존경을 받고 많은 영향력을 행사하는 사람들입니다. 의료인은 지식수준이 높고 보통 자신이 속한 지역사회에 대한 책임감이 높습니다. 많은 의료인이 직업 선택을 할 때 이 점을 고려합니다. 또한 의료인은 사회 안정을 주도할 뿐 아니라, 자국에 이로운 개혁을 주도합니다. 개발도상국 출신 의사들이 자신이 일하고 있는 선진국에서 아무리 많은 돈을 고향으로 송금한다고 할지라도, 또한 아무리 선진국 출신 봉사자들이 개발도상국

현지에서 의료활동을 한들, 앞서 언급한 손실을 만회할 길은 없습니다.[VIII]

그렇다면 이 문제를 어떻게 해결해야 할까요? 우선, 문제에 대한 올바른 인식이 필요합니다. 일부 학계에서는 이미 오래전부터 이 문제를 인지하고 있었으나, 본격적으로 폭 넓은 문제의식이 깊어지고 시작한 것은 불과 10여 년 전부터입니다. 아프리카 국가들이 반발하면서 선진국은 최소한 무언가 조치를 취하려는 움직임이라도 보여야겠다고 생각하게 되었습니다. 이와 관련하여 비교적 빠르게 대응한 결과, 2003년에 영국, 호주, 캐나다, 뉴질랜드, 남아공, 나이지리아, 우간다, 인도, 파키스탄, 방글라데시 그리고 다른 여러 아프리카 국가, 카리브해 연안 국가, 아시아 국가들, 남태평양 국가 등 50여 개 영연방 국가들의 보건장관이 관련 행동규범(Code of Practice)을 채택하였습니다. 이 행동규범 역시 대영제국의 산물입니다. 이들 국가는 대다수 영어를 사용하고 교육시스템 역시 유사하며, 이민에 관하여 비교적 상호 협조적이기 때문에 역사적으로 이주 노동력의 핵심적인 공급원이 되었습니다. 영연방 행동 강령(Commonwealth Code of Practice)은 노동인구의 이동을 통한 개인과 사회의 후생 증가를 인정합니다. 이는 개인적 포부는 물론, 선진국으로 이민을 간 의료진이 새로운 기술을 배워 본국으로 돌아왔을 때, 그 효과를 인정한 것입니다. 이 강령은 개인의 이동권을 제한하지는 않습니다. 다만 각국 정부로 하여금 개발도상국과 선진국에 모두 긍정적인 효과를 창출할 수 있는 윤리 체계에 동의할 것을 장려합니다.

영국은 이러한 조치를 진지하게 받아들인 것으로 보입니다. 영국의 국민보건서비스(National Health Service, NHS)는 위와 같은 생각들을 영연방국가를 넘어 확대 적용하였습니다. 그리하여 행동강령에 서명하고 충분한 간호사를 보유한 국가에서만 필요한 인력을 채용했습니다. 이와 같은 협정은 스페인 등 일부 유럽 국가, 그리고 필리핀과 체결하였는데, 이들 국가 모두 정책적으로 간호사를 적극적으로 양성한 국가들입니다. 이러한 노력으로 남아공으로부터의 유입된 간호사 수는 2002년 2,114명에서 2007년 39명으로 줄었습니다.[ix] 그럼에도 불구하고 주의해야 할 것은 모든 시스템과 마찬가지로 이 협정에도 허점이 있다는 사실입니다. 영국에서 국민건강서비스(NHS)보다 상대적으로 규모가 작은 민간의료기관은 위와 같은 협정에 구속받지 않습니다. 그렇기에 지금도 해외 시장에서 인력을 채용하고 있습니다. 한 번 의료인이 영국에 유입되면, 영국의 국민건강서비스(NHS)로 편입되기가 쉽습니다.

그럼에도 불구하고 상당한 진전이 이어졌습니다. 영국 정부는 개발도상국에서 더 많은 의료진을 양성할 수 있도록 돕는 한편, 영국인 의료진이 해외에서 근무할 수 있도록 배려하겠다고 선언했습니다. 그 중 가장 중요한 것은 아마도 새로운 의대를 신설하여 영국의 의대생 정원을 늘리는 것입니다. 그리하여 전과 같이 외국 의사를 적극적으로 채용하려는 수요 자체를 억제하는 것이었습니다. 혹자는 한 때 영국에서 의사의 초과 공급이 발생하자 영국 정부가 의대 정원을 증설한 깃에 내하여 비판했습니다. 비자 시스템의 변화로 문제는 어느 정도 해결되어가는 듯했습니다. 영국은 더 이상 해외에서 양성된 의사를 적극적으로 채용할 필요가 없게 되었습니다. 물론 노르웨이와 같은 일부 선진국의 경우에는 다소 대응 속도가 느리다는 비판을 받기도 하는 등 아직은 완전히 해결되지 않은 문제이기는 합니다.[x]

그럼에도 불구하고 세계보건기구는 다수의 유사한 결의안을 통과시켰습니다. 2004년부터 시작하여 2006년에는 세계 보건 리포트(World Health Report)를 발표하기에 이르렀고, 2010년에는 글로벌 행동강령(Global Code of Practice)을 공개했습니다.[xi] 글로벌 행동강령은 영연방국가 행동 강령과 마찬가지로, 자율규약으로 운영되기 때문에 규약을 지키지 않아도 별다른 제재를 받지는 않습니다. 그러나 이 분야에서 변화가 일기 시작했다는 사실을 발견할 수 있습니다.

두뇌유출은 더 이상 국가 간 이민에서만 발생하지 않습니다. 전 세계 대부분의 의사는 지방보다는 대도시에, 도시 안에서도 부촌에서 거주하기를 희망합니다. 많은 국가가 이러한 선호도 때문에 어려움을 겪고 있습니다. 이 현상과 관련하여 영국 출신 의사 줄리안 튜더 하트(Julian Tudor Hart)는 수 년전 "의료 서비스 반비례 법칙(Inverse Care Law)"을 알아냈습니다. 즉 상대적으로 의료서비스가 덜 필요한 사람이 진료받을 수 있는 기회를 더 많이 얻고 있는 것입니다. 이는 단순히 의료진의 자유로운 선택권에서 비롯된 결과입니다. 그들의 선택에 변화를 일으키려면 의료진을 설득 혹은 압박을 하거나 재정적인 인센티브를 제공해야 합니다. 물론 이런 조치들이 시도되었고 저마다 성공을 거두기도 했습니다.

그러나 무엇보다 훨씬 중요한 것은 마지막 장에서 다루는 주제입니다. 마지막 장에서는 수직프로그램(Vertical Program)이 보건 시스템에 끼친 영향을 다룹니다. 자금 조달이 원활한 새로운 프로그램이 시작되면, 이 프로그램을 운영할 숙련된 담당자가 필요합니다. 이 과정에서 노련한 전문 의료진이 자리를 옮기면서 기존의 자리에는 공석이 발생하게 됩니다. 모든 사람이 그렇듯 의료진도 더 많은 보수를 제공하는 인센티브에 관심이 갈 수 있습니다. 하지만 의료진에게 있어 더 중요한 것은 시설이 잘 갖춰진 의료 환경에서 일하는 것입니다. 이렇게 국제기구의 프로그램으로 전문 의료인이 근무지를 옮기게 되면 결과적으로 지역사회는 그 보건 시스템에서 공헌하고 있던 최고의 의료진을 잃고 더 심한 인력난을 겪게 됩니다.

이러한 어려움에 대해 파악하게 된 것은 불과 몇 년밖에 안 되었습니다. 그러나 문제가 계속 심화되면서 세계보건기구도 해당 문제를 인지하게 됩니다.[XII] 1960년대 이후 수직 프로그램은 보건 시스템을 전반적으로 강화하지 않는 이상, 장기적으로 볼 때 성공적이지 못할 것이라고 인식되어왔습니다. [XIII] 이제 더 이상 단순히 장기적인 비효율성만이 문제가 아닙니다. 외부에서 자금이 조달되는 보건 증진 프로그램에 인력을 빼앗길 때 발생하는 장기적, 단기적 손해가 문제의식의 핵심에 놓여 있습니다. 세계 보건기구는 다음과 같은 예시를 듭니다.

"에티오피아에서는 비정부 기구 프로그램을 시행하기 위해서 고용된 직원이 일반 공무원 보다 세 배 이상 많은 급여를 받습니다. 말라위에서는 새로 채용된 간호사 88명이 고용된 지 18개월 이내에 비정부기구 프로그램에서 일하기 위해 일하던 직장을 그만두었습니다."[XIV]

수직프로그램을 운영하기 위해 의료진을 채용하다 보면 그 국가의 기존 보건 시스템이 제공하는 의료 서비스의 질은 불가피하게 떨어지기 마련입니다. 그러나 다시 한번 강조하자면, 상황은 복합적인 양상을 보일 수 있습니다. 세계보건기구는 수직프로그램이 해당 지역에서 가장 시급히 해결해야 할 과제와 서로 조화를 이루며 기존의 보건 시스템을 강화한 사례도 많다고 주장합니다. 좋은 의도로 한 조치도 의도하지 않은 결과를 초래할 수도 있습니다.[XV] 그렇기 때문에 항상 좋은 의도로 시작한 정책이 낳을 수 있는 의도하지 않은 결과를 인식하고, 미연에 방지할 방법을 찾는 일부터 해야합니다.

두뇌 유출 문제와 관련하여 국제 보건 기구와 같은 국제기구 역시 문제를 일으키고 있습니다. 개발도상국의 지역사회에서 최고 수준으로 숙련되고 영향력 있는 의사들이 동포의 건강을 직접 돌보기보다는 제네바 본부의 고위직에 임명되어 책상 앞에서 리포트를 작성하고 해결 방안을 제시하고 있습니다. 물론 이러한 비판이 공정한 것인지에 대해서는 쉽게 답할 수 없을 것입니다. 일반적으로 최일선 치료부서가 아니면 쉽게 폄하하는 경향이 있습니다. 하지만, 우리가 경험해 왔듯이, 전 세계적으로 질병의 부담은 정책 실패와 사회 기반 시설의 미비, 조직 운영의 부재에서 비롯되었습니다. 인사조직 관리가 잘 되면 양질의 의료서비스를 제공하는 것보다 더 좋은 결과를 끌어낼 수 있고,

인사조직 관리에 실패하면 열악한 의료서비스를 제공하는 것보다도 더 못한 결과를 야기할 수 있습니다.

요컨대 개발도상국의 보건 시스템은 만성적인 보건 인력 부족 문제로 약화되어 갔습니다. 이 문제는 의료진의 국제 이동(개발도상국에서 선진국으로) 과 국내 이동(중소도시에서 대도시로) 때문에 더 심각해졌습니다. 이러한 두뇌 유출 문제 때문에 개발도상국 정부는 부족한 인력을 메우기는커녕 오히려 국민들의 건강권을 실현하기가 더욱 어려워졌습니다. 부유한 국가들은 이 문제를 더욱 심각하게 만들고 있습니다. 이러한 추세를 막고 보건 시스템을 개선하기 위한 몇 차례의 긍정적인 시도가 있었지만, 해결해야 할 문제가 상당 부분 그대로 남아 있는 실정입니다.

연구 윤리

1990년대 보건 영역에 대한 연구 투자에서 10 대 90의 간격이 있다는 주장이 이목을 끌었습니다. 즉, 전 세계적으로 예방할 수 있는 질병의 90퍼센트가 중하위 소득 국가에서 발생하지만, 이렇게 개발도상국 국민을 괴롭히는 질병 문제를 해결하기 위해 투입되는 연구비는 전 세계 연구비의 10퍼센트도 채 안 되는 실정입니다.[1] 이와 같이 현실을 환기하는 통계 수치를 통해서 상대적으로 소홀히 다루어지던 질병에 대하여 연구 규모가 확대된 측면도 있습니다.

처음에 새로운 치료법을 개발하는 연구 실험은 연구소에서 먼저 시험관 실험을 시작으로 동물 실험을 거치게 됩니다. 일정 단계에 이르면, 반드시 사람을 대상으로 실험이 이루어져야 합니다. 처음에는 안정성을 검증하기 위해 소규모로 실험을 진행하고, 이후에는 효율성을 검증하기 위해 몇 단계에 걸쳐 보다 많은 인원이 실험에 참여하게 됩니다. 이러한 신약 개발 과정에서 필요한 실험 중 상당수가 여러 가지 이유로 개발도상국에서 이루어지고 있습니다. 첫째, 만약 앞서 말한 "10대 90의 간격" 문제를 해결할 수 있는 신약을 개발하는 것이라면 해당 질병이 발생하는 조건의 환경에서 실험하는 것이 타당합니다. 둘째, 어떤 신약이 다른 지역에서도 치료 효과가 증명된다면, 새로운 환경, 특히 상이한 유전정보가 존재하는 곳에서 다시 실험을 실시해야 합니다.[II] 마지막으로 앞선 논증에서 보여준 갈등을 살펴보면, 선진국의 필요에 의해서 진행되는 신약 개발 과정의 실험이 개발도상국에서 이루어졌습니다. 개발도상국에서 이러한 실험이 이루어진 이유는 우선 비용이 덜 들고, 선진국보다 법적, 행정적 제한이 덜하기 때문입니다. 신약 개발 실험 외에도 순수 학문 연구 프로젝트라 여겨질 만한 연구도 진행되었습니다. 이러한 연구 중에는 투약 실험이 없는 경우도 있었습니다.

그중 대표적으로 악명 높은 한 사례가 1932년부터 1972년까지 미국 공중 보건 서비스에 의해 앨라배마에서 자행된 터스키기 매독 생체 실험(Tuskegee Syphilis Study)입니다. 본 실험은 연구 윤리의 새 시대를 연 계기가 되었습니다. 본 실험에서는 대부분이 소작농이던 600여 명의 아프리카계 미국인이 추적 관찰을 당했는데, 그중 400여 명이 매독에 걸린 상태였습니다. 이러한 관찰을 통해 연구자들은 매독의 진행 과정에 대해서 보다 많은 것들을 새롭게 알게 되었습니다. 1947년에는 페니실린 덕분에 충분히 저렴한 비용으로 치료가 가능했지만, 연구자들은 연구를 망칠 수 있다는 생각에 대상자들을 치료하지 않았습니다. 1972년에 언론에서 제1면에 이 사실을 폭로하면서 세간의 이목을 집중시켰고, 실험은 끝나게 됩니다.[III] 소름끼치게도 미국 공중 보건 서비스는 1940년대 과테말라에서도 터스키기 사례와 유사한 비윤리적인 프로젝트를 자행했다는 사실이 최근에서야 드러났습니다. 미국 공중 보건 서비스는 700여 명의 사람들을 고의로 매독과 다른 성병에 감염시킨 후 페니실린을 성관계 직후 투여하면 전염을 막을 수 있는지 알아보려고 했습니다. 연구자들은 실험 대상자들에게 실험의 성격에 대해서 설명해 주지도, 동의를 구하지도 않았습니다. 심지어 실험 결과도 발표하지 않았습니다.[IV]

물론 터스키기 실험은 20세기에 자행된 심각한 비윤리적 실험의 최초 사례가 아닙니다.[V] 뉘른베르크에서 재판을 받았던 나치정권 하의 의사들은 다하우와 다른 곳에서 수용소 재소자들을 상대로 실험을 하였습니다. 가령 실험 대상자들을 극단적으로 추운 날씨에 두고 저체온증의 영향을 관찰한 후 몸을 다시 따뜻하게 하는 등 여러가지 실험을 했습니다. 이 과정에서 많은 실험 대상자들이 목숨을 잃었습니다. 이 실험의 목적은 격추되어 북해에 떨어진 독일 조종사가 할 수 있는 최선의 대응방법을 찾는 것이었습니다.[VI] 이러한 연구에 대한 문제 의식이 고조되면서 결국 1964년 세계보건기구 총회에서 헬싱키 선언 (Helsinki Declaration)이 제정되었습니다. 이후 수 차례 수정을 거친 뒤 인간을 대상으로 한 연구 실험을 규제하는 기준이 되었습니다. "충분한 설명에 근거한 동의(informed consent)"라는 개념은 이 헬싱키 선언에서 핵심입니다. 그러나 중요한 사실은 터스키기 실험이 심지어 헬싱키 선언이 제정된 이후에 자행되었다는 것입니다.[VII]

연구 실험 윤리를 관리할 규약을 제정하는 일과 과학자들이 연구와 관련하여 발생할 수 있는 모든 윤리적 문제에 완전히 적응하는 것은 별개의 일입니다. 게다가 연구 실험이 개발도상국에서 진행된다면 훨씬 더 민감하게 신경 써야 할 부분이 많습니다. 너필드생명윤리위원회(The Nuffield Council on Bioethics)는 개발도상국에서 시행되는 의학 연구와 관련하여 윤리적 문제와 잠재적 인권 남용이 발생할 수 있는 네 가지 문제를 제시했습니다.[VIII] 이 네 가지 문제는 비록 각각의 특징은 있지만 사실상 모두 연관되어 있습니다. 우선 윤리적 연구의 표준은 충분한 설명에 근거한 동의를 받았느냐 하는 것입니다. 이 부분은 생각할 문제가 상당히 많을 수 있습니다. 실험에 참여한 사람 중 일부는 자신이 실험군과 대조군 중 어디에 속하는지도 모르고 참여할 수도 있습니다. 즉, 실험에서 받게 되는 약이 위약인지, 기존 약인지 모르고 복용하게되는 것입니다. 대조군에 속하는 사람은 속았다고 생각할 수도 있을 것입니다. 또한 누가 동의할 권리를 가졌는지에 대한 의문도 있을 수 있습니다. 서구권에서는 오직 실험에 참여하는 당사자 본인만이 동의할 능력이 있다고 여겨지지만, 일부 다른 전통사회에서 여성은 그녀의 남편이나 연장자의 지시를 따라야 한다고 믿는 경우도 있습니다. 여전히 이 문제와 관련해서는 창의적인 해결 방법이 있을 것입니다.

다음 세 번째, 네 번째 문제는 훨씬 더 어려운 문제입니다. 하나는 "실험 후 에는 어떤 일이 생길 것인가?"하는 문제입니다. 나머지 문제는 바로 "표준 치료(standard of care)"에 대한 문제로, 이는 다수의 개발 도상국에서 일련의 인간면역결핍바이러스(HIV) 실험이 홍보되면서 1997년에 국제적인 관심을 끌게 됩니다. 원래 목적은 해당 바이러스가 산모로부터 영아에게 어떻게 전염되는지를 알아보는 것이었습니다. 당시만 해도 산모에게 지도부딘(Zidovudine)을 투여하면 감염의 위험이 줄어든다고 알려져 있었습니다. 그러나 최적의 투여량이 얼마일지에 대해 의문이 제기되었고, 통상적인 투여량보다 적어도 동등한 치료 효과를 볼 수 있다는 가설이 세워졌습니다. 이처럼 비교적 소량의 약을 처방해도 된다면, 추가 비용 없이 더 많은 환자에게 치료 혜택을 제공할 수 있고, 아마도 부작용이 발생할 확률도 낮아질 것입니다. 그렇기 때문에 위에서 말씀드린 적정 투여량에 대한 질문은 상당히 중요한 것이었습니다. 실험자들은 무작위 대조군 실험에 대한 일반적인 규약에 따라 환자들을 실험군과 대조군으로 나누었습니다. 논란이 된 부분은 대조군에 있는 환자들에게 무엇을 제공해야 할지에 대한 문제였습니다.

헬싱키 선언에 따르면, 표준 실험 과정 의 대조군은 실험 시섬에서 가능한 최고 수준의 표준 관리를 받아야 된다고 명시하고 있습니다. 어떤 이는 당시 기준으로 최고의 표준 치료는 고용량의 지도부딘을 처방하는 것이라고 주장했습니다. 대조군은 오직 위약만을 제공받았습니다. 연구진은 대조군에 속하는 환자들이 실험이 이루어진 개발도상국의 열악한 보건 시스템을 고려해 볼 때 어짜피 아무런 치료를 받을 수 없었다고 주장하며 자신의 조치를 정당화 했습니다. 즉, 아무런 의료 서비스를 받지 못하는 환자의 현실을 감안할 때 위약이라도 받은 것은 최고 수준의 표준 치료를 받은 것이라는 주장을 펼쳤습니다. 일부 윤리 위원회는 이러한 주장에 동의했습니다. 그러나 유명한 비평가 루리(Lurie)와 울페(Wolfe)는 위와 같은 접근법을 이중 잣대라며 비판했습니다. 미국에서 이뤄졌다면 비윤리적이라고 비난 받았을 실험이, 개발도상국에서는 해당 국가의 표준 치료 기준을 적용 받아 윤리적으로 허용 가능한 실험으로 인정되었다는 주장입니다. 루리와 울페가 주장했듯이, 식민지배로부터 독립한 국가들의 대다수 빈곤층 유색인종들은 연구 실험 과정에 잠재적으로 부당하게 이용될 가능성으로부터 반드시 보호받아야 합니다. 이러한 보호조치가 이루어지지 않는다면, 개발도상국에서의 연구 실험에 자금을 제공하는 선진국에서는 절대 검열을 통과하지 못할 비윤리적인 실험이 개발도상국에서는 열악한 의료시스템을 핑계로 정당화 될 수 있을 것입니다.[ix]

    미국에서 이루어지는 실험에 적용되는 윤리 기준을 그대로 개발도상국에 적용하고 아지도티미딘을 위와 같이 소량이 아닌 표준 사용량에 맞게 대조군의 임산부에게 제공한다면 연구 실험 비용은 도저히 감당할 수 없는 수준으로 늘어나면서 더 이상 진행할 수 없게 될 것입니다.

루리와 울페는, 기본적으로는 실험을 위해 제약회사들이 의약품을 무료로 기부했을 수도 있다고 주장합니다. 물론, 심장 질환 집중 치료실을 지어야만 하는 상황과 같이 제약회사가 큰 지출을 부담해야 하는 상황이 있을 수 있고, 기부 시에도 관련 비용은 고려될 수 있습니다. 하지만 지금 이 문제는 비용 문제가 아닙니다.

그러면 왜 연구자들은 위약을 고집할까요? 전해 들은 바에 의하면, 과학자 입장에서 위약을 사용하면 과학자들은 연구 결과의 과학적 신빙성이 더욱 증가한다고 믿기 때문입니다. 그러나 이러한 위약의 효용성을 믿는 신념으로 인하여 영아 수백 명의 생명을 잃을 수도 있습니다. 만약 이것이 사실이라면, 연구 실험에서 대조군에게 위약을 주는 행위는 연구자들에게 과학적 발견이라는 이익보다도 실험 참여자의 이익을 우선해야 한다는 헬싱키 선언을 위반한 것으로 보입니다. 그렇다면, 대조군에게 위약을 주는 행위는 아무리 해당 연구 실험이 아니었더라면 아무런 치료를 받지 못할 사람이었다 하더라도, 실험 참여자의 건강권을 침해한 것으로 보아야 합니다.

마르시아 앤젤(Marcia Angell)의 사설도 뉴잉글랜드의학저널(The New England Journal of Medicine)에 루리와 울페의 논문과 같은 호에 함께 실렸었습니다. 앤젤 역시 연구자의 경각심을 일깨우는 메시지를 담았습니다. 물론, 우간다에서 인간면역결핍바이러스(HIV) 환자의 폐결핵에 대한 취약성을 알아보기 위해 수행된 실험을 비롯하여 그 무렵에 실시된 다른 실험들도 비판받기는 마찬가지였습니다.[x] 그런데도 막대한 비용이 발생하는 등 아주 예외적인 상황이 아니라면,

무작위 대조 임상실험의 대조군을 위한 "현존 최고의 표준 치료(best existing standard of care)"가 "대조군에 속한 환자가 처한 지역사회에 맞는 최고의 표준 치료(best local standard of care)"라고 해석할 수는 없다는 주장은 설득력이 있어 보입니다.

예외적인 상황도 있을 수 있습니다. 가령 너필드생명윤리위원회는 보편적인 표준 치료 방법을 쓰게 되면, 그 연구 실험이 진행된 국가의 실제 의료 수요와는 동떨어진 연구 결과를 도출할 수 있다고 주장했습니다.[XI] 솔로몬 베나타르(Solomon Benatar)는 마르시아 앤젤을 비판하는 과정에서 앞서 우간다에서 논란을 불러일으킨 인간면역결핍바이러스(HIV) 실험과 관련하여 표준 치료를 사용하는 것이 적절하지는 않은 것으로 볼 수 있다고 주장했습니다. 왜냐하면, 산모에서 영아로 인간면역결핍바이러스(HIV)가 전염되는 것을 막기 위한 완전한 표준 치료가 이루어지려면 모유 수유 문화를 젖병 수유로 바꿔야 하는데 이는 대다수 개발도상국에서 현실적으로 영아에게 매우 큰 위험이 될 수 있기 때문입니다.[XII]

우리가 이와 같은 사례들을 검토해 보면, 예외적인 상황이 실제로는 빈번히 발생한다는 사실을 깨닫게 됩니다. 또한 루리와 울페 그리고 마르시아 앤젤이 확고히 주장했던 내용들이 현실의 복잡함을 제대로 설명하지 못하는 부분도 있다는 사실도 알게 됩니다.

연구 실험이 끝나면 어떤 일들이 벌어지게 될지에 대한 질문에는 더욱 답하기 어렵습니다. 이는 루리와 울페가 논의한 부분의 핵심은 아닙니다. 왜냐하면 이는 영아가 산모로부터 전염되는 것을 막기 위한 단기 치료 방법에 대한 실험이기 때문입니다. 또한 최소한 실험과 관련하여 후속 실험은 직접적으로 관계가 없기 때문입니다. 그러나 많은 실험에서 만성질환에 대한 효능을 관찰하기 위해 치료제가 제공됩니다. 이와 같은 실험이 시행되었다고 가정해 봅시다. 만약 실험군에 속한 환자들이 대조군에 속한 환자들에 비해 눈에 띄는 개선효과를 보였다면 그 실험은 성공한 것입니다. 과학적인 목적을 달성하였기에 이 시점에서 실험자들은 짐을 챙겨 집에 갈 수도 있습니다. 하지만 실험자들은 실험군에 속한 사람들을 위해 치료를 계속하고 대조군에 속한 환자들에게도 이 치료제를 제공해야 하는 윤리적 의무가 있다는 주장이 제기될 수 있습니다. 결국 모두가 위험 부담을 안고 협력한 덕분에 연구 성과를 얻을 수 있었습니다. 또한 그 과정에서 연구 실험에 관한 광범위한 의무가 확립되었습니다. 따라서 모든 참여자가 연구 실험 과정에서 혜택을 누려야 한다는 주장은 매우 합리적입니다.

그러나 이러한 혜택이 어떤 형태를 취해야 하는지에 대한 질문이 남아있습니다. 예를 들면, 비용을 지불하게 되면 다른 의무를 이행하지 않아도 될까요? 아니면 실험의 대조군으로만 참여한다면 실험하는 동안 다른 형태의 치료를 제공해 주면 되는 것일까요?[XIII] 2000년에 채택된 헬싱키 선언 제30조에 따르면, "연구 결과가 나오면, 연구에 참여했던 환자들은 연구로서 검증된 예방, 진단, 그리고 치료 방법을 이용할 수 있어야 한다."라고 되어있습니다.[XIV] 이런 요구는 합리적일까요? 성공적인 백신 실험과 같이 일부 사례는 이러한 요구를 무시하는 것은 매우 신중하지 못한 것처럼 보일 것입니다. 게다가 치료를 중단하는 것은 매우 위험할 수 있습니다. 예를 들면, 치료가 중단되어 약에 내성이 생기는 상황을 생각해 볼 수 있습니다. 그런데 이런 예시들이 일반화될 수 있을까요?

약을 지속해서 복용해야 하는 만성질환의 경우, 모든 실험 참여자에게 계속 치료 서비스를 제공해야 한다면, 기약 없이 지원을 계속해야만 하기에 잠재적으로 상당한 비용이 들게 될 것입니다. 심지어 비용 대비 효율성 테스트를 통과하지 못하더라도 모든 참가자가 실험때 지급받았던 약을 계속 제공받아야 할까요? 아니면 연구 실험에 자금을 지원한 사람이 실험에 드는 비용을 지불해야만 할까요? 너필드 생명윤리위원회(Nuffield Council on Bioethics)는 다음과 같이 언급했습니다.

> "연구에 자금을 지원하는 주체는 연구 결과가 효과적이기 때문에 실험 참여자와 더 나아가 지역사회의 환자들까지 치료를 지원해야 한다면, 연구 지원을 중지하려고 할 것입니다. 영국의 의학연구위원회(Medical Research Committee)나 미국 국립보건원(National Institutes of Health)과 같이 자금을 지원하는 곳이 공적 기관일 경우, 다른 여러 연구를 축소시키지 않고는 위와 같은 비용을 감당할 수 없을 것입니다. 비록 제약회사가 재정적으로 여력이 충분하다 할지라도, 장기적으로 실험 참여자의 치료를 보장해야 하는 부담을 떠안으려고 하지는 않을 것입니다."[xv]

근래 논란이 되는 이슈는 남성 포경수술이나 행동 요법 등 인간면역결핍바이러스(HIV) 전염에 대한 예방책을 테스트하기 위한 실험입니다. 불가피하게 일부 사람들이 실험 시작 단계에서는 인간면역결핍바이러스(HIV)에 음성이었으나, 이후에 혈청 전환(seroconvert)을 통해 결국 실험이 끝날 때는 양성 판정을 받게 됩니다. 어떤 예방책도 완벽하게 효과적일 수는 없습니다. 또한 대조군은 어떤 경우에도 제한 조치를 받지 않습니다. 실험 중에 감염된 사람들은 치료받아야만 할까요?[XVI] 실험에 참여자에게 지속적인 치료를 제공하는 일은 실험 규모에 따라서 너무나 큰 부담일 수 있습니다. 너필드생명윤리위원회(Nuffield Council on Bioethics)가 언급했듯이, 이러한 문제는 연구자가 프로젝트를 수행하는 것을 단념하게 만들기에 충분합니다.

아마도 문제를 반대로 생각해 보는 것도 도움이 될 수 있습니다. 실험 참여자조차 성공적인 연구 실험의 혜택을 받을 수 없다면 경종을 울려야만 합니다. 어쩌면 지속적인 치료를 제공하지 못한다는 것은 지역사회의 보건 수요를 충족시키지 못한다는 점에서 실험이 계속해서 비윤리적이었다는 사실을 보여줍니다. 실제로 실험 후 치료를 계속 받을 수 있는 기회를 보장하는 것이야말로 개발도상국에서 진행되는 실험이 그저 동물 실험 다음 단계에 불과한 것이 아니라는 점을 보장하는 것입니다. 개발도상국에서의 의학 연구는 결코 가볍게 진행되어서는 안 됩니다. 또한 실험이 끝난 이후의 지속적 치료에 대한 적합한 후속 계획이 지역사회의 의료인들과 외부 기부자들과 함께 만들어져야 할 것입니다. 그렇지 않으면 연구 실험이 취약계층을 부낭하게 이용하는 방식으로 이루어질 위험이 높습니다.[XVII]

그러나 이렇게 엄격한 원칙을 고수하는 것은 문제가 많습니다. 우선, 아무리 의지가 강하더라도, 실험이 시작된 후 실제 치료 약이 나오기까지 상당히 긴 시간이 걸릴 가능성이 높습니다. 둘째, 의약품이 한 번 비용 대비 효과성이 떨어진다고 판명이 난 후에도 다시 효과가 있다고 재판정을 받는 경우가 적지 않습니다. 예를 들어, 제약회사가 해당 의약품을 기부하도록 설득되기도 하고, 기부자들이 그 의약품에 대한 자금을 지원하게 되는 등 변동의 여지는 늘 있습니다.[xviii]

이는 폴 파머가 계속해서 주장해 오던 바입니다. 적정 약값은 인간이 선택한 가격 결정 과정에 따라 정해지는 것이지 자연적으로 주어진 것이 아닙니다. 연구 실험이 성공하게 되면 사람들에게 설득력을 크게 얻을 수 있을 것입니다. 그렇기 때문에 심지어 현시점에서 이익을 확대하기는 어렵다고 할지라도 임상실험을 수행하는 것은 전략적으로 유리하다고 볼 수 있습니다. 사실, 이러한 임상실험의 성공은 고가의 치료제를 이용할 수 있는 기회를 확대한 가장 큰 요인 중 하나였습니다.

비록 고무적이라고 하기는 어렵지만, 다른 방향으로의 발전도 가능합니다. 감당 할 수 있다고 생각했던 일은 감당하기 어려운 일이라는 게 판명되었습니다. 너필드생명윤리위원회(Nuffield Council on Bioethic)는 다음과 같은 우울한 이야기를 전합니다.

> "감비아에서 살충제로 처리된 모기장에 관한 국가적 임상실험으로 말라리아로 인한 아동 사망률이 대략 30퍼센트나 감소 하며 성공을 거두었습니다. 연구자, 후원자 그리고 감비아

보건부는 전국적으로 해당 임상 실험이 시행 되었을 때 정부로서는 무한정 살충제를 무상으로 나눠 줄 수는 없기에 살충제 비용만큼은 보전받아야 한다고 결정했습니다. 살충제 비용을 청구하자 모기장 안에서 잘 수 있는 어린이들의 비율이 70퍼센트에서 20퍼센트로 감소했습니다."[XIX]

여기서 다시 한번 점진적 실현과 핵심 의무 사이의 갈등을 마주하게 됩니다. 점진적 실현의 개념에서 분석해 보면, 살충제를 무상으로 공급하지 않아도 이 아동들의 건강권을 침해한 것이 아닙니다. 왜냐하면, 예산이 너무 부족하다 보니, 정부로서 살충제 수요를 맞출 수가 없는 실정이기 때문입니다. 대신, 비교적 저렴하고 간단한 방법으로 어린이들을 말라리아 감염으로부터 지키는 것이 핵심 의무라는 주장이 제기될 수 있습니다. 이런 이유로 정부는 시민들의 건강권을 보장하는 의무를 다하기 위해 보건 프로젝트 운영에 필요한 자원을 외부에서 모색합니다. 이제 이러한 필요를 충족시키는 것은 세계 시민사회의 의무입니다.

그러나 우리는 항상 의도하지 않은 결과를 주의 깊게 지켜보아야 합니다. 저는 나미비아 재무부 관리에게 나미비아 북부 취약 지역의 아동들에게 특수 모기장을 무상으로 제공하고 있는지 질문했습니다. 그러자 재무부 관계자는 나미비아 정부가 외부 단체의 지원을 끌어내고자 노력했고 기부자로부터 수입된 특수 모기장을 제공하겠다는 제안을 받있다고 답변했습니다. 그러나 나미비아에는 수입 모기장보다 저렴한 가격에 모기장을 공급할 수 있는 업체가 있었습니다. 나미비아 정부는 자국 기업이 문을 닫을 것을 우려해 해외에서 무상으로 제공하겠다는 특수 모기장을 받아들이기가 어려웠습니다. 만약에 국내 기업이 문을 닫은 이후에 외부 기부자가 1~2년 안으로 기부 의사를 철회하게 되면 나미비아에서는 모기장을 구할 수가 없게 되는 것입니다. 그렇기 때문에 나미비아 정부는 지역 공급자로부터 모기장을 구매할 자금을 요청했습니다. 하지만 기부단체는 이를 탐탁지 않게 여겼습니다. 나미비아 정부 관료는 무상 지원의 제안을 거절했다는 이유로 비난받았습니다. 이처럼 한 국가가 인권 수호의 의무를 이행하기 위해 적절한 외부 지원을 받는 일은 결코 쉬운 일이 아닙니다.

모성사망률과 신생아생존율

인권과 관련하여 한 가지 흥미로운 점은 사람들이 인권의 일반적 개념은 열렬히 지지하면서도, 특정 상황에서 인권이 침해되었다는 주장에 대해서는 짜증을 내고 무시하기 일쑤라는 사실입니다. 예를 들어 영국의 경우 부당한 혜택을 노리는 망명자와 재소자가 유럽인권법을 악용한다고 생각하는 사람도 있습니다. 가끔 정치인들은 인권을 중시하지 않는 시스템이 문제라고 주장하기도 합니다. 사실 위와 같이 시스템 내에서 인권이 중시되지 않는 것은 자연스러운 현상입니다. 인권의 핵심은 일반적인 차별이나 억압적 관행의 횡포로부터 소외되고 억압받거나 배제된 사람들을 보호하는 것 입니다. 인권에 근거한 주장이 쉽게 받아들여진다면 인권이라는 용어는 필요하지도 않을 것입니다.

그렇다고 해서 모든 인권에 기반한 주장이 대중적이지 않을 필요는 없습니다. 어떤 인권에 근거한 주장들은, 여러 가지 결정, 정책, 특정 사안에 대한 조치 또는 미조치가 실제로 의도하지 않았지만, 용납할 수 없는 결과를 초래한다는 점을 강조합니다. 대부분의 개발도상국에서 겪고 있는 산모와 신생아의 생존에 관한 충격적인 사실을 짚어 볼 필요가 있습니다. 가장 큰 위험을 안고 사는 사람들은 기록 수집 자체가 매우 어려운 상당히 소외된 계층이기때문에 여기서 정확한 수치를 파악하기는 매우 어려운 일입니다. 그럼에도 불구하고 추정치를 계산하였고, 그 수치는 매우 높았습니다. 세계보건기구(WHO), 유엔인구기금(UNFPA), 유엔아동기금(UNICEF), 그리고 세계은행이 2008년에 공개한 합동 선언서에는 다음과 같이 널리 인용된 수치가 언급되어 있습니다.

> "매 1분마다 1명의 여성이 임신 또는 출산 중에 사망합니다. 즉 매년 50만 명이 넘는 여성이 임신 또는 출산 과정에서 목숨을 잃고 있습니다. 또한 매년 백만 명이 넘는 신생아들이 제대로 보호받지 못하고 태어난 지 24시간 안에 숨을 거둡니다. 모성사망률은 보건 분야 중 세계에서 가장 불평등한 지표입니다. 99퍼센트의 모성 사망이 개발도상국에서 일어나고 있습니다. 니제르의 여성이 평생 임신 관련 이슈로 사망할 확률은 7분의

1인 반면, 스웨덴 여성이 그럴 확률은 17,400분의 1입니다."[1]

이 여성들과 아기들은 어떠한 경위로 죽어가고 있을까요? 모성 사망의 경우 개발도상국 여성들은 출산 후 과다 출혈로 사망합니다. 자간증으로 인한 경련 때문에 너무나 고통스러워 몸부림치고, 아기가 죽었다는 사실을 알면서도 며칠 계속되는 진통에 의식을 잃고 쓰러집니다.[II] 그러나 지금까지 출산 과정의 산모 사망 문제는 주요 전염병에 비하면 상대적으로 관심을 받지 못했습니다. 그렇다고 해서 모성 사망 문제가 완전히 무시되어 왔다는 뜻은 아닙니다. 2000년 유엔이 제시한 밀레니엄 개발 목표(Millennium Development Goals) 5번은 1990년부터 2015년 사이에 모성 사망 비율을 당시의 4분의 3 수준으로 줄이는 것을 목표로 잡았습니다. 이 목표를 달성하려면 2000년과 2015년 사이 전년 대비 5.5 퍼센트 감소를 달성할 수 있어야만 했습니다. 2009년 국제연합(UN)은 모성사망률과 인권에 관한 성명을 발표했습니다. 이 성명서는 문제의 심각성을 인정하면서 매년 1퍼센트 감소라는 그다지 만족스럽지 못한 결과를 공개했습니다.[III]

왜 모성 사망 이슈는 이토록 뒤늦게 보건 위기로써 인식되기 시작했을까요? 또 그에 대한 대응은 왜 이렇게 비효율적이었을까요? 우선 산모 사망 이슈는 사실 새롭게 등장한 문제가 아닙니다. 모성 사망 이슈는 인간의 조건 중 일부로써 늘 존재해 왔습니다. 그리고 경제적으로 어려운 지역사회에서 상당수의 여성이 아이를 낳다가 사망할 것이라는 생각에 점차 익숙해졌을 수 있습니다. 이처럼 성차별주의나 숙명론은 강력한 마비 효과를 유발합니다. 산모 사망 이슈에 대한 인식과 대응이 미흡했던 또 한 가지 이유는 사람들이 이 문제 자체를 매력적으로 느끼지 못하기 때문입니다. 물론, 그렇다고 해서 인간면역결핍바이러스(HIV)와 후천성면역결핍증(AIDS) 때문에 고통을 겪는 일이 흥미롭다는 뜻은 절대 아닙니다. 그러나 인간면역결핍바이러스(HIV)는 주요 기술적 진보가 발생할 수 있는 유형의 문제입니다. 노벨상, 기사 작위, 의회 메달이 걸린 명예로운 기회인 것입니다. 치료제를 찾기 위해 자금을 지원하는 사람들 사이에서도 경쟁이 치열합니다. 연구 성과를 올리게 되면 수백만 명의 생명을 구하는 것은 물론 막대한 수익을 올릴 수도 있습니다. 그러나 모성 사망 문제를 해결하기 위한 약이나 백신은 따로 없습니다. 모성사망률을 극적으로 낮추어야 한다는 것은 이미 누구나 알고 있습니다. 산전 관리(prenatal care)를 제대로 받지 못하거나, 출산 시 능숙한 조산사의 조력을 받지 못하거나, 혈액은행과 같은 기초 보건시설이 부재하거나, 지방의 교통 인프라가 매우 열악하거나, 사용자가 공식적으로 의료 서비스를 누리기 위해 비용을 부담해야 하는 경우 또는 뇌물이나 부패 문제 관련하여 개인적으로 비용을 부담해야 하고 끝없이 계속되는 일상적인 생활고를 겪을 때 모성사망의 위험은 커집니다. 국제사면위원회(Amnesty International)가 언급했듯이, "모성사망률은 계속해서 순환되는 박탈, 소외, 불안정, 무력함과 같은 인권 침해를 반영합니다. 이러한 요소들이 결국 가난을 정의하고 영속화합니다."[IV]

 가난을 구제하는 것만으로는 모성 사망을 막기에 부족하다는 사실을 간과하기 쉽습니다. 영양 개선, 여성의 문해력 향상, 주거환경 개선 등 가난을 극복하는 데 있어서의 진전이 그 자체로는 모성 사망을 줄이는데 상대적으로 큰 영향을 미치지 못합니다. 지난 몇 세기를 되돌아 보면, 소작인 여성뿐 아니라 왕실 가문의 사람도 분만 중에 숨을 거두는 경우가 있었습니다. 산부인과 합병증은 냉정하리만큼 신체적인 문제와 출혈이나 패혈증과 같은 기저 상태와 관련이 있습니다. 전 세계에 걸쳐, 역사를 통틀어 살펴보면 모성 사망은 언제 어디서나 비슷한 비율로 발생했습니다. 출산 과정에서 발생할 수 있는 대부분의 문제를 예상 하기란 사실상 불가능합니다. 문제가 발생했을 때 대응할 수 있는 역량이 차이를 만들어 내는 것입니다. 의료 서비스를 제공받을 수만 있다면 거의 모든 질병을 치료할 수 있습니다. 그리고 문제는 바로 여기에 있습니다.[V]

이러한 측면에서 모성 사망률은 신생아의 경우와는 대조적이라는 사실을 확인하는 것이 중요합니다. 2008년 국제 보건 기구가 발표한 보고서에 따르면, 880만 명의 아이들이 예방할 수 있었던 질병으로 다섯 살이 채 되기도 전에 사망한다고 합니다. 이렇듯 충분히 막을 수 있는 사망 사례는 주로 중국, 인도, 나이지리아, 파키스탄, 콩고 민주 공화국 그리고 에티오피아와 같이 인구가 많은 국가에서 발생하는 경향이 있습니다. 그러나 이 문제를 사망한 어린이의 총인원수로만 분석하다 보면, 최근 내전으로 인하여 많은 사람들이 집을 잃고, 가족 구성원이 흩어지고, 성폭력과, 무책임한 방치가 일어나는 곳에서 가장 높은 신생아 사망률이 가장 높다는 사실을 간과하게 됩니다. 내전으로 인해 높은 아동 사망률을 보이는 국가는 바로 앙골라, 시에라리온, 라이베리아 그리고 앞서 말씀드린 콩고 민주 공화국을 꼽을 수 있습니다.[VI]

십대 엄마들은 비위생적이고 과밀화된 난민캠프에서 별다른 의료지원조차 받지 못하고, 어머니나 다른 친척 여성 어른 또는 마을 어른들의 지원도 없이 살고 있습니다. 이런 상황에서 자신의 아이를 살리기는 매우 어려울 것입니다. 최악의 경우, 어린이 네 명 중 한 명은 살아남지 못할 수 있습니다.

아동 사망에 대한 해결책은 대부분 예방 활동과 간단한 치료와 관련되어 있습니다. 응급 치료가 꼭 필요한 경우는 드뭅니다. 일반적으로 아주 위급한 상황도 예방할 수 있습니다. 이러한 상황은 모성 사망 이슈와는 정반대 양상을 보입니다. 전자간증(pre-eclampsia) 진단과 같이 일부는 예방할 수 있습니다. 그러나 전체적으로 볼 때 모성 생존의 핵심은 의료 서비스와 관련이 있습니다. 즉, 부작용이 발생했을 때 얼마나 빠르고 효과적으로 치료할 수 있을지, 안전한 임신중절 수술이 가능할지 등이 관건입니다. 정부가 인권과 관련된 책임을 이행한다고 해서 모든 산모의 사망을 막을 수는 없습니다. 오히려 양질의 산부인과서비스가 마련된 시스템을 확립하는 것이 정부의 책임이며, 이렇게 정부가 책임을 이행하는 것을 관리하기 위해 국제연합(UN)의 가이드라인이 존재하는 것입니다.[VII]

모성사망률이 높은 국가는 여성과 아동의 건강권을 보호하고 이행하는 데 실패하고 있습니다. 그러나 위와 같이 여성과 아동의 건강권을 보장하려면 양질의 의료 및 교통 인프라를 제공해야 하므로 막대한 비용이 발생합니다. 물론 돈을 지출할 수 있는 빙식은 다양합니다. 어떤 국가가 지방에서 조산사를 양성하는 대신 수도의 최첨단 병원에 투자하기로 했다면 인권에 대한 의무를 다하지 않은 것으로 볼 수 있습니다. 물론 정부가 부족한 재원을 보다 효율적으로 사용했다 한들, 문제를 근본적으로 해결할 수는 없었을 것입니다. 각국 정부가 핵심 의무를 다하려면, 외부 지원이 필요합니다. 이것은 바로 우리의 문제이기도 합니다. 무엇을 시도해 볼 수 있을까요? 드디어 이러한 상황에 국제적인 이목이 집중되고 있습니다. 국제사면위원회는 "존엄성에 대한 요구(Demand Dignity)" 운동을 시작했습니다. 영국의 전 총리 고든 브라운(Gordon Brown)의 아내인 사라 브라운(Sarah Brown)은 '안전한 모성보호를 위한 하얀 리본 동맹(White Ribbon Alliance for Safe Motherhood)'의 후원자였습니다. 다른 단체들도 이제 대중적 인지도를 키우고 기금을 모금하기 위한 계획을 수립하고 있습니다.

그러나 모성사망과 인권에 관한 국제 이니셔티브(International Initiative on Maternal Mortality and Human Rights)라는 단체의 아리알 프리산쵸(Arial Frisancho)가 관찰하였듯이, 수요자 입장에서도 노력이 필요합니다. 의료시설을 제대로 갖추는 것도 중요하지만 여성이 해당 의료시설을 이용할 준비가 되어 있어야 합니다. 관련 시설을 제공하는 문제와, 해결해야할 비용 문제는 물론이고, 분만 현장에서 조산사의 역할에 대한 전통적 관념, 권위에 대한 두려움, 가족과 떨어지는 것에 대한 우려 등 의료 서비스를 이용하는 데 있어 문화적 장벽을 이해하는 것 역시 중요합니다. 예를 들어 여성이 병원 침대에 누워 출산하기 보다는 도움을 받아 서서 분만하는 전통적 방법을 택할 수 있도록 허용하는 문화적 감수성은 매우 중요합니다. 아프리카에서의 여성의 권리에 관한 특별 조사위원인 소야타 마이가(Soyata Maïga)는 "여성들이 병원에 잘 가지 않는 이유는 일단 물리적으로 너무 멀고, 의사가 여성의 모국어를 할 줄 모르며, 아프리카 문화권에서는 남편 외의 남자 앞에서는 옷을 벗을 수 없기 때문이다."라고 지적했습니다.[VIII] 이러한 주장은 의료 서비스가 해당 지역사회의 문화에 맞게 제공되어야 한다는 일반 논평 14조를 상기시킵니다. 그러나 아마도 더 중요한 것은 분만 중 영아 사망 문제를 당연시 하거나 무시하는 것이야 말로 뿌리 깊은 차별이라는 점을 인식하는 것입니다. 전 세계 모성 사망률을 줄이는 방법을 알고 있다는 주장이 많은 데도 불구하고 이를 현실화하기란 여간 어려운 일이 아닙니다. 진보는 바로 여기서부터 일어납니다. 하지만 더 신속하게 추진할 필요가 있습니다.

결론

모든 이가 성취할 수 있는 최고 수준의 건강을 누리도록 만드는 과정에는 많은 장애물이 있습니다. 앞서 살펴보았듯이, 심지어 경제 개발이나 저작권 조정과 같이 다른 분야에서의 이룩한 진전도 새로운 문제를 야기하기는 마찬가지입니다. 우리가 2장에서 알아봤듯이, 건강에 대해 인권의 관점으로 접근하는 방식은 오히려 악영향을 끼칠 것이라고 우려하는 시선도 있습니다. 즉, 보건 분야에 할당된 돈과 자원이 합리적인 자원 배분 계획에 따라 가장 비용 대비 효율적인 방향으로 쓰여지는 것이 아니라, 인권에 근거한 권리 구제 소송의 판결 결과 중심으로 사용되는 것에 대한 비판적 의견에 주목할 필요가 있습니다. 이와 같은 합리적인 자원배분과 관련된 우려는 기우가 아니라 실제로 일어날 수 있는 일입니다.

경제학자들은 '기회비용'의 개념을 강조합니다. 즉 어떤 한 부문에 돈이 지출되면, 그 만큼 다른 부문에 그 만큼 지출할 수 있는 기회를 잃게 되는 것 입니다. 이는 최소한 단기적으로는 사실일지는 몰라도, 매우 정적이고 실망스러운 세계관 입니다. 건강에 돈을 지출함으로써 실질적인 이익을 도출할 수 있거나, 최소한 미래의 지출을 줄일 수 있습니다. 가령, 건강에 투자하면 사람들이 건강을 회복하여 일터로 복귀할 수 있고, 자녀를 사랑스럽고 안전한 환경에서 제대로 양육할 수 있을 정도로 오래 살 수 있습니다. 건강권 운동의 분명한 핵심은 개발도상국을 지원할 때 단순히 다른 보건 분야에 대한 기존 예산을 전용하는 것이 아니라 새로운 자원을 개발도상국으로 가져오는 것입니다. 우리는 언제 어디서나 다양한 문제에 직면하게 될 것입니다. 국내 두뇌 유출도 이와 같은 문제 중 하나입니다. 다만, 위험을 피하려면 위험을 인식하는 일부터 시작해야합니다.

Where next?

제5장 **건강권의 미래**

새롭게 떠오르는 캠페인

지난 장에서 우리는 국제기구의 활동에 부정적인 의견을 가진 사람들이 여러 가지 부문에서 국제기구의 관행에 대하여 예리하게 우려를 표명하는 모습을 확인하였습니다. 즉, 국제기구의 잘못된 정책 때문에 각국 정부가 스스로 시민들의 건강권을 보장하는 데 필요한 역량이 저해되어 핵심 의무를 다하는 데 도움이 되지 않는다는 주장입니다. 위에서 다룬 사례들은 모두 건강과 관련하여 결핍의 상태에 주목하였고 비록 어떤 이의 바람보다는 더디게 결과가 나왔을지라도, 결국에는 문제를 해결하기 위한 조치가 취해졌습니다. 하지만 세계는 건강권과 관련한 주요 문제를 이제 겨우 인식하기 시작한 단계일 뿐입니다.

그중 하나가 정신 건강입니다. 최근 인권 문제에 집중해 오던 세계 보건 기구는 정신 건강 문제로 고생하는 사람들은 다른 부문의 인권 침해를 당하기 쉽다는 사실을 지적했습니다. 그 사례로는 정부에 의해 강제 투옥되거나, 사회적으로 낙인이 찍히거나 강제 퇴마 의식과 같은 "치료 폭력(therapeutic violence)"을 비롯한 타인에 의한 폭력

등이 포함됩니다. 그리고 많은 시민이 고문, 강간, 강제 이주 등과 같은 인권 유린 때문에 정신 건강 문제에 직면해 있습니다. 한 저자는 1995년 다음과 같이 언급했습니다. "30년 동안 독재가 지속된 이후 아프리카는 고문과 억압의 희생자들을 위한 대규모 피난처가 되었습니다."[1] 가난한 아프리카 국가들은 정신 건강에 어려움이 있는 사람들을 도와 주기에는 자원이 부족할 수도 있습니다. 그럼에도 불구하고 주목할 만한 조치가 있었습니다. 란셋(The Lancet)지는 2007년 국제 정신 건강에 관한 일련의 주요 논문을 발표하고, 세계보건기구(WHO)는 정신 건강을 중심으로 다양한 형태의 지침을 발행하고 2011년 10월 11일을 세계 정신 건강의 날(World Mental Health Day)로 선언했습니다. 세계 보건 기구(WHO)는 올바른 정책을 통해 전 세계적으로 의약품 치료와 지역사회 기반 치료가 모두 가능하다고 주장합니다. 사실 정신 건강에 대한 우려는 국제 보건 기구가 처음 건강을 "신체적, 정신적, 사회적 안녕의 완전한 상태"로 정의했을 때부터 존재해 왔습니다. 실제로 세계보건기구 초대 총장이었던 캐나다 출신 죠지 브록 치솜(George Brock Chisholm)은 정신과 의사였습니다. 그러나 정신건강은 최근까지도 국제 보건 문제의 핵심 의제로 인식되지 않았습니다. 아직은 정신건강을 유의미하게 다루는 방식은 아직도 존재하지 않습니다.

물론 다양한 여러 가지 국제 보건 관련 문제들이 점점 더 두드러지고 있습니다. 그중 하나가 중하위 소득 국가에서 서구 선진국의 생활습관이 침투하면서 당뇨병에서부터 교통사고에 이르기까지 전에 없던 대한 위협이 주요 사망원인으로 대두되었습니다. 또 다른 주요 사망

원인은 익사 사고입니다. 특히 어린이들과 남자 청소년들이 순수한 사고, 어업 중 사고, 홍수, 쓰나미로 인해 익사하는 경우가 많습니다. 이러한 상황에서 새롭게 발견한 양상을 따르면, 비정부기구가 명분을 내세워 이목을 집중시키고, 앞서 언급한 여러 가지 조건과 관련하여 우리가 처한 상황에 대한 세계보건기구의 보고서를 발간하고, 이후 기부자와 정부 그리고 국제기구가 개입할 것입니다. 이런 개입의 비효율성, 거만함, 문화적 감수성 부족 등의 문제로 각 주체는 마땅한 비판을 받을 것입니다. 때로는 억울한 비판을 받을 때도 있을 것입니다. 그러나 이러한 개입들은 대규모 개입 프로그램의 모델로 활용될 것입니다. 문제는 우리가 지난 20년간의 잘못을 반복하지 않고 진보를 달성할 수 있느냐는 것입니다.

거버넌스와 건강권 운동

답을 알 수 있다고 가정은 하지 않은 채, 여러 학술 문헌이 강조해 온 몇 가지 우려 사항에 대해 살펴볼 필요가 있습니다. 특히 어떻게 문제를 개선하여 정부가 건강권과 관련한 의무를 이행할 능력을 강화할 수 있는지를 고민해 볼 가치가 충분히 있습니다.

첫 번째로 의심의 여지 없이 데이터를 고려하는 것이 중요합니다. 기초 자료가 누락되어 있어 사실관계 파악이 매우 어렵다는 지적이 계속되고 있습니다. 심지어 출생, 결혼, 사망에 대한 자료조차 정기적으로 수집되고 있지 않습니다. 세계보건기구 산하 건강의 사회적 결정요인 위원회(WHO Commission on the Social Determinants of Health)와 란셋지의 건강권 보고서, 그리고 세계보건기구의 모성 사망에 대한 연구에 이르기까지 많은 연구자가 핵심 정보를 얻을 수 없다고 불평하고 있습니다. 이렇듯 정보 부족으로 인하여 많은 연구가 어려움을 겪고 있습니다. 그래서 일각에서는 정보 수집에 더욱 많은 자원이 투입되어야 한다는 주장이 제기되고 있습니다. 학계 이외의 분야에 종사하시는 분들은 이러한 주장에 의구심을 품을 수 있습니다. 즉, 연구가 생업인 사람들이 본인의 이익을 추구하는 차원에서 더 많은 연구가 필요하다고 주장하는 것은 당연하다고 생각할 수 있습니다. 만약 생명을 살리기 위해 자금을 투자하는 것과 정보를 얻기 위해 투자하는 것 사이에서 결정해야 한다면, 어느 쪽을 선택해야 할지 쉽게 판단할 수 있습니다. 하지만 이는 잘못 설정된 딜레마라는 사실을 쉽게 알 수 있습니다. 돈을 지출할 때는 반드시 필요한 곳에 써야 합니다. 특히 인권의 관점에서 볼 때, 더욱 세분화된 데이터가 필요합니다.

예를 들어, 호주의 기대 수명은 세계 최고 수준입니다. 이 정보만 보면 사람들은 호주에는 그 어떤 보건 위기도 존재하지 않을 것이라고 생각할 수 있습니다. 그러나 호주 원주민의 기대 수명은 유럽 선진국 보다 약 20년 더 짧습니다. 우리는 왜 이런 수치가 나타나는지 알 필요가 있습니다. 호주 원주민이 노년까지 생존하는 경우가 드문 탓일까요? 아니면 영유아와 청년 사망이 많이 발생해서 평균 수명이 낮아졌을까요? 이런 수준의 세분화된 데이터를 수집해야만 차별, 배제, 및 불리함과 관련된 현실이 드러날 수 있습니다. 인권 운동은 현실에 대한 모니터링, 즉 정보 수집에서 시작합니다. 이처럼 인권 문제에 관여하기 위해서는 독립적인 모니터링과 평가가 필수적입니다. 결국 프로그램을 운영하는 사람들은 자연스럽게 희망찬 생각을 하게 마련이고 실제 성공 여부를 떠나 프로그램이 얼마나 성공적이었는지에 대해 보고하기 마련입니다. 프로그램 평가에 쓸 자금이 없다면 우리는 깜깜한 어둠 속에서 일하는 것과 마찬가지입니다.

데이터 수집 외에 또 다른 문제는 "글로벌 보건 거버넌스(Global Health Governance)"입니다. 세계보건기구부터, 에이즈 퇴치를 위한 대통령 비상계획(President's Emergency Plan for AIDS Relief, PEPFAR), 게이츠 재단(Gates Foundation), 세계백신면역연합(Global Alliance for Vaccines and Immunization, GAVI), 에이즈, 폐결핵, 말라리아 퇴치를 위한 국제 기금(The Global Fund to Fight AIDS, Tuberculosisand Malaria), 정부 지원 기관, 그리고 수십만의 중소 단체들이 사람들의 건강에 영향을 끼치기 위해서 경쟁하고 있습니다. 대규모 단체들, 특히 대형 자선단체들은 어떻게 맡은 바 책임을 다 할 수 있을까요?

게이츠 재단에 대해 최근 제기된 비판을 검토해 보겠습니다. 어떤 면에서는, 미숙한 태도나 판단을 떠나, 어떤 비판을 하는 자체가 부적절해 보이기도 합니다. 게이츠 재단의 또 다른 주요 자금 제공자인 워런 버핏(Warren Buffett)과 마찬가지로 빌 게이츠(Bill Gates)와 그의 전 부인인 멜린다(Melinda Gates)는 재단 자금을 어디에 사용할지 선택할 수 있었을 것입니다. 그들은 국제 보건에 막대한 투자를 했습니다. 이러한 대규모 투자도 문제가 될 수 있을까요? 문제는 이러한 막강한 자본력을 자랑하는 단체가 현재 진행되고 있는 연구와 주목받는 보건 문제에 상당한 영향력을 끼친다는 점입니다. 이는 큰 문제일 수 있습니다. 한 평론가는 게이츠 재단이 기술적 해결책에 과도하게 치중한다고 비판합니다. 백신 개발과 같은 기술 개발은 성공하면 극적인 효과를 내지만 실패하면 아무런 효과도 낼 수 없습니다. 수십억 달러의 돈이 말라리아 백신 개발에 투입되었지만 실패했다고 가정해 봅시다. 해당 연구에 시간을 할애했던 과학자들이 실제로 더 유익할 수 있는 다른 연구를 할 수도 있었을 것이라는 점을 고려한다면 말 그대로 막대한 자금을 쏟아붓고도 아무런 결과를 얻지 못한 것일 수도 있습니다.

또한 게이츠 재단이 수직프로그램(Vertical Program)에 지원함으로써 국내 두뇌 유출을 부추겨 보건 시스템을 약화시킨다는 주장도 있습니다. 게다가 게이츠 재단이 워낙에 열정적으로 수직프로그램을 지원하려다 보니 그 과정에서 해당 국가의 보건당국과 긴밀히 협의하지 않고 독단적으로 결정하는 경우도 발생했습니다. 이 때문에 결국 지역 보건 시스템은 더욱 취약해졌습니다.

> "빌 게이츠의 연례 서한에는 가난한 사람들을 돕고 선행을 하고자 하는 재단의 진정한 열망이 담겨 있습니다. 그러나 이러한 열망이 올바르고 비용 대비 가장 효과적인 일련의 접근 방법과 전략으로 이루어지고 있는지 살펴볼 필요가 있습니다. 또한 이러한 노력이 빈곤층의 건강 개선을 위한 투자로 이어지고 있는지도 점검해 봐야 합니다."[1]

좀 더 상세하게 예를 들자면, 게이츠 재단의 우선 추진 과제 두 가지에 대해 최근 의문이 제기되었습니다. 엘리자베스 피사니(Elizabeth Pisani)는 게이츠 재단이 향후 2년 이내 소아마비를 퇴치하겠다는 구상을 우선순위로 설정한 것이 과연 올바른 것인지 의문을 제기했습니다. 상대적으로 소수의 사람에게만 영향을 미치는 질병 문제를 해결하기 위해 상당한 노력을 하지만, 훨씬 더 중요한 질병 치료에 대해서는 그와 비슷한 수준에 전혀 미치지 못하는 미미한 지원만이 이루어지고 있을 뿐입니다. 무엇인가 근절하기 위한 마지막 절차를 단행하기란 매우 어렵고, 비용도 많이 듭니다. 차라리 위생과 깨끗한 물을 확보하는 데 투자하는 것이 훨씬 더 좋은 효과를 도출할 것이라는 주장도 있습니다.[11] 그러나 그 자금이 소아마비 근절 프로그램에 배정된 이상 해당 프로그램 운영에만 사용될 것입니다.

 란셋(The Lancet)의 편집장 리처드 호턴(Richard Horton)은 뉴욕 리뷰 오브 북스(New York Review of Books)에 기고한 빌 쇼어(Bill Shore)의 책에 대한 서평에서 게이츠 재단의 말라리아 근절 계획을 비판했습니다. 호턴은 불가능한 꿈을 꾸는 몽상가들의 성공 가능성에 주목하며 게이츠 재단의 원대한 야망을 높게 평가하면서도, 빌 쇼어(Bill Shore)가 지적한 것처럼 이러한 야망이 "비이성적인 자신감"이라고 논평했습니다. 말라리아는 1951년까지만 해도 미국에서 풍토병이었습니다. 호턴은 말라리아 기생충을 완전히 이 지구상에서 제거하는 "근절(eradication)" 개념과, '해당 국가나 지역에서 감염이 일어나지 않게 조치를 취하는 "제거(elimination)" 개념을 구별했습니다. 호턴은 "제거"는 우수한 보건 시스템을 갖춘 특정 국가에서는 가능할 수 있으나, 완전한 근절을 목표로 삼는 것은 그저 순진한 생각일 뿐, 최소한

50년 이내에는 달성할 수 없을 것이라고 주장했습니다.[III] 만약에 특정 질병을 근절하는 것이 실패할 것으로 예상된다면, 이러한 근절을 위해 투입된 돈은 그저 낭비될 뿐입니다. 무리한 계획을 추진하지 않고 잘 관리하는 것만으로도 수많은 목숨을 살렸을 것입니다. 만약 해당 프로젝트를 세계보건기구가 운영한다면, 확실한 증거를 기반으로 다양한 관리체계를 통해 자금을 운용할 것입니다. 그러나 게이츠 재단의 자금은 결국 빌 게이츠의 관리 아래 있습니다. 즉, 게이츠는 자신이 원하는 분야에 돈을 쓸 수 있습니다. 그는 자신의 야망을 이루기 위해 세계 최고 수준의 과학자를 채용할 수 있습니다. 이렇게 일류 과학자들을 한 단체가 채용해 버리면 상대적으로 달성 가능성이 더 높은 프로젝트에 투입될 수 있는 전문인력은 잃게 되는 것입니다. 이는 중기적으로 볼 때 긍정적인 부분보다 부정적인 부분이 훨씬 많을 수 있습니다.

지금까지 살펴본 거버넌스의 문제는 "하향식(top-down)" 조직 및 방향에 관한 것입니다. 국제 보건 분야의 많은 활동가들이 건강에 대한 상향식(bottom-up) 접근을 추구하고 있습니다. 이렇게 치료와 문제 개입을 통하여 긍정적 효과를 누리는 사람들은 변화를 촉구하는 캠페인뿐 아니라 자신의 질병을 관리하고 미래의 연구 방향을 설정하는 데 직접 관여하고 있습니다. 결국 사람은 그저 환자로서 수동적 위치에 머무르는 것이 아니라, 자신의 운명을 스스로 통제할 수 있는 권한이 있어야만 합니다. 이러한 요구가 인간면역결핍바이러스(HIV) 사례에서 여실히 드러남을 확인할 수 있었습니다. 특히 초기 데버원칙(Denver Principles)이 발표되고, 치료행동캠페인(TAC)이 미국식 인권운동을 남아공의 절박한 상황에 적용한 사례에서 잘 드러납니다. "우리를 배제하고 우리에 관하여 논하지 말라(Nothing about us without us)"는 장애인 운동의 슬로건은 이러한 접근 방식을 잘 요약하고 있습니다.

하지만 건강을 위한 풀뿌리 시민 운동은 얼마나 광범위하며, 그 전망은 어떠할까요? 만약 건강권 운동이 광범위한 기반을 통합하고 상호작용 할 수 없다면, 건강권은 훌륭한 네트워크를 가지고 있는 부유한 사람들만의 전유물이 될 것이기 때문에 이는 특히나 우려되는 점입니다. 폴 파머는 이러한 우려와 관련하여 치디 안셀름 오딘칼루(Chidi Anselm Odinkalu)의 "왜 더 많은 아프리카인이 인권의 언어를 사용하지 않는가(Why More Africans Do not Use Human Rights Language?)"라는 논문에서 저자가 표명한 생각을 인용했습니다.

> "대부분의 인권 단체는 북반구의 감시 단체들을 본받아 도심에 근거지를 두고 핵심 경영진들이 중심이 되어 운영되고 있습니다. 대부분 회원제 제도 없이 운영되고 있는데, 이러한 점에서 국제사면위원회와는 다릅니다. 운영 자금은 해외에서 들여오는 지원에 전적으로 의존하고 있습니다. 이러한 조직들은 아무리 성공해도 그저 공공정책 싱크탱크, 연구 기관 또는 전문 출판사 수준의 지위만을 달성할 것입니다. 이러한 단체들의 리더들은 미디어의 포장에 따른 존재감과 라이프 스타일을 통해 특권과 안락함을 누리면서 점차 투쟁의 삶과는 멀어지게 됩니다."

> "조직의 지지층들은 멤버십 기반이 없으면 단체가 표방하

는 가치에만 관심을 두는 출세 지향적인 운영자를 넘어서, 굳이 조직의 언어와 목표를 대중화하겠다는 의무감을 가지고 시스템을 확립하려고 애쓰지 않습니다. 사회 정의나 양심을 중시하는 사회운동 대신, "인권"은 점점 더 고유한 통과 의례와 인증 방법을 가진 고위급 핵심 인사들의 전문 언어가 되었습니다. 제가 살펴본 몇몇 지역에서 인권 운동은 점차 영예의 훈장이 아닌, 특권의 표식이 되어가고 있었습니다."[IV]

이러한 관찰 결과의 정확성에 대한 올바른 인지가 필요합니다. 뉴욕에 사는 모든 사람이 자신만의 에이즈 자선단체에 가입해야 하던 시절이 있었던 것처럼, 이제는 인권 캠페인에 참여하는 것이 사회적으로 존경받는 일일지도 모릅니다.

이것이 바람직한 상황이라고 생각하는 사람은 거의 없겠지만, 그렇다고 이 문제에 대처하기 위해 무엇을 할 수 있겠습니까? 광범위한 민중 보건 운동은 더 나은 일을 하는 것을 목표로 합니다. 즉 이러한 민중 보건 운동은 풀뿌리 시민 운동과 지난 25년간 늘어나고 있는 건강 불평등을 우려해 온 수많은 건강 네트워크와 활동가의 노력을 근간으로 한다고 주장합니다.[V] 학자, 보건 관련 종사자, 비정부기구 활동가, 본인과 본인의 가족, 친구에게 직접적으로 영향을 끼치는 특정 보건 부문에 대한 캠페인을 직접 벌이는 사람들을 제외하고 일반 대중을 대상으로 보건 문제와 관련한 대중 운동을 일으키는 것은 현실적으로 매우 어렵습니다. 보건 부문 종사자이거나 본인이 아프지 않은 이상 누가 보건 문제에 신경을 쓰겠습니까? 그러나 그 열정만큼은 옳습니다.

민중건강운동(People's Health Movement)은 전 세계에 영향을 미치고 있습니다. 민중보건헌장(People's Health Charter)에 그 목표가 명시되어 있습니다. 또한 민중건강운동은 2006년, 2009년에 이어 이제 세 번째 발행을 앞둔 "글로벌 보건 감시 보고서(Global Health Watch)"의 주요 후원자 역할을 수행하고 있습니다. 이 글로벌보건감시보고서는 새로운 시각을 제시한다는 점에서 대안세계보건보고서 (Alternative World Health report)라고도 불렸습니다. 비록 매우 더디게 진행된다고 할 수 있지만, 변화에 대한 요구는 커지고 있습니다. 또한 누구나 이 과정에 자기 역할을 하면서 참여할 수 있습니다.

결론

도입부에서 딜레마를 설명하며 서두를 열었습니다. 한 편으로는 현재 세계 보건 상황은 보편적 건강권에 대한 설득력 있는 사례를 제시합니다. 그러나 다른 한 편으로는 건강권의 개념에 따른 요구 때문에 발생하는 자원에 대한 영향, 즉 비용을 고려해 보면 건강권은 순전히 비현실적으로 보이기도 합니다. 바로 이런 점 때문에 많은 이론가들과 의사들은 국제보건의 문제를 권리 개념의 틀로 보는 것을 지양하고, 그 대신에 보건 부문에 쓸 수 있는 예산을 고려한 비용 대비 효율성의 문제로 접근할 것을 강조합니다. 다른 이들은 건강권을 반드시 인지하고 현실에 맞게 다듬을 방법을 찾아야만 한다고 주장합니다. 이러한 논쟁 과정에서 관심의 초점은 치료 부담을 어떻게 낮출 수 있을지에 모입니다. 이를 위해서는 제약회사와 기부단체, 그리고 국제기구가 굳건한 동맹을 형성해야 합니다. 폴 파머는 이러한 접근 방식을 앞장서서 지휘한 인물 중 하나입니다. 그는 타협을 거부하고 심지어 보건 분야에서 막강한 영향력을 행사하는 주체들이 올바른 결정을 내리도록 설득하는 데 건강권의 개념을 활용했습니다. 문제를 개선하려면 오랜 시간이 걸릴 수도 있습니다. 하지만 이전 장에서 살펴봤듯이 행동모델이 따로 있습니다. 물론 많은 격차 또한 있는 것도 사실입니다. 우리는 어떻게 모든 질병을 다 치료하는 방법을 알 수는 없습니다. 게다가 모성 사망과 같이 다루기 어려운 문제도 많습니다. 이러한 난제는 파머가 제시하는 비용 절감의 방법으로 해결하기 어려울 수 있습니다.

도심에서 멀리 떨어진 지방에서 거주하는 여성들은 교통 인프라가 너무 열악한 나머지 제시간에 응급의료센터에 도착할 수 없다면 앞으로도 계속해서 분만 중에 목숨을 잃게 될 것입니다. 그 누구도 이 문제를 혼자 해결할 수 없습니다. 하지만 그렇다고 해서 포기할 이유는 없습니다. 또한 성취할 수 있는 최고 수준의 건강을 누릴 권리 차원에서 모든 임산부가 아이를 안전하게 낳을 권리를 포기할 이유도 없습니다. 건강권이라는 개념은 1948년 세계인권선언(Universal Declaration of Human Rights)이 발표되었을 때 처음 국제법의 무대에 등장했습니다. 처음에는 이 건강권이 의료서비스를 받을 권리로 여겨졌습니다.

1954년 이 권리는 경제, 사회, 문화 권리에 관한 협약에서 "성취할 수 있는 최고 수준의 신체적 정신적 건강을 누리는 것"이라는 표현으로 한 차원 더 높은 수준으로 발전했습니다. 그러나 1976년 해당 협약이 비준되고 나서야 구속력을 가지기 시작했습니다. 이후 2년 뒤 건강권의 발전에 가장 중요한 지점으로 여겨지는 알마아타 선언(Declaration of Alma-Ata)이 발표되면서 사회적 경제적 결정요인의 측면에서 건강권은 재확인되고 확장되었습니다.

인권의 존재 자체에 대한 일반적인 회의론부터, 더욱더 구체적으로 건강 자체가 인권이 될 수 있는지에 대한 회의주의에 이르기까지, 모든 단계에서 건강권은 회의주의와 싸워야 했습니다. 추상적인 용어로는 건강권이 무엇인지 파악하기 어렵습니다. 건강권의 범주는 의료 서비스를 받을 권리보다는 넓고, 건강한 상태를 누릴 권리보다는 좁습니다. 그러나 구체적인 사례를 검토해 보면, 그다지 이해하기가 어려운 것도 아닙니다.

건강권은 1980년대 말 인간면역결핍바이러스(HIV)와 후천성면역 결핍증(AIDS)과 관련하여 실질적으로 활용되기 시작했습니다. 1990년대 중반까지 건강권에 대한 관심은 계속해서 증가했습니다. 특히 2000년에는 일반 논평 14조가 발표되고, 2002년에 특별보고관이 임명되고, 2003년에 넬슨 만델라(Nelson Mandela)가 후천성면역결핍증(AIDS)은 인권 문제라고 강조하는 등 일련의 발전을 거듭하면서 건강권이라는 개념은 국제적으로 성숙해갔습니다. 2008년 194개국의 건강권에 대한 란셋(The Lancet)의 보고서로 인해 의료계에서는 건강권을 존중하는 분위기가 형성되었습니다. 건강권은 지금 바로 여기 있습니다. 또한 앞으로도 계속 존재할 것입니다. 여전히 건강권의 개념을 반대하는 사람들도 있지만, 이러한 반대가 있기에 건강권이라는 개념이 안주하지 않고 계속해서 발전할 수 있는 것입니다. 또한 이러한 반대 의견을 통해 건강권 활동가, 전문의료인, 정부는 여전히 살아 숨 쉬는 건강권의 개념을 발전시키는데 계속해서 공헌할 것입니다.

Notes

주석

머리말 **건강권의 딜레마**

I. Amartya Sen, foreword to Paul Farmer, Pathologies of Power (Berkeley: University of California Press, 2005).

II. World Bank, Investing in Health: The World Development Report for 1993 (Oxford: Oxford University Press, 1993), 200.
Available online at: http://files.dcp2.org/pdf/WorldDevelopmentReport1993.pdf.

III. 법률가들은 또다른 심각한 문제를 지적한다. 즉 이러한 권리는 재판에 회부되어 판단 받을 수 없거나 위와 같은 권리를 근거로 법적 조치를 취하는 것 자체가 어렵다는 것이다. 이러한 비판에 대한 반박으로 5개국에서 어떻게 건강권이 실제로 활용되었는지에 관한 연구결과를 다룬 가우리와 댄 브링크스가 엮은"Courting Social Justice (Cambridge: Cambridge University Press, 2008)."를 참조하시오..

제1장 **세계인권선언**

배경

I. 그렇다고 해서 날씨가 절대 인권과 관련한 질문을 제기하지 않는다는 뜻은 아니다. 가령 기후변화가 사람들의 행동 때문에 촉발된다는 점을 생각해 보시오..

II. 몰린 무디우의 사례는 스테파니 놀렌의 "28 Stories of AIDS in Africa (London: Portobello Books, 2007), 321-31 and 375-76. 에서 확인할 수 있다.

III. Farmer, Pathologies of Power.

IV. United Nations, International Covenant on Economic, Social and Cultural Rights (1966). http://www2.ohchr.org/english/law/cescr.htm.

V. United Nations, Universal Declaration of Human Rights (1948). http://www.un.org/en/documents/udhr/.

VI. 세계 인권 선언의 기원과 초안 작성과정의 이야기는 너무나도 흥미롭다. 나는 두 상반된 책에 도움을 받았는데 하나는 Mary Ann Glendon의 ,<A World Made New: Eleanor Roosevelt and the Universal Declaration of Human Rights (New York: Random House, 2001) 이고, 다른 하나는 요하네스 모싱크의The Universal Declaration of Human Rights: Origins, Drafting and Intent (Philadelphia: University of Pennsylvania Press, 1999) 이다. 글랜던은 특히 엘리너 루스벨트뿐 아니라 찰스 말릭, 르네 카신, 장평춘, 존 험프리와 같은 다른 주요 인물들의 전기적 기록과 함께 선언의 초안 작성과 발전 과정을 함께 엮어냈다. 이 사람들은 모싱크의 학술 저작물에도 많이 등장 하지만, 그의 임무는 특히 위원회 회의록을 면밀히 참조하여 선언문의 거의 모든 문구와 단어가 어떻게 그 자리를 차지하게 되었는지를 설명하는 것이다. 초안을 작성한 핵심 그룹의 인내심과 끈기, 법률적, 철학적 재능은 매우 놀랍다. 이 과정을 통해 선언문 초안이 부실하거나 급하게 작성되었다는 흔한 비판이 거짓임을 알 수 있다. 불명확한 부분도 일부 있지만, 여러 위원회에서 초안을 작성한 것을 감안하면 선언문은 매우 인상적이다.

VII. 노먼 록웰은 이 네 가지 자유에 대해 상당히 인상적으로 묘사했다.

VIII. Glendon, A World Made New, 170.

선언, 규약 그리고 헌법

I. World Health Organization, Chronicle of the World Health Organization (1947). http://whqlibdoc.who.int/hist/chronicles/chronicle_1947.pdf.

II. Ibid., 8.

III. Ibid., 11.

IV. World Health Organization, Constitution (1946/2006). http://www.who.int/governance/eb/who_constitution_en.pdf.

V. United Nations, UDHR.

VI. 중국, 쿠바, 버마, 사우디아라비아, 싱가폴 등 비준에 동참하지 않는 국가도 있었다.

VII. United Nations, ICESCR.

VIII. International Conference on Primary Health Care, Declaration of Alma-Ata (1978). http://www.who.int/hpr/NPH/sdocs/declaration_almaata.pdf.

IX. 실제로 몇 년 뒤 세계보건기구가 건강권의 개념을 확립시킨 내용은 1989년 채택된 유엔 아동 권리 협약에 서도 인정받고, 이듬해 바로 효력을 얻게 되었다. 24조 1항을 보면 "당사국은 아동이 달성할 수 있는 최고 수준의 건강을 누리고 질병을 치료하고 건강을 회복하는 데 필요한 시설을 이용할 권리가 있음을 확인한다. 또한 당사국은 모든 아동이 위와 같은 의료 서비스를 이용할 때 소외되는 일이 없도록 보장해야 한다"라고 되어 있다. 유엔 아동 권리 협약은 아래에서 확인할 수 있다. http://www2.ohchr.org/english/law/crc.htm. 우리가 확인했듯이, 문화 경제 사회 권리를 위한 협약이 전 세계적으로 채택된 것은 아니다. 이에 비해 유엔 아동 권리 협약에 대해서는 훨씬 더 고무적인 입장을 가진 국가가 많았다. 유니세프에 따르면, 소말리아와 미국을 제외한 모든 국가가 유엔 아동 권리 협약을 비준하였다. 소말리아는 사실상 무정부 상태였고, 미국은 인권 협약을 비준하기까지 항상 긴 시간이 걸렸다. (UNICEF, Convention on the Rights of the Child: Frequently Asked Questions (2006). http://www.unicef.org/crc/ index_30229.html.에서 확인할 수 있다.) 그 결과로 거의 모든 국가가 아동이 도달 할 수 있는 최고 수준의 건강을 누릴 권리가 있음을 인정하였고, 많은 국가가 아동 외에도 모든 자국 시민이 위와 같은 건강권을 누릴 권리가 있음을 받아들였다. (UNICEF, Convention on the Rights of the Child: Frequently Asked Questions (2006). http://www.unicef.org/crc/ index_30229.html.) Kristin Hessler and Allen Buchanan "Specifying the Content of the Human Right to Health Care," in Medicine and Social Justice: Essays on the Distribution of Health Care, ed. R. Rhodes, M. Pabst Battin and A. Silvers (Oxford: Oxford University Press, 2002).

점진적 실현과 핵심 의무

I. United Nations, ICESCR Article 2(1). 이와 더불어 Kristin Hessler and Allen Buchanan "Specifying the Content of the Human Right to Health Care," in Medicine and Social Justice: Essays on the Distribution of Health Care, ed. R. Rhodes, M. Pabst Battin and A. Silvers (Oxford: Oxford University Press, 2002)도 함께 참조 하시오.

II. United Nations, General Comment 14 (2000).
http://www.unhchr.ch/tbs/doc.nsf/(symbol)/E.C.12.2000.4.En.

III. United Nations, General Comment 3 (1990).
http://www.unhchr.ch/tbs/doc.nsf/(symbol)/E.C.12.2000.4.En.

IV. 다른 중요한 진전 사항으로는 영국 에섹스 대학교 폴 헌트 교수가 2002년 첫 번째 건강권에 관한 특별 조사관으로 임명되어 건강권을 증진하고 보호하고 옹호하게 된 것이다. 특별 조사관의 의무는 국가 기반 임무를 수행하고 보고서를 작성하는 것이다. 2008년 그가 임기를 마칠 때 인권 변호사로서 에이즈 소송 전문가인 아난드 그로버는 두 번째 특별 조사관으로 임명되었다. 2008년 유엔 총회에서 채택된 경제 사회 문화 권리에 관한 국제 규약의 선택 의정서를 언급할 필요가 있다(United Nations, United Nations Treaty Collection (2011). 아래 사이트에서 확인 가능 http://treaties.un.org/Pages/ViewDetails.aspx? src=TREATY&mtdsg_no=IV-3-a&chapter=4&lang=en). 이 의정서를 통해 개인은 경제 사회 문화 권리 위원회에 자신의 권리를 주장하며 심리를 받을 수 있는 것이 핵심이다. 건강권과 관련하여 현재 개인이 권리를 침해받았다고 판단하면 국내 법원이나 유럽 인권재판소와 같은 지역연합을 이용하고 있으나, 건강권의 권리 구제에 관하여 국제적으로 시스템은 아직 구축되지 않았다. 그러나 경제 사회 문화 권리 위원회는 의정서를 비준한 국가에 대해서만 관할권을 가지며, 10개 당사국이 비준해야만 비로소 효력을 지닌다. 저자가 이 책을 쓴 2011년도에는 에콰도르, 몽골, 스페인 3개국만 비준을 완료했다. 위 선택의정서가 발효되기까지 상당한 시간이 걸릴 것으로 보인다. (역자 보충 설명: 2013년에 위 선택의정서를 비준한 국가가 10개국이 되었다. 참고: https://amnesty.or.kr/6972/). 새로운 선택의정서가 기존의 여러 기관 사이의 간극을 메우기 위해 만들어졌다는 사실은 건강권과 관련한 인권법이 아직 불충분하지만, 여전히 진화하고 있다는 것을 보여준다. 진전은 느리지만 서서히 이루어질 것으로 보인다.

제2장 건강권과 이를 비판하는 사람들

권리, 인도주의, 그리고 권력

I. Henry Shue, Basic Rights, 2nd ed. (Princeton: Princeton University Press, 1996).

II. 때로는 모든 1세대 권리가 2세대 권리보다 더 중요하다고 생각하는 사람도 있다. 그러나 이 주장과 관련하여 수십 년간 계속 진지하게 의문이 제기되었다. 헨리 슈가 주장했듯이, 최저 생활에 대한 권리와 같은 2세대 권리를 누리지 못할 경우 다른 권리도 누리지 못할 수 있다. 최저 생활에 대한 권리를 누리지 못하는 사람은 아예 생존이 불가능 할 수 있기 때문이다. 슈의 정의에 따르면 1세대 권리나 2세대 권리는 모두 기본 권리라고 생각할 수 있다. 슈의 Basic Rights 참조.

III. Jack Donnelly, "Human Rights and Asian Values: A Defence of 'Western' Universalism," in The East Asian Challenge For Human Rights, ed. Joanne R. Bauer and Daniel A. Bell (Cambridge: Cam- bridge University Press, 1999), 61.

IV. 위 구 소련 사례보다 더욱 구체적이며 세심하게 정리된 문서로는 <나미비아 개발 계획 비전 2030>이 있다. 이 계획에는 개발원조를 받았던 국가가 2030년에는 원조를 제공하는 국가로 성장하겠다는 열망이 담겨 있다.National Planning Commission of Namibia, Namibia Vision 2030 (2004).

http://www.npc.gov.na/vision/vision_2030bgd.htm.

V. 예를 들어 짐바브웨가 독립을 맞이했을 때 영국정부는 아벨 무조레와 주교가 총리로 선출되어 영국의 이익을 계속해서 존중할 것으로 기대했다. 하지만 무조레와 주교가 이끄는 정당은 유권자들의 지지를 거의 받지 못했고, 그 대신 훨씬 더 급진적인 무가베가 당선되었다.

권리와 인권

I. 글랜던의 <A World Made New> 164페이지에서 인용. 왜 특정 국가가 외부 조사에 응할 준비가 되어 있어야 하는지 이해하기 어려울 수 있다. 우리는 많은 국가가 외부 사찰에 예민하다는 사실을 확인해왔고, 앞으로도 목격할 것이다. 그러나 세계 2차 대전의 여파속에서 독일 나치정권이 심지어 자국민에게까지 행한 잔혹행위가 여실히 드러나면서, 각국은 자국민에 대한 완전한 내적 통치 권한을 가진다는 원칙을 고수하기가 어려워졌다. 철학자 찰스 바이츠가 주장했듯이, 인류의 정치 역사가 세계를 자국민에 대한 독점적인 권한 행사를 하는 다수의 개별 국가 단위의 모임으로 여기도록 발전해왔고, 인권은 바로 이러한 흐름의 문제점을 교정하는데 활용될 수 있다. 이처럼 인권 원칙은 위와 같은 국가 중심주의에 대항하여 절실히 필요한 균형추 역할을 하고자 한다. Charles Beitz, The Idea of Human Rights (Oxford: Oxford University Press, 2009), 128-30.

II. Anne-Emanuelle Birn, "Health and Human Rights: Historical Perpectives and Political Challenges," Journal of Public Health Policy 29 (2008): 34.

철학적 난제

I. 위와 같은 회의적인 입장은 버나드 바움린의 논문에 잘 나타나 있다. "Why There is No Right to Health Care," in Medicine and Social Justice: Essays on the Distribution of Health Care, ed. R. Rhodes, M. Pabst Battin, and A. Silvers (Oxford: Oxford University Press, 2002).

II. John Locke, Two Treatises of Government, 1689 (Cambridge: Cam- bridge University Press, 1988).

III. Jeremy Bentham, "Anarchical Fallacies" and "Supply Without Bur- den," 1796, in Nonsense Upon Stilts, ed. Jeremy Waldron (London: Methuen, 1987), 53.

IV. Bentham, Nonsense Upon Stilts, 72-73. 최근에 철학자 알래스데어 매킨타이어 (Alasdair MacIntyre)는 인권에 대하여 신랄하게 비판했다. 그는 "정말 직설적으로 말하면, 자연권이나 인권이 존재하지 않는 이유에 대해서 우리가 할 수 있는 가장 합리적인 설명은, 마녀나 유니콘이 없다고 주장하는 것과 정확히 같다. 자연권이나 인권이 있다고 믿을 수 있는 합당한 근거를 마련하려는 모든 시도는 실패할 것이다. 1948년 유엔 선언을 통해 그 어떤 주장에도 타당한 이유를 제시하지 않는 것이 유엔의 일반적인 관행이 되었으며 이는 지금도 엄격히 지켜지고 있다."

V. Jacques Maritain, Man and the State
(Chicago: University of Chicago Press, 1951), 77.

VI. John Rawls, Political Liberalism
(New York: Columbia University Press, 1993/1996), 135-72.

VII. Hessler and Buchanan, "Content of Human Right." 위와 같은 제안은 조제프 라 즈(Joseph Raz)가 그의 논문에서 주장한 인권에 대한 설명과 잘 맞는다. (Human Rights Without Foundations," in The Philosophy of International Law, ed. J. Tasioulas and S. Besson (Oxford: Oxford University Press, 2010). 다음 논문도 참고 할 것. Beitz, The Idea of Human Rights. 요컨대, 라즈는 인권은 이제 국제법의 한 분야로 다뤄져야 한다고 생각했다. 국제법 체계는 다행히도 비교적 잘 구축되어 있다. 라즈에 따르면, 인권을 현실에 어떻게 적용할 것인가에 대하여 여러 철학자가 함께 고민하고자 한다면, 인권이 반드시 국제법의 틀에서 다뤄져야 한다. 이러한 접근법을 통해 우리는 가족법이나 물권법과 같은 다른 법 분야와 유사성을 살펴볼 수 있다. 각 법은 저마다 도덕적 근거에 기반하고 있고, 이러한 도덕적 명분에 따라서 무엇이 합리적으로 법의 범위에 포함될 수 있는지가 결정된다. 가령 아이에 대한 양육에 대한 의무 부여 그 자체는 합리적이다. 하지만 이혼 시 정확한 양육비를 정하는 철학적 근거나, 사회적 합의가 존재한다고 생각하는 것은 비현실적이다. 이러한 주제는 현실을 고려하여 사례별로 정치와 법 제도의 틀 안에서 다뤄져야 한다. 인권 역시 이와 같은 맥락에서 구체적으로 다뤄질 수 있다. 다양한 철학적 관점에서 전체적인 인권의 체계가 정당화 될 수 있기에 다양한 인권의 분야가 단 하나의 철학적 관점을 통해 정당화 될 필요도 없으며 이는 현실적으로 가능하지도 않다. 또한 인권의 구체적인 내용이 모든 관점에서 수용할 수 있어야만 하는 것도 아니다.

VIII. Karl Marx, "On The Jewish Question," 1843, in Karl Marx : Early Writings, ed. L. Colletti (Harmondsworth: Penguin, 1975).

IX. Onora O'Neill, "The Dark Side of Human Rights," International Affairs 81 (2005): 427-39.

X. American Anthropological Association, The Executive Board, "Statement on Human Rights," American Anthropologist 49 (1947): 539-40.

XI. American Anthropological Association, Committee for Human Rights, Declaration on Anthropology and Human Rights (1999). http://www.aaanet.org/stmts/humanrts.htm.

XII. 세계인권선언의 초안을 작성하던 위원회도 선언문 작성으로 인해 서구의 가치가 다른 가치보다 우선시 될 가능성에 대해 극도로 우려했다. 초안 작성자들이 작업에 착수하자 유네스코(UNESCO)는 바로 해당 주제에 대한 조사를 의뢰했다. 케임브리지 대학교 역사가 E. H. 카 교수가 의장을 맡은 "철학자 위원회"가 설립되었다. 간디를 비롯한 다수의 인도 사상가, 중국 유교 철학자 로충수(Chung-Shu Lo), 이탈리아 철학자 베네데토 크로체, 영국 소설가 올더스 헉슬리 등 서구 유명 지성인에게 설문지를 발송했다. 해당 조사는 종교, 문화, 철학 전통의 매우 광범위한 관점에서 인권에 대한 응답자들의 견해를 구했다. 메리 앤 글랜던이 언급한 바와 같이, 조사 결과는 "희망적이었다. 세계인권선언문 초안의 기본 원칙이 항상 권리의 측면에서 표현된 것은 아니지만 수많은 문화적 및 종교적 전통에 기반을 두고 있음을 보여주었다." Glendon, A World Made New, 76.

XIII. Donnelly, "Human Rights and Asian Values" 참조.

XIV. 이에 대한 반응으로 아시아가 모든 서구적 가치에 대해 보편적으로 적대적이라는 것이 명확하지 않다는 점에서 다소 성급한 주장이라는 지적이 빈번히 있었다. 몇몇 아시아와 아프리카 국가들은 서구적 가치의 또 다른 유형의 서구 사상을 적극옹호해 왔다. 마르크스주의 공산주의가 그 대표적인 예이다. 그러나 이런 주장과 관련하여 살펴보아야 할 사례가 남아있다.

XV. Bangkok Declaration (1993).
http://law.hku.hk/lawgovtsociety/Bangkok%20Declaration.htm

XVI. Amartya Sen, Human Rights and Asian Values (New York: Carnegie Council on Ethics and International Affairs, 1977), 9, citing W. S. Wong, "The Real World of Human Rights" (mimeographed, 1993).

XVII. Sen, Human Rights and Asian Values, 9-10.

XVIII. 우리는 영국의 철학자 존 로크가 왕권신수설(divine right of kings)이라는 봉건적 전통에 반대하여 논쟁을 벌여야 했으며, 센이 지적한 바와 같이 플라톤과 아우구스티누스가 연민에 있어서 공자보다 덜 권위적이었다고 주장하기는 어렵다는 것을 기억해야 한다. Sen, Human Rights and Asian Values, 17.

XIX. 구 소련은 국가 권리에 대한 성명서도 포함되어야 한다고 줄곧 강하게 주장했다. UDHR의 초안 작성자들은 이 점을 잘 알고 있었다. 찰스 말릭은 1949년 레바논 대사로서 미국 상공회의소에서 한 연설에서 세계인권선언문에 국가의 권리에 대한 부분이 없는 이유에 대해 다음과 같이 설득력 있게 말했다. "최근 몇 년간 인권 문제가 제기된 것은 바로 사회와 국가가 개인의 권리를 침해했기 때문이다. 실제로 전체주의 국가에서는 사람을 모두 질식시킬 정도로 괴롭혔다. 초안을 작성할 때도 국가주의와 사회주의의 과잉을 정확하게 시정하라는 요구가 있었다. 국가주의와 사회주의에 필요한 것은 바로 적정 수준의 무정부주의와 개인주의이다. 우리는 현재 모든 사람들이 어떤 조직화된 관계나 권위 없이 무자비하게 사적인 이익만을 추구하는 무법 지대에 있는 것이 아니다. 결과적으로 사람들에게 그들의 의무를 상기시킴으로써 소위 질서와 권위를 회복하라는 요구를 받았다. 오히려 오늘날에는 전 세계적으로 인간의 단순하고 본질적인 인간성, 즉 자유롭게 웃고 사랑하고 사고하고 마음을 바꿀 수 있는 인간의 권한이 사방에서 오는 끝없는 압력에 의해 사멸될 수 있는 치명적인 위험에 처해 있는 상황이다." Charles Malik, "Talk on Human Rights" (1949) http://www.udhr.org/history/talkon.htm

일반논평 14조

I. Shue, Basic Rights.

II. United States Government, Response to Request (not dated).
http://www.globalgovernancewatch.org/docLib/20080213_US_Hunt_Response.pdf

III. Gunilla Backman et al., "Health Systems and the Right to Health: An Assessment of 194 Countries," The Lancet 372 (2008): 2047-85.

IV. 헌법에 건강권을 포함하는 것이 여러 측면에서 더 나은 건강 성과와 유의미한 상관관계가 있는지는 불분명하다. 유럽 국가 중에서 국내법에서 건강권을 인정하는 국가는 거의 없다.

V. 저자들은 국가 성과에 대한 순위나 성적표를 제시하고자 하는 유혹에 맞선다. 이와 관련하여 저자들은 아마도 세계보건기구(WHO)의 악명 높은 2000년 세계보건보고서(Health Systems: Improving Performance)로부터 교훈을 얻은 것 같다. 해당 보고서에는 매우 논란의 여지가 많았던 국가 순위를 명시하는 "통계 부록"이 포함되어 있었는데, 그 부록에 따르면 프랑스, 이탈리아, 산마리노, 안도라, 몰타, 싱가포르, 스페인, 오만이 최상위 8개국이다. 영국은 18위, 스위스는 20위, 스웨덴은 23위, 독일은 25위,

미국은 코스타리카와 슬로베니아 사이인 37위를 차지했다. 당연히 해당 순위를 놓고 그 방법론에 대한 의구심이 제기되었다. 또한 세계보건기구(WHO) 내에서 격렬한 논쟁이 오갔다. 보고서를 보면 순위 선정 작업이 매년 계속될 것처럼 기술되어 있으나, 다시는 진행되지 않았다. World Health Organization, World Health Report: Health Systems: Improving Performance (WHO: Geneva, 2000).
http://www.who.int/whr/2000/en/whr00_annex_en.pdf.

실제 현실의 건강권

I. William Easterly, "Human Rights Are the Wrong Basis for Health Care," Financial Times, October 12, 2009.
http://www.ft.com/cms/s/0/89bbbda2-b763-11de-9812-00144feab49a.html

II. 일례로 William Easterly, The White Man's Burden (Oxford:Oxford University Press, 2006) 참조.

III. S. R. Benatar, "Human Rights in the Biotechnology Era1," BMC International Health and Human Rights 2002: 2: 3도 참조.

IV. Markus Haacker, "The Macroeconomics of HIV/AIDS," in Southern Africa: 2020 Vision, ed. M. Hannam and J. Wolff (London: e9 Publishing, 2010).

V. Anne-Emanuelle Birn, "Health and Human Rights," 32-41.

VI. Gilbert Burnham, Riyadh Lafta, Shannon Doocy, and Les Roberts, "Mortality after the 2003 invasion of Iraq: a cross-sectional cluster sample survey," The Lancet 368 (2006): 1421-28.

VII. Octavio Ferraz, "The Right To Health In The Courts Of Brazil: Worsening Health Inequities?" Health and Human Rights 11 (2009) 33-45.

제3장 인간면역결핍바이러스(HIV), 후천성면역결핍증(AIDS)과 건강권

건강권에 대한 자각

I. Jonathan M. Mann, "Human Rights and AIDS: The Future of the Pandemic," in Health and Human Rights, ed. Jonathan M. Mann, Sofia Gruskin, Michael A. Grodin, and George J. Annas (London:Routledge, 1999), 216.

II. South Africa.Info, "My Son Died of AIDS: Mandela," January 12, 2005, http://www.southafrica.info/mandela/mandela-son.htm.

III. AVERT "World AIDS Day" 2010, http://www.avert.org/world-aids-day.htm.

IV. Mann, "Human Rights and AIDS," 223. See also George J. Annas, "Human Rights and Health: The Universal Declaration of Human Rights at 50," New England Journal of Medicine 339 (1998): 1778-81.

HIV/AIDS의 발견과 대응

I. Robert C. Gallo, "A Reflection on HIV/AIDS. Research after 25 Years," Retrovirology 3 (2006): 72.

II. Peter Baldwin, Disease and Democracy (Berkeley: University of California Press, 2005), 27.

III. Paul Farmer, Aids and Accusation (Berkeley: University of California Press, 1992).

IV. Jonathan M. Mann et al., "Health and Human Rights," in Health and Human Rights, ed. Mann et al.

V. David Lush, "Medical Totalitarianism and My Part in Its Downfall," in Southern Africa, ed. Hannam and Wolff.

VI. Unity Dow and Max Essex, Saturday is for Funerals (Cambridge, MA: Harvard University Press, 2008), 216.

VII. Baldwin, Disease and Democracy.

VIII. Ibid., 53.

IX. Ibid., 52-55.

X. European Court of Human Rights, Enhorn v. Sweden (Application no. 56529/00), January 25, 2005.

XI. Baldwin, Disease and Democracy, 96.

XII. Peter Piot, Susan Timberlake, and Jason Sigurdson, "Governance and the Response to AIDS: Lessons for Development and Human Rights," in Realizing the Right to Health, ed. Andrew Clapham and Mary Robinson (Zurich: Ruffer & Rub, 2009).

XIII. Baldwin, Disease and Democracy, 191.

XIV. Ibid., 97.

XV. NAPWA, "The Denver Principles 1983 and Today," 2011, http://www.napwa.org/content/denver-principles-1983-andtoday

XVI. Baldwin, Disease and Democracy, 156.

XVII. UNAIDS, The Greater Involvement of People Living With HIV (GIPA) 2007, http://data.unaids.org/pub/BriefingNote/2007/jc1299_policy_brief_gipa.pdf

XVIII. Michael Kirby, "The New AIDS Virus—Ineffective and Unjust Laws," Journal of Acquired Immune Deficiency Syndromes 1 (1988): 305.

XIX. Baldwin, Disease and Democracy, 61-62.

XX. Mary Crewe, "The HIV/AIDS Epidemic and Human Rights Responses," in Realizing the Right to Health, ed. Clapham and Robinson, 278. 공중보건 및 감염에 관한 윤리적 딜레마에 대한 탁월하고 상세한 조사는 Margaret P. Battin, Leslie P. Francis, Jay A. Jacobson, and Charles B. Smith, The Patient as Vic-tim and Vector: Ethics and Infectious Disease (Oxford: Oxford University Press, 2009) 참조.

XXI. Mann, "Health and Human Rights," 217.

XXII. Farmer, AIDS and Accusation.

XXIII. Baldwin, Disease and Democracy.

치료받을 기회

I. 물론 2차 감염과 기타 질환을 치료하는 것이 가능하고 필요하지만, 이는 기저질환을 해결하는 데는 아무런 도움이 되지 않는다.

II. Margaret A. Fischl et al., and the AZT Collaborative Working Group, "The Efficacy of Azidothymidine (AZT) in the Treatment of Patients with AIDS and AIDS-Related Complex," New England Journal of Medicine 317 (1987): 185-91.

III. Douglas D. Richman et al., and the AZT Collaborative Working Group, "The Toxicity of Azidothymidine (AZT) in the Treatment of Patients with AIDS and AIDS-Related Complex," New England Journal of Medicine 317 (1987): 192-97.

IV. E. Dournon et al., "Effects Of Zidovudine In 365 Consecutive Patients With Aids Or Aids-Related Complex," The Lancet 332 (1988): 1297-302.

V. Baldwin, Disease and Democracy, 223.

VI. Ryan White and Ann Marie Cunningham,
My Own Story (New York: Penguin, 1991).

VII. P. W. Eggers, "Medicare's End Stage Renal Disease Program,"
Health Care Financing Review 22 (2000): 55-60.

VIII. Baldwin, Disease and Democracy, 120.

IX. Dow and Essex, Saturday, 12.

X. AVERT, "HIV and AIDS Treatment in the UK" (2011).
http://www.avert.org/hiv-treatment-uk.htm

XI. Farmer, AIDS and Accusation, 15.

HIV/AIDS와 미국 내 아이티인

I. Ibid., 2.

II. C. L. R. James, The Black Jacobins, 1938 (London: Penguin, 2001).

III. Farmer, AIDS and Accusation, 7.

IV. Ibid., xii.

V. M. Thomas et al., "The emergence of HIV/AIDS in the Americas and beyond," Proceedings of the National Academy of Science 104 (2007):18566-70.

VI. Farmer, AIDS and Accusation, 209.

VII. Ibid., 216.

VIII. Ibid., 216.

IX. Paul Farmer, Pathologies of Power (Berkeley: University of California Press, 2005), 55.

X. George J. Annas, "Detention of HIV-Positive Haitians at Guantanamo," New England Journal of Medicine 329 (1993): 592.

XI. Quoted in Farmer, Pathologies, 66.

HIV/AIDS의 국제적 확산 : 아프리카

I. B. S. Weeks and I. E. Alcamo, AIDS The Biological Basis, 5th ed. (Sudbury, MA: Jones and Bartlett, 2010), 13.

II. Zenda Woodman and Carolyn Williamson, "HIV Molecular Epidemiology: Transmission and Adaptation to Human Populations," Current Opinion in HIV and AIDS 2009, 4 (2009): 247-52.

III. Gallo, "Reflection on HIV/AIDS Research."

IV. Woodman and Williamson, "HIV Molecular Epidemiology."

V. D. Huminer, J. B. Rosenfeld, and S. D. Pitlik, "AIDS in the pre-AIDS era," Review of Infectious Diseases 9 (1987): 1102-08.

VI. S. S. Frøland et al., "HIV-1 Infection in Norwegian Family before 1970," The Lancet 331 (1988): 1344-45.

VII. Weeks and Alcoma, AIDS: The Biological Basis, 12.

VIII. Amnesty International, Uganda: Antihomosexuality Bill Is Inherently Discriminatory And Threatens Broader Human Rights (London: Amnesty International, 2010).

IX. Weeks and Alcoma, AIDS, 12.

X. Ibid., xi.

XI. L. O. Kallings, "The First Postmodern Pandemic: 25 Years of HIV/AIDS (Review)," Journal of International Medicine 263 (2008): 221.

XII. Kallings, "The First Postmodern Pandemic," 221, Nolen, 28 Stories도 참조.

XIII. William E. Forbath, "Cultural Transformation, Deep Institutional Reform, and ESR Practice," in Stones of Hope: African Lawyers Use Human Rights to Challenge Global Poverty, ed. Jeremy Perelman and Lucie White

(Stanford, CA: Stanford University Press, 2011), 51.

XIV. Daryl Collins, Jonathan Morduch, Stuart Rutherford and Orlanda Ruthven, Portfolios of the Poor: How the World's Poor Live on $2 a Day (Princeton: Princeton University Press, 2009), and Dow and Essex, Saturday.

XV. Rachel Hammonds and Gorik Ooms, "World Bank Policies and the Obligation of its Members to Respect, Protect and Fulfill the Right To Health," Health and Human Rights 8 (2004): 26-60.

XVI. Piot et al., "Governance and the Response to AIDS," 335.

XVII. Nolen, 28 Stories, 108.

XVIII. Ibid., 109-11.

XIX, Kallings, "The First Postmodern Pandemic," 224.

XX. United Nations, Political Declaration on HIV/AIDS, 2006. http://data.unaids.org/pub/Report/2006/20060615_hlm_politicaldeclaration_ares6 0262_en.pdf

XXI. Kallings, "The First Postmodern Pandemic," 234.

XXII. TASO Mission Statement, 2011. http://www.tasouganda.org/index.php?option=com_content&view=article&id=44:brief-background&catid=34

XXIII. John Maddox, "Does Duesberg Have A Right to Reply?" Nature 363 (1993): 109.

XXIV. Samantha Power, "The Aids Rebel," New Yorker, May 19, 2003, 54-67.

XXV. 인간면역결핍바이러스(HIV)가 후천성면역결핍증(AIDS)를 유발하지 않는다는 속설은 인터넷과 아프리카 일부 지역, 심지어 교육 수준이 높은 엘리트들 사이에서도 여전히 두드러진다. 현재 HAART 치료의 효과는 HIV 이론을 확인하고 부정론자들에 맞서는 데 상당히 기여했지만 두스버그 본인은 이를 인정하지 않았다. Pride Chigwedere and Max Essex, "AIDS Denialism and Public Health Practice," AIDS and Behavior 14 (2010): 23-47 참조.

XXVI. N. E. Groce and R. Trasi, "Rape of Individuals with Disability: AIDS and the Folk Belief of Virgin Cleansing," The Lancet 363 (2004): 1663-64.

XXVII. G. J. Pitcher and D. M. G. Bowley, "Infant rape in South Africa," The Lancet 359 (2002): 274-75

XXVIII. Groce and Trasi, "Rape of Individuals with Disability."

XXIX. Rachel Jewkes, Jonathan Levin, Nolwazi Mbananga, and Debbie Bradshaw, "Rape of Girls in South Africa," The Lancet 359 (2002): 319-20; Rachel Jewkes, Lorna Martin, and Loveday Penn-Kekena, "The Virgin Cleansing Myth Cases of Child Rape are Not Exotic," The Lancet 359 (2002): 711.

XXX. Kallings, "The First Postmodern Pandemic," 223-24.

XXXI. Nolen, 28 Stories.

XXXII. Power, "The AIDS Rebel," 56.

XXXIII. Sarah Joseph, "Trade and the Right to Health," in Realizing the Right to Health, ed. Clapham and Robinson.

XXXIV. Forbath, "Cultural Transformation."

XXXV. Anthony Brink, "Criminal Complaint Of Genocide Against Abdurrazack 'Zackie' Achmat," 2007. http://www.whale.to/b/brink3.html에서 확인 가능. 이 혐의의 정황에 대한 추가적인 논의는 Ben Goldacre, Bad Science, rev. ed. (London: Harper Perennial, 2009) 참조. 해당 장 "The Doctor Will Sue You Now,"이 Goldacre가 Brink의 동료이자 고용주로 묘사하는 비타민 알약 사업가 Matthias Rath의 명예훼손 소송으로 인해 누락되었기 때문에 개정판을 읽기 바란다. 해당 장은 Goldacre와 그의 출판인들이 http://www.badscience.net/files/The-Doctor-Will-Sue-You-Now.pdf.에서 제공.

XXXVI. Republic of South Africa Constitution, 1996. http://www.info.gov.za/documents/constitution/1996/96cons2.htm

XXXVII. KwaZulu Natal, CCT32/97 (1997) ZACC 17: 1998 (1) SA 765 (CC). http://www.saflii.org/za/cases/ZACC/1997/17.html

XXXVIII. Mark Heywood, "South Africa's Treatment Action Campaign: Combining Law and Social Mobilization to Realize the Right to Health," Journal of Human Rights Practice 1 (2009): 14-36.

XXXIX. Heywood, "South Africa's Treatment Action Campaign."

XL. Forbath, "Cultural Transformation."

XLI. Heywood, "South Africa's Treatment Action Campaign," 17.

XLII. Ibid.; Forbath, "Cultural Transformations."

XLIII. Kallings, "The First Postmodern Pandemic."

XLIV. Dow and Essex, Saturday, ix.

XLV. Ibid., 61-66, 181-87.

XLVI. Chigwedere and Essex, "Denialism," 243.

XLVII. AVERT, "HIV and AIDS in Swaziland," 2011. http://www.avert.org/aids-swaziland.htm#contentTable4

XLVIII. Kallings, "The First Postmodern Pandemic," 226.

XLIX. Nolen, 28 Stories, 32.

L. 평범한 기술로도 전망이 긍정적인 접근 방식이 최소 한 가지 이상 존재하는 것으로 드러났다. 우간다, 케냐, 남아프리카공화국에서 실시된 세 건의 무작위 임상실험에 따르면,

남성 포경수술이 여성에서 남성으로 HIV가 전파될 위험을 줄인다.

B. Auvert et al., "Randomized, Controlled Intervention Trial of Male Circumcision for Reduction of HIV Infection Risk: The ANRS 1265 Trial," PLoS Med 2 (2005): e298; R. C. Bailey et al., "Male Circumcision for HIV Prevention in Young Men in Kisumu, Kenya: a Randomized Controlled Trial," The Lancet 369 (2007): 643-56; R. H. Gray et al., "Male Circumcision for HIV Prevention in Men in Rakai, Uganda: A Randomised Trial," The Lancet 369 (2007): 657-66. 유감스럽게도 남성에게서 여성으로 전파되는 사례가 직접적으로 감소한다는 증거는 없다. 하지만 감염된 남성의 수가 적으면 여성에게 전파되는 사례도 감소한다는 것이 합리적인 듯하다. 그러나 남성 본인이 HIV에 걸릴 위험이 낮다고 생각하면 더 위험한 행동을 할 수도 있다. 이는 위험과 관련된 행동에 대해 일반적인 사실이다. 예를 들어, 안전한 자동차를 운전하고 있다고 생각한다면 더 빠른 속도로 운전할 수도 있다는 주장도 있었다. John Adams, Risk (London: UCL Press, 1995). 이는 경험적 주장이지만 포경수술을 받는 사람들은 위험을 줄이는 것이 위험을 없애는 것과는 다르다는 점을 인식해야 한다는 점을 강조한다. 더불어, 포경수술을 받은 사람들은 수술 상처가 아물 때까지 감염에 훨씬 더 취약하기 때문에 다시 한번 자신이 안전하다고 믿는 것은 매우 위험할 수 있다.

HIV/AIDS 치료의 숨겨진 비용

I. Nolen, 28 Stories, 113.

결론

I. Lush, Medical Totalitarianism, 58.

II. Nolen, 28 Stories.

III. Joseph S. Fulda, "The Mathematical Pull of Temptation," Mind 101 (1992): 305-07.

제4장 다양한 문제와 해결 가능성

세계은행과 각국의 보건 시스템

I. Joseph Stiglitz, Globalization and Its Discontents (New York: Norton, 2002).

II. Jennifer P. Ruger, "The Changing Role of the World Bank in Global Health," American Journal of Public Health 95 (2004): 60-70.

III. Stiglitz, Globalization, 11-20.

IV. K. Abbasi, "The World Bank and World Health: Under Fire," British Medical Journal 318 (1999): 1003-06.

V. Lynn P. Freedman, "Drilling Down: Strengthening Local Health Systems to Address Global Health Crises," in Realizing the Right to Health, ed. Clapham and Robinson, 411.

VI. Abbasi, "World Bank."

VII. Hammonds and Ooms, "World Bank Policies," 36.

VIII. Ruger, "Changing Role," 68.

IX. World Bank, Investing in Health: The World Development Report for 1993 (Oxford: Oxford University Press, 1993), iii.
http://files.dcp2.org/pdf/WorldDevelopmentReport1993.pdf

X. S. Anand and K. Hansen, "DALYs: Efficiency versus equity," World Development 26 (1998): 307-10. 비용 대비 효과성에 반대하는 사람들은 건강을 측정하고 비용 효과성을 평가하는 방법으로 최근 도입되어 상당한 논란을 불러일으킨 DALY(disability-adjusted life-year: 장애보정손실수명)의 적용에 특히 비판적이었다. DALY는 각 건강 상태가 '세계적인 질병 부담'에 얼마나 기여하는지에 대한 척도를 제공하고 보건 정책 입안자들이 건강 예산에서 질병에 대한 부담을 최대한 줄일 수 있는 방향으로 자금을 할당하도록 권장한다. 이것은 전적으로 합리적으로 보일 수 있다. 그러나 치료 비용이 상당히 많이 드는 중증 질환자들을 치료하는 경우에 비교적 치료 비용이 적게 드는 덜 심각한 일반 환자를 치료하는 것에 비해서 상대적으로 DALY 감소 효과가 적을 수도 있다는 결론으로 이어졌다.

XI. World Bank, Investing in Health, iii.

XII. Anne-Emanuelle Birn and Klaudia Dmitrienko, "The World Bank: Global Health Or Global Harm?" American Journal of Public Healthh 95 (2005): 1091.

XIII. Paul Collier, The Bottom Billion (Oxford: Oxford University Press, 2007).

XIV. Hammonds and Ooms, "World Bank Policies."

XV. Ibid.

XVI. Fatma E. Marouf, "Holding The World Bank Accountable For Leakage Of Funds From Africa's Health Sector," Health and Human Rights 12 (2010): 95-107.

XVII. World Bank, Improving Effectiveness and Outcomes for the Poor in Health, Nutrition, and Population (2009), xi.
http://siteresources.worldbank.org/EXTWBASSHEANUTPOP/Resources/hnp_full_eval.pdf

XVIII. Ibid., 68.

무역관련 지식재산권에 관한 협정과 의약품 가격
(Agreement on Trade-Related Aspects of Intellectual Property. TRIPs)

I. Sarah Joseph, "Trade and the Right to Health."

II. Jane Galvao, "Brazil and Access to HIV/AIDS Drugs: A Question of Human Rights and Public Health," American Journal of Public Health 95 (2005): 1110-16.

III. Roy Porter, The Greatest Benefit to Mankind (London: HarperCollins, 1997), 23.

IV. Ibid., 401.

V. Ibid., 427.

VI. Ibid., 457-58.

VII. World Health Organization, Multidrug And Extensively Drug-Resistant TB (M/XDR-TB) 2010 Global Report On Surveillance And Response, 2010, http://whqlibdoc.who.int/publications/2010/9789241599191_eng.pdf

VIII. Farmer, Pathologies of Power, 123.

IX. Ibid., 131.

X. Joseph, "Trade and the Right to Health."

XI. Thomas Pogge, "The Health Impact Fund: How to Make New Medicines Accessible to All," in Global Health Ethics, ed. Solomon Benatar and Gillian Brock (Cambridge: Cambridge University Press, 2011).

XII. WHO, Multidrug Resistant TB, 2.

XIII. Ibid., 3.

XIV. Olusoji Adeyi and Rifat Atun, "Universal Access to Malaria Medicines: Innovation in Financing and Delivery," The Lancet 376 (2010): 1869-71.

XV. Nuffield Council on Bioethics, The Ethics of Research Related to Healthcare in Developing Countries (London: Nuffield Council on Bioethics, 2002), 31.

보건 분야 두뇌 유출

I. World Health Organization, Working Together for Health (2006). http://www.who.int/whr/2006/whr06_en.pdf

II. Amy Hagopian et al.,"The migration of physicians from sub-Saharan Africa to the United States of America: measures of the African brain drain," Human Resources for Health 2 (2004): 17.

III. Marvellous Mhloyi, "Health And Human Rights: An International Crusade," Health and Human Rights 1 (1994): 125-27.

IV. King's Fund, London Calling: The International Recruitment of Health Workers to the Capital (London: King's Fund, 2004).

V. Hagopian, "Migration of Physicians."

VI. Mary Robinson and Peggy Clark, "Forging Solutions to Health Worker Migration," The Lancet 371 (2008): 691-93.

VII. World Health Organization, Migration of Health Workers (Fact Sheet No. 301), 2010. http://www.who.int/mediacentre/factsheets/fs301/en/index.html

VIII. Devesh Kapur and John McHale, Give Us Your Best and Brightest: The Global Hunt for Talent and Its Impact on the Developing World (Washington DC: Center for Global Development, 2005); and Gillian Brock, "Health in Developing Countries and Our Global

Responsibilities," in The Philosophy of Public Health, ed. Angus Dawson (Farnham:5 Ashgate, 2009), 73-83.

IX. Nigel Crisp, Turning the World Upside Down (London: Royal Society of Medicine Press, 2010), 73.

X. Ibid.

XI. World Health Organization, Global Code of Practice on the International Recruitment of Health Personnel, 2010. http://www.who.int/hrh/migration/code/code_en.pdf

XII. World Health Organization, Primary Health Care (Now More Than Ever), 2008. http://www.who.int/whr/2008/en/index.html

XIII. Anne Mills, "Mass Campaigns Versus General Health Services. What Have We Learnt in 40 Years about Vertical and Horizontal Approaches?" Bulletin of the World Health Organization 83 (2005): 315-16.

XIV. World Health Organization, Primary Health Care, 13.

XV. World Health Organization, Positive Synergies, 2009. http://www.who.int/healthsystems/GHIsynergies/en/index.html

연구 윤리

I. 49. Global Forum on Health Research, 10/90 Gap, 2011. http://www.globalforumhealth.org/About/10-90-gap

II. Nuffield Council on Bioethics, Research in Developing Countries, 15.

III. Paul Farmer and Nicole Gastineau Campos, "New Malaise: Bioethics and Human Rights in the Global Era," Journal of Law, Medicine and Ethics 32 (2004): 243.

IV. Janice Hopkins Tanne, "President's commission considers how to protect human rights after Guatemala experiment," British Medical Journal 342 (2011): d3232. 전체적인 세부 내용은 http://www.hhs.gov/1946inoculationstudy/

V. Marcia Angell, "The Ethics of Clinical Research in the Third World," New England Journal of Medicine 337 (1997): 847-49.

VI. Robert L. Berger, "Nazi Science: The Dachau Hypothermia Experiments," New England Journal of Medicine 322 (1990): 1435-40.

VII. World Medical Organization, "Declaration of Helsinki," British Medical Journal 313 (1996): 1448-49.

VIII. Nuffield Council on Bioethics, Research in Developing Countries.

IX. Peter Lurie and Sidney M. Wolfe, "Unethical Trials of Interventions to Reduce Perinatal Transmission of the Human Immunodeficiency Virus in Developing Countries," New England Journal of Medicine 337 (1997): 855.

X. Angell, "Ethics of Clinical Research"; Farmer and Gastineau Campos, "New Malaise."

XI. Nuffield Council on Bioethics, Research in Developing Countries, 92-95.

XII. S. R. Benatar, "Imperialism, Research Ethics and Global Health," Journal of Medical Ethics 24 (1998): 221

XIII. Nuffield Council on Bioethics, Research in Developing Countries, 115.

XIV. 2008년 최신 버전에서는 해당 요구 사항을 대부분 충족하면서 다음과 같이 명시하고 있다. "연구의 결론 단계에서 연구에 참여한 환자들은 연구 결과에 대하여 설명을 받을 자격이 있다. 또한 연구 결과로부터 혜택을 공유할 권리도 있다. 예를 들면, 연구과정에서 호전에 도움이 된다고 밝혀진 치료법 또는 다른 적절한 관리방법 등의 혜택이 해당된다." World Medical Association, Declaration of Helsinki, 2008 revision, http://www.wma.net/en/30publications/10policies/b3/index.html

XV. Ibid., 123.

XVI. Joseph Millum, "Post-Trial Access to Antiretrovirals: Who Owes What To Whom?" Bioethics 25 (2011): 145-54.

XVII. Leonard H. Glantz et al., "Research in Developing Countries: Taking 'Benefit' Seriously," The Hastings Center Report 28 (1998): 38-42.

XVIII. Nuffield Council on Bioethics, Research in Developing Countries, 124.

XIX. Ibid., 203.

모성사망률과 신생아생존율

I. World Health Organization, UNICEF, UNFPA, and World Bank, Joint Statement on Maternal Mortality and Newborn Health, 2008. http://www.unfpa.org/webdav/site/global/shared/safemotherhood/docs/jointstatement_mnh.pdf

II. A. E. Yamin and D. P. Maine, "Maternal Mortality as a Human Rights Issue: Measuring Compliance with International Treaty Obligations," Human Rights Quarterly 21 (1999): 563-64.

III. United Nations, Maternal Mortality Joint Statement, 2009. http://righttomaternalhealth.org/sites/iimmhr.civicactions.net/files/statement.pdf

IV. A. E. Yamin and D. P. Maine, "Maternal Mortality as a Human Rights Issue: Measuring Compliance with International Treaty Obligations," Human Rights Quarterly 21 (1999): 563-64.

V. Yamin and Maine, "Maternal Mortality"; United Nations, Report of the Office of the United Nations High Commissioner for Human Rights on preventable maternal mortality and morbidity and human rights, 2010. http://www2.ohchr.org/english/ bodies/hrcouncil/docs/14session/A.HRC.14.39.pdf

VI. World Health Organization Global Health Observatory, Child Mortality, 2011. http://www.who.int/gho/mdg/child_mortality/situation_trends_child_mortality/en/index.html

VII. Yamin and Maine, "Maternal Mortality."

VIII. IIMMH, Combating Maternal Mortality, Why Bring Human Rights into the Picture?, 2009.
http://righttomaternalhealth.org/resource/HRC-panel-2009

제5장 건강권의 미래

새롭게 떠오르는 캠페인

I. Djely K. Samoura, "African Commission of Health and Human Rights Promoters," Health and Human Rights 2 (1995): 145-50, 또한 Cecile Marotte and Herve Rakoto Razafimbahiny, "Haiti 1991-1994: The International Civilian Mission's Medical Unit," Health and Human Rights 2 (1995): 117-26도 참조.

거버넌스와 건강권 운동

I. David McCoy et al., "The Bill & Melinda Gates Foundation's Grant-making Programme for Global Health," The Lancet 373 (2009): 1645-53.

II. Elizabeth Pisani, "An End to Polio?" Prospect, March 2011, 72-74.

III. Richard Horton, "Stopping Malaria: The Wrong Road," review of Bill Shore, The Imaginations of Unreasonable Men: Inspiration, Vision, and Purpose in the Quest to End Malaria, New York Review of Books, February 24, 2011.

IV. Farmer, Pathologies of Power, ix.

V. People's Health Movement, "About The People's Health Movement," 2011.
http://www.phmovement.org/en/about

Further reading

더 읽을거리

언급된 모든 책과 논문은 참고 문헌에 나와 있습니다.

머리말

이 책에서 중요한 역할을 하는 폴 파머는 건강권 운동가이자 인류학자이며 의사입니다. "권력의 병리학(Pathologies of Power)"은 그의 글을 묶은 훌륭한 책입니다. 지금까지의 그의 삶에 대한 이야기는 트레이시 키더(Tracy Kidder)의 "꿈은 삶이 된다(Mountains Beyond Mountains)"에 소개되어 있습니다. 아마르티아 센의 저서 "자유로서의 발전(Development as Freedom)"에는 그의 업적이 정리되어 있습니다. 세계은행의 중요한 1993년 세계개발보고서(World Development Report)는 세계은행 웹사이트에서 확인할 수 있습니다. 건강권에 관한 이론과 실천에 관한 자세한 "최신" 설문조사는 앤드류 클래팜(Andrew Clapham)과 메리 로빈슨(Mary Robinson)의 "건강권 실현(Realizing the Human Right to Health)"을 참조하십시오. 윌리엄 이스터리(William Easterly)는 "인권을 의료 서비스의 근간으로 삼는 것은 옳지 않다"라는 제목으로 건강권에 반대하는 간결한 글을 썼습니다. 이 글은 파이낸셜 타임즈(Financial Times) 웹사이트에서 회원가입 후 무료로 읽을 수 있습니다.

제1장

언급된 모든 서약과 선언문은 인터넷에서 쉽게 찾아볼 수 있습니다. 메리 앤 글렌던(Mary Ann Glendon)의 "새로운 세상(The World Made New)"을 적극 추천합니다. 이 책은 세계인권선언의 초안 작성과 관련 사건에 대해 매우 훌륭하게 기록한 책입니다. 요하네스 모르싱크

(Johannes Morsink)의 "세계 인권 선언(The Universal Declaration of Human Right)"은 매우 훌륭한 저서입니다. 다만 관련 분야 전문가에게 더욱 의미 깊은 저서입니다. 노먼 로크웰(Norman Rockwell)의 "네 가지 자유(Four Freedoms)"는 인터넷에서 찾아볼 수 있습니다.

제2장

저는 "세계 정의와 건강: 글로벌 보건 의무의 근거(Global Justice and Health: The Basis of the Global Health Duty)"라는 논문에서 건강에 대한 국제 방침이 가지고 있는 각각의 도덕적 정당성에 대해 자세히 살펴본 바 있습니다. 이 책에서 취한 노선에 영향을 준 철학자로는 "근거 없는 인권(Human Rights Without Foundations)"의 조셉 라즈(Joseph Raz), "기본권(Basic Rights)"의 헨리 슈(Henry Shue), "인권에 대한 생각(The Idea of Human Rights)"의 찰스 베이츠(Charles Beitz) 등이 있습니다. 인권에 대한 보다 비판적인 철학적 접근 방식에 대해서는 오노라 오닐(Onora O'Neill)의 "인권의 어두운 면(The Dark Side of Human Rights)"을 참조하면 좋습니다.

제3장

이 장에서는 보건, 인권, 의학사 분야의 많은 학자들의 연구를 다룹니다. 그중에서도 특히 후천성면역결핍증후군(AIDS)에 대한 선진국의 대응을 다룬 피터 볼드윈(Peter Baldwin)의 "질병과 민주주의(Disease and Democracy)"와 아이티에서의 이야기를 집중적으로 다룬 폴 파머의 "에이즈와 고발(AIDS and Accusation)"을 추천하고 싶습니다. 유니티 다우(Unity Dow)와 맥스 에섹스(Max Essex)의 저서 "토요일은 장례식이 있는 날(Saturday is for Funerals)"에서는 판사이자 작가인 유니티 다우의 글과 인간면역결핍바이러스(HIV) 과학자인 맥스 에섹스의 기술 중심적인 글이 번갈아 전개되고, 보츠나와의 에이즈에 대한 매우 색다른 이야기를 볼 수 있습니다. 스테파니 놀랜(Stephanie Nolen)의 "아프리카에서 후천성면역결핍증(AIDS)에 관한 28가지 이야기(28 Stories of AIDS in Africa)"와 마찬가지로 L. O. 칼링스(L. O. Kallings)의 "포스트모던 시대 최초의 전염병(The First Postmodern Pandemic)"도 매우 유익한 책입니다. 조나단 만(Jonathan Mann)은 인간면역결핍바이러스(HIV)와 후천성면역결핍증(AIDS)을 인권의 관점에서 제시하는 데 누구보다 많은 노력을 기울였으며, 그의 저서 중에는 "건강과 인권(Health and Human Rights)"이 그 대표적인 좋은 예입니다.

제4장

최근에 논의되고 있는 내용을 놓치고 싶지 않다면, 훌륭한 자료를 많이 보유하고 있는 무료 온라인 저널 "건강과 인권(Health and Human Rights)"을 자신 있게 추천합니다. 조제프 스티글리츠(Joseph Stiglitz's)의 "세계화와 그 불만(Globalization and its Discontents)"은 국제 금융 기관에 대한 비판적 논의를 자세히 담고 있습니다. 윌리엄 이스터리(William Easterly)의 "백인의짐(The White Man's Burden)"은 국제 정부 원조 및 개발 사업에 대한 폭넓은 비판을 담고 있습니다. 전반적 발전 문제들을 다룬 담비사 모요(Dambisa Moyo)의 "죽은 원조(Dead Aid)"와 폴 콜리어의 "빈곤의 경제학(The Bottom Billion)"은 필독서입니다. 다제내성결핵과 고가의 의약품에 대한 접근성에 대해서는 폴 파머의 "권력의 병리학(Pathologies of Power)", 특히 러시아 교도소에 대한 부분을 참조하십시오. 숙련된 노동자의 국제적 고용에 대해서는 카퍼와 맥헤일(Kapur and McHale)의 "가장 훌륭하고 똑똑한 인재는 우리에게(Give Us Your Brightest and Best)"를 참조하십시오. 너필드생명윤리위원회(Nuffield Council on Bioethics)보고서인 개발도상국에서의 연구 윤리(The Ethics of Research in Developing Countries)는 국제 연구 윤리의 골치 아픈 질문에 대한 훌륭한 안내서입니다. 임산부 사망률과 관련된 문제에 대해서는 A. E. 야민(Yamin)과 D. P. 메인(Maine)의 "인권 문제로서의 임산부 사망률: 국제 조약 의무 준수 여부 진단 (Maternal Mortality as a Human Rights Issue: Measuring Compliance with International Treaty Obligations)"이 좋은 소개서가 될 수 있습니다. 국제앰네스티의 "존엄성 요구(Demand Dignity) 캠페인"은 웹사이트에서 읽을 수 있으며, 많은 정보를 담고 있습니다.

제5장

글로벌 보건 거버넌스는 민중건강운동(the People's Health Movement)의 관심사였습니다. 이것에 관한 내용은 글로벌 헬스 워치(Global Health Watch)의 "대안 건강 보고서(Alternative Health Report) 2008"를 참조하십시오. 또한 이 주제는 세계보건기구(WHO)의 '건강의 사회적 결정요인 위원회(Commission on the Social Determinants of Health)'에서 논의되었습니다. 특히 '세계화 및 보건 지식 네트워크 (Globalization and Health Knowledge Network)'에서 작성된 "건강하고 공평한 세계화를 향하여: 권리, 규제 및 재분배 (Towards Health-Equitable Globalisation: Rights, Regulation and Redistribution)"에서 민중건강운동을 놓고 논의가 이루어졌습니다.

Bibliography

참고문헌

Abbasi, K. "The World Bank and World Health: Under Fire."
British Medical Journal 318 (1999): 1003-6.

Adams, John. Risk. London: UCL Press, 1995.

Adeyi, Olusoji, and Rifat Atun. "Universal Access to Malaria Medicines : Innovation in Financing and Delivery." The Lancet 376 (2010): 1869-71.

American Anthropological Association, Committee for Human Rights. "Declaration on Anthropology and Human Rights." 1999. http://www.aaanet.org/stmts/humanrts.htm (accessed July 21, 2010).

American Anthropological Association, The Executive Board. "Statement on Human Rights." American Anthropologist 49 (1947): 539-43.

Amnesty International. "Demand Dignity." 2010. http://www.amnesty.org/en/campaigns/demand-dignity/issues/maternal-mortality/back ground.

Amnesty International. Uganda: Antihomosexuality Bill Is Inherently Discriminatory And Threatens Broader Human Rights. London: Amnesty International, 2010.

Anand, S., and K. Hansen. "DALYs: Efficiency versus equity."
World Development 26 (1998): 307-10.

Angell, Marcia. "The Ethics of Clinical Research in the Third World."
New England Journal of Medicine 337(1997): 847-49.

Annas, George J. "Detention of HIV-Positive Haitians at Guantánamo."
New England Journal of Medicine 329 (1993): 589-92.
———. "Human Rights and Health: the Universal Declaration of Human Rights at 50."
New England Journal of Medicine 339 (1998): 1778-81.

Auvert, B., D. Taljaard, E. Lagarde, J. Sobngwi-Tambekou, R. Sitta, and A. Puren. "Randomized, Controlled Intervention Trial of Male Circumcision for Reduction of HIV Infection Risk: the ANRS 1265 Trial." PLoS Med 2 (2005): e298.

AVERT. "HIV and AIDS in Swaziland." 2011.
http://www.avert.org/aids- swaziland.htm#contentTable4 (accessed August 4, 2011).
———. "HIV and AIDS Treatment in the UK." 2011.
http://www.avert.org/ hiv-treatment-uk.htm (accessed February 25, 2011).
———. "World AIDS Day" 2010.
http://www.avert.org/world-aids-day.htm (accessed August 2, 2011).

Backman, Gunilla, Paul Hunt, Rajat Khosla, Camila Jaramillo-Strouss, Belachew Mekuria Fikre, Caroline Rumble, David Pevalin, David Acurio Páez, Mónica Armijos Pineda, Ariel Frisancho, Duniska Tarco, Mitra Motlagh, Dana Farcasanu, and Cristian Vladescu. "Health Systems and the Right to Health: An Assessment of 194 Countries."
The Lancet 372 (2008): 2047-85.

Bailey, Robert C., Stephen Moses, Corette B. Parker, Kawango Agot, Ian Maclean, John N. Krieger, Carolyn F. M. Williams, Richard T. Camp- bell, and Jeckoniah O. Ndinya-Achola.

"Male circumcision for HIV prevention in young men in Kisumu, Kenya: a randomized controlled trial." The Lancet 369 (2007): 643-56.

Baldwin, Peter. Disease and Democracy. Berkeley: University of California Press, 2005.

Bangkok Declaration. 1993.
http://law.hku.hk/lawgovtsociety/Bangkok%20 Declaration.htm.(accessed August 3, 2011).

Battin, Margaret P., Leslie P. Francis, Jay A. Jacobson, and Charles B. Smith. The Patient as Victim and Vector: Ethics and Infectious Disease. Oxford: Oxford University Press, 2009.

Baumrin, Bernard. "Why There is No Right to Health Care." In Medicine and Social Justice: Essays on the Distribution of Health Care, edited by R. Rhodes, M. Pabst Battin, and A. Silvers. Oxford: Oxford University Press, 2002.

Beitz, Charles. The Idea of Human Rights. Oxford: Oxford University Press, 2009.

Benatar, S. R. "Human Rights in the Biotechnology Era 1."
BMC Interna- tional Health and Human Rights 2 (2002): 3.
———. "Imperialism, Research Ethics and Global Health." Journal of Medi- cal Ethics 24 (1998): 221-22.

Benatar, S. R., A. Daar, and P. A. Singer. "Global Health: The Rationale for Mutual Caring." International Affairs 79 (2003): 107-38.

Benatar, Solomon, Stephen Gill, and Isabella Bakker. "Making Progress in Global Health: the Need for New Paradigms." International Affairs 85 (2009): 347-71.

Bentham, Jeremy. "Anarchical Fallacies" and "Supply Without Burden." 1796.
In Nonsense Upon Stilts, edited by Jeremy Waldron. London: Methuen, 1987.
———. An Introduction to the Principles of Morals and Legislation (1781), edited by J. H. Burns and H. L. A. Hart. London: Athlone Press, 1970.

Berger, Robert L. "Nazi Science: The Dachau Hypothermia Experi- ments."
New England Journal of Medicine 322 (1990): 1435-40.

Besson, Samantha, and John Tasioulas, eds. The Philosophy of International Law. Oxford: Oxford University Press, 2010.

Birn, Anne-Emanuelle. "Health and Human Rights: Historical Perspec- tives and Political Challenges." Journal of Public Health Policy 29 (2008): 32-41.

Birn, Anne-Emanuelle, and Klaudia Dmitrienko. "The World Bank: Global Health or Global Harm?" American Journal of Public Health 95 (2005): 1091.

Brink, Anthony. "Criminal Complaint Of Genocide Against Abdur- razack 'Zackie' Achmat." 2007. http://www.whale.to/b/brink3.html (accessed February 20, 2011).

Brock, Gillian. Global Justice. Oxford: Oxford University Press, 2009.
———. "Health in Developing Countries and Our Global Responsibilities."
In The Philosophy of Public Health, edited by Angus Dawson. Farnham: Ashgate, 2009, 73-83.

Burnham, Gilbert, Riyadh Lafta, Shannon Doocy, and Les Roberts.
"Mortality after the 2003 Invasion of Iraq: A Cross-sectional Cluster
Sample Survey." The Lancet 368 (2006): 1421-28.

Caney, Simon. Justice Beyond Borders.
Oxford: Oxford University Press, 2005.

Central Intelligence Agency. "The World Factbook: Life Expectancy at Birth." 2009.
https://www.cia.gov/library/publications/the-world-fact-book/rankorder/2102rank.html
(accessed November 25, 2009).

Chigwedere, Pride, and Max Essex.
"AIDS Denialism and Public Health Practice." AIDS and Behavior 14 (2010): 237-47.

Childress, James F., Ruth R. Faden, Ruth D. Gaare, Lawrence O. Gostin, Jeffrey Kahn,
Richard J. Bonnie, Nancy E. Kass, Anna C. Mas- troianni, Jonathan D. Moreno, and Phillip
Nieburg, "Public Health Ethics: Mapping the Terrain."
The Journal of Law, Medicine & Ethics 30 (2002): 170-78.

Clapham, Andrew, and Mary Robinson, eds.
Realizing the Right to Health. Zurich: Rüffer & Rub, 2009.

Collier, Paul. The Bottom Billion. Oxford: Oxford University Press, 2007.

Collins, Daryl,
Jonathan Morduch, Stuart Rutherford, and Orlanda Ruthven.
Portfolios of the Poor: How the World's Poor Live on $2 a Day.
Princeton: Princeton University Press, 2009.

Conference on Primary Health Care. Declaration of Alma-Ata. 1978.
http://www.who.int/hpr/NPH/docs/declaration_almaata.pdf (accessed March 19, 2011).

Cooper, John F. "Peking's Post-Tiananmen Foreign Policy: The Human Rights Factor."
Issues and Studies 30 (1994): 69.

Crewe, Mary. "The HIV/AIDS Epidemic and Human Rights Responses."
In Clapham and Robinson, Realizing the Right to Health.

Crisp, Nigel. Turning the World Upside Down. London: Royal Society of Medicine Press,
2010.

Daniels, Norman. "Equity and Population Health: Toward a Broader Bioethics Agenda."
The Hastings Center Report 36 (2006): 22-23.

Donnelly, Jack. "Human Rights and Asian
Values: A Defence of 'West- ern' Universalism." In The East Asian Challenge For Human
Rights, edited by Joanne R. Bauer and Daniel A. Bell. Cambridge: Cambridge University
Press, 1999.

Dournon, E., et al. "Effects Of Zidovudine In 365 Consecutive Patients With Aids Or
Aids-Related Complex." The Lancet 332 (1988): 1297-302.

Dow, Unity, and Max Essex. Saturday Is for Funerals. Cambridge, MA:Harvard University Press, 2010.

Easterly, William. "Human Rights Are the Wrong Basis for Health Care." Financial Times, October 12, 2009. http://www.ft.com/cms/ s/0/89bbbda2-b763-11de-9812-00144feab49a.html (accessed November 25, 2009).
———. The White Man's Burden. Oxford: Oxford University Press, 2006.

Eggers, P. W. "Medicare's End Stage Renal Disease Program." Health Care

Financing Review 22 (2000): 55-60.

Farmer, Paul. Aids and Accusation. Berkeley: University of CaliforniaPress, 1992.
———. Pathologies of Power. Berkeley: University of California Press, 2005.

Farmer, Paul, and Nicole Gastineau Campos. "New Malaise: Bioethics and Human Rights in the Global Era." Journal of Law, Medicine and Ethics 32 (2004): 243-51.

Ferraz, Octavio. "The Right To Health In The Courts Of Brazil: Worsening Health Inequities?" Health and Human Rights 11 (2009): 33-45.

Fischl, Margaret A., Douglas D. Richman, Michael H. Grieco, Michael S. Gottlieb, Paul A. Volberding, Oscar L. Laskin, John M. Leedom, Jerome E. Groopman, Donna Mildvan, Robert T. Schooley, George G. Jackson, David T. Durack, Dannie King, and The AZT Collabora- tive Working Group, "The Efficacy of Azidothymidine (AZT) in the Treatment of Patients with AIDS and AIDS-Related Complex." New England Journal of Medicine 317 (1987): 185-91.

Forbath, William E. "Cultural Transformation, Deep Institutional Reform, and ESR Practice." In Stones of Hope: African Lawyers Use Human Rights to Challenge Global Poverty, edited by Jeremy Perelman and Lucie White. Stanford, CA: Stanford University Press, 2011.

Foreman, Lisa. "'Rights' and Wrongs: What Utility for the Right to Health in Reforming Trade Rules on Medicines?" Health and Human Rights 10 (2008): 37-53.

Freedman, Lynn P. "Drilling Down: Strengthening Local Health Sys- tems to Address Global Health Crises." In Clapham and Robinson, Realizing the Right to Health.

Freeman, Michael. Human Rights. Cambridge: Polity, 2002.

Frøland, S. S., P. Jenum, C. F. Lindboe, K. W. Wefring, P. J. Linnestad, and T. Böhmer. "HIV-1 Infection in Norwegian Family before 1970." The Lancet 331 (June 11, 1988): 1344-45.

Fulda, Joseph S. "The Mathematical Pull of Temptation." Mind 101 (1992): 305-7.

Gallo, Robert C. "A Reflection on HIV/AIDS research after 25 Years. "Retrovirology 3 (2006): 72.

Galvao, Jane. "Brazil and Access to HIV/AIDS Drugs: A Question of Human Rights and Public Health." American Journal of Public Health 95, no. 7 (2005): 1110-16.

Garrett, Laurie. The Coming Plague. London: Virago, 1995.

Gauri, Varun, and Dan Brinks, eds. Courting Social Justice. Cambridge: Cambridge University Press, 2008.

Gilbert, M., P. Thomas, Andrew Rambaut, Gabriela Wlasiuk, Thomas J. Spira, Arthur E. Pitchenik, and Michael Worobey. "The Emergence of HIV/AIDS in the Americas and Beyond." Proceedings of the National Academy of Science 104 (2007): 18566-70.

Glantz, Leonard H., George T. Annas, Michael A. Grodin, and Wendy K. Mariner. "Research in Developing Countries: Taking 'Benefit' Seri- ously." Hastings Center Report 28 (1998): 38-42.

Glendon, Mary Ann. A World Made New: Eleanor Roosevelt and the Universal Declaration of Human Rights. New York: Random House, 2001.

Global Forum on Health Research. 10/90 Gap. 2011. http://www.global- forumhealth.org/About/10-90-gap (accessed March 13, 2010).

Global Health Watch. Alternative World Health Report 2. London: Zed Books, 2008.

Goldacre, Ben. Bad Science. Revised ed. London: Harper Perennial, 2009.

Gray, Ronald H., Godfrey Kigozi, David Serwadda, Frederick Makumbi, Stephen Watya, Fred Nalugoda, Noah Kiwanuka, Lawrence H. Moulton, Mohammad A. Chaudhary, Mi- chael Z. Chen, Nelson K. Sewankambo, Fred Wabwire-Mangen, Melanie C. Bacon, Caro- lyn F. M. Williams, Pius Opendi, Steven J. Reynolds, Oliver Laeyendecker, Thomas C. Quinn and Maria J. Wawer, "Male Circumcision for HIV Prevention in Men in Rakai, Uganda: A Randomised Trial." The Lancet 369 (2007): 657-66.

Griffin, James. "Discrepancies Between the Best Philosophical Account of Human Rights and the International Law of Human Rights." Proceedings of the Aristotelian Society 101 (2001): 1-28.

———. On Human Rights. Oxford: Oxford University Press, 2008.

Groce, N. E., and R. Trasi. "Rape of Individuals with Disability: AIDS and the Folk Belief of Virgin Cleansing." The Lancet 363 (2004): 1663-64.

Haacker, Markus. "The Macroeconomics of HIV/AIDS." In Southern Africa: 2020 Vision, edited by M. Hannam and J. Wolff. London: e9 Publishing, 2010.

Hagopian, Amy, Matthew J. Thompson, Meredith Fordyce, Karin E. Johnson and L. Gary Hart. "The Migration of Physicians from Sub- Saharan Africa to the United States of America: Measures of the Afri- can Brain Drain." Human Resources for Health 2 (2004): 17.

Hammonds, Rachel, and Gorik Ooms. "World Bank Policies and the Obligation of its Members to Respect, Protect and Fulfill the Right to Health." Human Rights and Health 8 (2004): 26-60.

Hessler, Kristin, and Allen Buchanan. "Specifying the Content of the Human Right to Health Care." In Medicine and Social Justice: Essays on the Distribution of Health Care, edited by R. Rhodes, M. Pabst Battin, and A. Silvers. Oxford: Oxford University Press, 2002.

Heywood, Mark. "South Africa's Treatment Action Campaign: Combin- ing Law and Social Mobilization to Realize the Right to Health." Jour- nal of Human Rights Practice 1(2009): 14-36.

Hopkins Tanne, Janice. "President's Commission Considers How to Pro- tect Human Rights after Guatemala Experiment." British Medical Jour- nal 342 (2011): d3232.

Horton, Richard. "Stopping Malaria: The Wrong Road." Review of Bill Shore, The Imaginations of Unreasonable Men: Inspiration, Vision, and Purpose in the Quest to End Malaria. New York Review of Books, February 24, 2011.

Huminer, D., J. B. Rosenfeld, and S. D. Pitlik. "AIDS in the pre-AIDS era." Review of Infectious Diseases 9 (1987): 1102-8.

International Initiative on Maternal Mortality and Human Rights, Combating Maternal Mortality, Why Bring Human Rights into the Picture? 2009. http://righttomaternalhealth.org/resource/HRC-panel-2009 (accessed March 5, 2011).

James, C. L. R. The Black Jacobins. 1938. London: Penguin, 2001.

Jewkes, Rachel, Jonathan Levin, Nolwazi Mbananga, and Debbie Bradshaw. "Rape of Girls in South Africa." The Lancet 359 (2002): 319-20.

Jewkes, Rachel, Martin Lorna, and Loveday Penn-Kekena. "The Virgin Cleansing Myth Cases of Child Rape are Not Exotic." The Lancet 359 (2002): 711.

Joffe, Helene. Risk and the Other. Cambridge: Cambridge University Press, 1999.

Joseph, Sarah. "Trade and the Right to Health." In Clapham and Robinson, Realizing the Right to Health.

Kallings, L. O. "The First Postmodern Pandemic: 25 years of HIV/AIDS." Review. Journal of International Medicine 263 (2008): 218-43.

Kapur, Devesh, and John McHale. Give Us Your Best and Brightest: The Global Hunt for Talent and Its Impact on the Developing World. Washington,DC: Center for Global Development, 2005.

Kidder, Tracy. Mountains Beyond Mountains. New York: Random House,2003.

King's Fund. London Calling: The International Recruitment of Health Workers to the Capital. London: King's Fund, 2004.

Kirby, Michael. "The New AIDS Virus—Ineffective and Unjust Laws." Journal of Acquired Immune Deficiency Syndromes 1 (1988): 304-12.

KwaZulu Natal, CCT32/97 (1997) ZACC 17: 1998 (1) SA 765 (CC), available online at: http://www.saflii.org/za/cases/ZACC/1997/17.html.

Locke, John. Two Treatises of Government. 1689. Cambridge: CambridgeUniversity Press, 1988.

Lurie, Peter, and Sidney M. Wolfe. "Unethical Trials of Interventions to Reduce Preinatal Transmission of the Human Immunodeficiency Virus in Developing Countries." New England Journal of Medicine 337 (1997): 853-55.

Lush, David. "Medical Totalitarianism and My Part in Its Downfall." In Southern Africa: 2020 Vision, edited by M. Hannam and J. Wolff. Lon- don: e9 Publishing, 2010.

MacIntyre, Alasdair. After Virtue. London: Duckworth, 1981.

Maddox, John. "Does Duesberg Have A Right to Reply?" Nature 363 (1993): 109.

Malik, Charles. "Talk on Human Rights." 1949. http://www.udhr.org/history/talkon.htm (accessed August 4, 2011).

Mallaby, Sebastian. The World's Banker. New Haven: Yale University Press, 2004.

Mann, Jonathan M. "Human Rights and AIDS: The Future of the Pandemic." In Health and Human Rights, by Jonathan M. Mann, Sofia Gruskin, Michael A. Grodin, and George J. Annas. London: Rout- ledge, 1999.

Mann, Jonathan M., Lawrence Gostin, Sofia Gruskin, Troyen Brennan, Zita Lazzarini, and Harvey Fineberg. "Health and Human Rights." In Health and Human Rights, by Jonathan M. Mann, Sofia Gruskin, Michael A. Grodin, and George J. Annas. London: Routledge, 1999.

Maritain, Jacques. Man and the State. Chicago: University of Chicago Press, 1951.

Marotte, Cécile, and Hervé Rakoto Razafimbahiny. "Haiti 1991-1994: The International Civilian Mission's Medical Unit." Health and Human Rights 2 (1995): 117-26.

Marouf, Fatma E. "Holding the World Bank Accountable for Leakage of Funds from Africa's Health Sector." Health and Human Rights 12 (2010): 95-107.

Marx, Karl. "On the Jewish Question." 1843. In Early Writings, edited by L. Colletti. Har mondsworth: Penguin, 1975.

McCoy, David, Gayatri Kembhavi, Jinesh Patel, and Akish Luintel. "The Bill & Melinda Gates Foundation's Grant-making Programme for Global Health." The Lancet 373 (2009): 1645-53.

Mhloyi, Marvellous. "Health And Human Rights: An International Cru- sade." Health and Human Rights 1 (1994): 125-27.

Mills, Anne. "Mass Campaigns Versus General Health Services. What Have We Learnt in 40 Years about Vertical and Horizontal Approaches?" Bulletin of the World Health Organization 83 (2005): 315-16.

Millum, Joseph. "Post-Trial Access to Antiretrovirals: Who Owes What To Whom?" Bioethics 25 (2011): 145-54.

Morsink, Johannes. The Universal Declaration of Human Rights: Origins, Drafting and Intent. Philadelphia: University of Pennsylvania Press, 1999.

Moyo, Dambisa. Dead Aid. London: Allen Lane, 2009.

National Association of People Living with AIDS and HIV. "The Denver Principles 1983 and Today." 2011. http://www.napwa.org/content/denver-principles-1983-and-today (accessed February 25, 2011).

National Planning Commission of Namibia. Namibia Vision 2030. 2004. http://www.npc.gov.na/vision/vision_2030bgd.htm (accessed March19, 2011).

Nickel, James. "Human Rights." In The Stanford Encyclopedia of Philosophy, edited by Edward N. Zalta. 2009. http://plato.stanford.edu/archives/spr2009/entries/rights-human (accessed August 4, 2011).

Nolen, Stephanie. 28 Stories of AIDS in Africa. London: Portobello Books, 2007.

Nozick, Robert. Anarchy, State, and Utopia. Oxford: Blackwell, 1974.

Nuffield Council on Bioethics. The Ethics of Research Related to Healthcare in Developing Countries. London: Nuffield Council on Bioethics, 2002.

O'Neill, Onora. "The Dark Side of Human Rights." International Affairs 81 (2005): 427-39.
———. "Public Health or Clinical Ethics: Thinking Beyond Borders."
Ethics and International Affairs 16 (2002): 35-45.

Orbinski, James. An Imperfect Offering. London: Rider, 2008.

People's Health Movement. "About The People's Health Movement." 2011. http://www.phmovement.org/en/about (accessed March 19, 2011).

Piot, Peter, Susan Timberlake, and Jason Sigurdson. "Governance and the Response to AIDS: Lessons for Development and Human Rights."
In Clapham and Robinson, Realizing the Right to Health.

Pisani, Elizabeth. "An End to Polio?" Prospect, March 2011, 72-74.

Pitcher, G. J., and D. M. G. Bowley. "Infant Rape in South Africa."
The Lancet 359 (2002): 274-75.

Pogge, Thomas. "The Health Impact Fund: How to Make New Medicines Accessible to All." In Global Health Ethics, edited by Solomon Benatar and Gillian Brock. Cambridge: Cambridge University Press, 2011.
———. "Human Rights and Global Health: A Research Programme." Metaphilosophy 36 (2005): 182-209.
———. World Poverty and Human Rights. Cambridge, MA: Cambridge Uni- versity Press, 2002.

Porter, Roy. The Greatest Benefit to Mankind. London: HarperCollins, 1997.

Power, Samantha. "The Aids Rebel." The New Yorker, May 19, 2003, 54-67.

Rawls, John. The Law of Peoples. Cambridge, MA: Harvard University Press, 1999.
———. Political Liberalism. 1993. New York: Columbia University Press, 1996.
———. A Theory of Justice. Cambridge, MA: Harvard University Press, 1971.

Raz, Joseph. "Human Rights Without Foundations." In The Philosophy of International Law, edited by J. Tasioulas and S. Besson. Oxford: Oxford University Press, 2010.

Republic of South Africa Constitution. 1996. http://www.info.gov.za/documents/constitution/1996/96cons2.htm (accessed November 26, 2009).

Richman, Douglas D., Margaret A. Fischl, Michael H. Grieco, Michael S. Gottlieb, Paul A. Volberding, Oscar L. Laskin, John M. Leedom, Jerome E. Groopman, Donna Mildvan, Martin S. Hirsch, George G. Jackson, David T. Durack, Sandra Nusinoff-Lehrman, and the AZT Collaborative Working Group. "The Toxicity of Azidothymidine (AZT) in the Treat ment of Patients with AIDS and AIDS-Related Complex." New England Journal of Medi cine 317 (1987): 192-97.

Robinson, Mary, and Peggy Clark. "Forging Solutions to Health Worker Migration." The Lancet 371 (2008): 691-93.

Ruger, Jennifer P. "The Changing Role of the World Bank in Global Health." American Journal of Public Health 95 (2004): 60-70.

Samoura, Djély K. "African Commission Of Health And Human Rights Promoters." Health and Human Rights 2 (1995): 145-50.

Sen, Amartya. Development as Freedom. Oxford: Oxford University Press, 1999.
———. Human Rights and Asian Values. New York: Carnegie Council on Ethics and International Affairs, 1997.
———. Foreword to Paul Farmer, Pathologies of Power. 2005.

Shue, Henry. Basic Rights. 2nd edition. Princeton: Princeton University Press, 1996.

Singer, Peter. "Famine, Affluence and Morality." Philosophy and Public Affairs 1 (1972): 229-43.

SouthAfrica.Info."MySonDiedofAIDS:Mandela."January12,2005. http://www.southafrica.info/mandela/mandela-son.htm (accessed August 3, 2011).

Sreenivasan, Gopal. "International Justice and Health: A Proposal." Ethics and International Affairs 16 (2002): 81-90.

Steiner, H. "Territorial Justice and Global Redistribution." In The Political Philosophy of Cosmopolitanism, edited by G. Brock and H. Brighouse, 28-38. Cambridge: Cambridge University Press, 2005.

Stiglitz, Joseph. Globalization and Its Discontents.
New York: Norton, 2002. The AIDS Support Organisation (TASO). "Mission Statement." 2011.http://www.tasouganda.org/index.php?option=com_content&view =article&id=44: brief-background&catid=34 (accessed February 19, 2011).

UNAIDS. The Greater Involvement of People Living With HIV (GIPA). 2007. http://data.unaids.org/pub/BriefingNote/2007/jc1299_policy_brief_ gipa.pdf (accessed February 25, 2011).

United Nations. Convention on the Rights of the Child. 1989.

http://www2. ohchr.org/english/law/crc.htm (accessed November 26, 2009).

———. General Comment 3. 1990. http://www.unhchr.ch/tbs/doc.nsf/(symbol)/ E.C.12.2000. 4.En (accessed November 26, 2009).

———. General Comment 14. 2000. http://www.unhchr.ch/tbs/doc.nsf/(symbol)/E.C.12.2000. 4.En (accessed November 26, 2009).

———. General Comment 17. 2005. http://www.unhchr.ch/tbs/doc.nsf/(Symbol)/ E.C.12.GC. 17.En?OpenDocument. (accessed August 4, 2011).

———. International Covenant on Economic, Social, and Cultural Rights. 1966. http://www2. ohchr.org/english/law/cescr.htm (accessed November 26, 2009).

———. Maternal Mortality Joint Statement. 2009. http://righttomaternalhealth. org/sites/ iimmhr.civicactions.net/files/statement.pdf (accessed March 4, 2011).

———. Political Declaration on HIV/AIDS. 2006. http://data.unaids.org/pub/ Report/2006/20 060615_hlm_politicaldeclaration_ares60262_en.pdf (accessed February 25, 2011).

———. Report of the Office of the United Nations High Commissioner for Human Rights on Preventable Maternal Mortality and Morbidity and Human Rights. 2010. http://www2. ohchr.org/english/bodies/hrcouncil/docs/14session/A. HRC.14.39.pdf (accessed March 6, 2011).

———. United Nations Treaty Collection. 2011. http://treaties.un.org/Pages/View- Details. aspx?src=TREATY&mtdsg_no=IV-3-a&chapter=4&lang=en (accessed March 19, 2011).

———. Universal Declaration of Human Rights. 1948. http://www.un.org/en/ documents/ udhr/ (accessed November 26, 2009).

UNICEF. Convention on the Rights of the Child: Frequently Asked Questions. 2006. http://www.unicef.org/crc/index_30229.html (accessed Novem- ber 26, 2009).

United States Government. Response to Request. No date. http://www.glo- balgovernance-watch.org/docLib/20080213_US_Hunt_Response.pdf (accessed November 26, 2009).

Weeks, B. S., and I. E. Alcamo. AIDS: The Biological Basis. 5th edition. Sudbury, MA: Jones and Bartlett, 2010.

White, Ryan, and Ann Marie Cunningham. My Own Story. New York: Penguin, 1991.

Wise, Paul. "Child Beauty, Child Rights and the Devaluation of Women."
Health and Human Rights 1 (1994): 472-76.

Wolff, Jonathan. "Global Justice and Health: The Basis of the Global Health Duty." In Global Justice and Bioethics, edited by E. Emanuel and J. Mullian. Oxford: Oxford University Press, forthcoming.

Wolff, Jonathan, and Avner de-Shalit. Disadvantage. Oxford: Oxford Uni- versity Press, 2007.

Woodman, Zenda, and Carolyn Williamson. "HIV Molecular Epidemi- ology: Transmission and Adaptation to Human Populations." Current Opinion in HIV and AIDS 4 (2009): 247-52.

World Bank. Improving Effectiveness and Outcomes for the Poor in Health, Nutri- tion, and Population. 2009. http://siteresources.worldbank.org/EXTW BASSHEANUTPOP/Re-sources/hnp_full_eval.pdf (accessed March 6, 2011).

———. Investing in Health: The World Development Report for 1993. Oxford: Oxford Uni versity Press, 1993. http://files.dcp2.org/pdf/WorldDevel- opmentReport1993.pdf (accessed August 4, 2011).

World Health Organization. Chronicle of the World Health Organization. 1947. http://whqlibdoc.who.int/hist/chronicles/chronicle_1947.pdf (accessed August 4, 2011).

———. Constitution. 1946. http://www.who.int/governance/eb/who_constitu- tion_en.pdf (accessed November 26, 2009).

———. The WHO Global Code of Practice on the International Recruitment of Health Personnel. 2010. http://www.who.int/hrh/migration/code/code_en.pdf (accessed August 4, 2011).

———. Migration of Health Workers (Fact Sheet No. 301). 2010. http://www.who.int/ mediacentre/factsheets/fs301/en/index.html (accessed August 4, 2011).

———. Multidrug and Extensively Drug-Resistant TB (M/XDR-TB) 2010 Global Report on Surveillance and Response. 2010. http://whqlibdoc.who.int/publi- caions/2010/97892415 99191_eng.pdf (accessed August 4, 2011).

———. Positive Synergies. 2009. http://www.who.int/healthsystems/GHIsyn ergies/en/index.html (accessed December 6, 2009).

———. Primary Health Care (Now More Than Ever). 2008. http://www.who.int/ whr/2008/en/index.html (accessed March 11, 2011).

———. World Health Report: Health Systems: Improving Performance. Geneva: World Health Organization, 2000. http://www.who.int/whr/2000/en/ whr00_annex_en.pdf (accessed March 19, 2011).

———. Working Together for Health. 2006. http://www.who.int/whr/2006/ whr06_en.pdf (accessed June 23, 2011).

World Health Organization, Commission on the Social Determinants of Health, Global- ization Knowledge Network. Towards Health-Equita- ble Globalisation: Rights, Regula- tion and Redistribution. 2007. http://www.who.int/social_determinants/resources/gkn_ final_report_042008.pdf (accessed June 24, 2011).

World Health Organization, UNICEF, UNFPA, and World Bank. Joint Statement on Mater- nal Mortality and Newborn Health. 2008. http://www.unfpa.org/webdav/site/global/ shared/safemotherhood/docs/jointstate ment_mnh.pdf (accessed March 4, 2011).

World Medical Association. Declaration of Helsinki. 2000 revision. Journal of the American Medical Association 284 (2000): 3043-45.

World Medical Association. Declaration of Helsinki. 2008 revision. http:// www.wma.net/en/30publications/10policies/b3/ (accessed August 4, 2011).

Yamin, A. E., and D. P. Maine. "Maternal Mortality as a Human Rights Issue: Measuring Compliance with International Treaty Obligations." Human Rights Quarterly 21 (1999): 563-607.

Acknowledgments

감사의 글

감사의 글

저는 사실 정치철학자로서 오랫동안 인권이라는 개념에 회의적이었습니다. 권리라는 용어는 자유주의 진영의 전유물이었고, 저는 대부분의 연구에서 사회 정의나 불이익과 같은 개념에 집중하고 싶었습니다. 하지만 제 연구가 국제앰네스티(Amnesty International)와 국제 인권감시기구(Human Rights Watch) 등 제가 가장 훌륭하게 생각하는 글로벌 정치 운동 단체들과 보조를 맞추지 못하고 있는 것은 아닌가 하는 걱정이 들었습니다. 지적인 면에서 가장 중요했던 순간은 조셉 라즈(Joseph Raz)가 인권에 대한 철학적 연구가 인권 실천을 중심으로 재편되어야 하며 인권의 철학적 토대에 집착하는 것을 버려야 한다고 주장하는 것을 들었을 때였습니다. 고릭 옴스(Gorik Ooms)와 폴 헌트(Paul Hunt)의 생각을 읽고 들으면서 이러한 태도를 더욱 확고히 하게 되었고, 헨리 슈(Henry Shue) 찰스 베이츠(Charles Beitz) 와의 철학적 저술에서도 이러한 태도를 확인할 수 있었습니다. 인권에 대한 논의에 늦게 참여하게 되었으나, 마침내 지금 이 자리에 오게 되어 매우 기쁩니다.

이 책은 지난 수년간 노턴(Norton) 출판사의 로비 해링턴(Roby Harrington)과 논의하던 과정에서 집필하기로 결심했습니다. 우리는 오랫동안 제가 노턴(Norton) 사에서 책을 내야 한다고 뜻을 함께하고 있었습니다. 글로벌 윤리 시리즈(Global Ethics series)는 이상적인 기회라고 생각했습니다. 저를 격려하고 자신감을 심어준 로비(Roby)와 지원을 아끼지 않은 안토니 아피아(Anthony Appiah)에게 깊은 감사를 표합니다. 이 책을 쓰면서 저는 보건 운동가, 국제 변호사, 임상의, 인류학자, 의사학자(medical historian) 등 저와는 다른 분야에 종사하는 전문가들에게 많이 배웠고, 제가 정말 좋아하는 일에 빠져들 수 있었습니다.

이 책의 초고를 더그 리브(Doug Reeve), 마크 해넘(Mark Hannam), 마르쿠스 해커(Markus Haacker,), 옥타비오 루이스 모타 페라즈(Octavio Luiz Motta Ferraz)가 살펴봐주었고, 이들은 내가 실수를 줄일 수 있도록 훌륭한 제안을 해주었습니다. 수정할 때는 로비 해링턴, 안토니 아피아, 브랜든 커리(Brendan Curry), 제이크 쉰델(Jake Schindel)이 더 없이 귀중한 조언을 해주었습니다. 이 주제에 대한 저의 초기 작업 중 일부와 관련하여 길리언 브락(Gillian Brock)과 솔리 베나타(Solly Benatar)의 의견이 큰 도움이 되었습니다. 또한 뛰어난 교정 작업을 해준 알레그라 휴스턴(Allegra Huston)에게도 사의를 표하고 싶습니다. 호텔 바에서 올레 프리트요프 노르하임(Ole Frithjof Norheim)과 나눈 대화와, 기차 안에서 폴리 비자드(Polly Vizard)와 나눈 우연한 대화는 제가 놓쳤을 수도 있는 중요한 이슈에 대해 경각심을 일깨워 주었습니다. 또한 세미나실과 강의실에서 다른 연사들과 제 강연의 청중들로부터 제가 기억하는 것보다 훨씬 더 많은 것을 배웠고, 제가 기억해서 일일이 언급할 수 없을 만큼 훨씬 더 많은 것을 배웠습니다.

Translator's note

옮긴이의 글

조나단 울프의
<건강권>을 옮기며

옮긴이가 붙인 부제 "누구나 건강할 권리가 있나요?"에 대한 답은 이미 정해져 있을지도 모릅니다. 이 질문은 "있다"라는 답을 전제로 현실을 진단하고 어떻게 문제를 해결할 수 있을지를 고민하기 위한 출발점이라고 보는 것이 더 합리적일 것입니다. 조나단 울프에 따르면 건강권은 단순히 치료받을 권리를 넘어서는 개념입니다. 즉, 건강권을 제대로 이해하기 위해서는 보건 의료 서비스 외에도 건강에 영향을 미치는 다양한 분야에 관심을 기울여야 하는 것입니다. 특히 저자가 주장했듯이, 사람들이 실제로 어려움을 겪는 데 영향을 끼치는 문화적 요소를 이해하는 것은 특히 중요합니다. 이 책의 3장에서 다뤄지고 있는 후천성면역결핍증(AIDS) 관련 사례를 보면, 일부 남아공 여성들은 남편의 눈치 때문에 자신의 안전을 위한 살균 크림조차 마음 놓고 사용하지 못했습니다. 이처럼 심각한 국제 보건 문제도 알고 보면 한 가정에서 개인의 권리가 존중 받지 못하면서 시작되었습니다. 저자는 각국 정부와 국제기구가 정책을 마련할 때 사람들의 행동에 상당한 영향을 끼치게 되는 문화 심리적 요소를 신중하게 고려해야 한다고 강조합니다.

조나단 울프는 건강권 의제를 총괄하는 거버넌스 구조에도 관심을 기울였습니다. 저자가 설명하였듯이, 현재까지 건강권을 보장할 주체는 개별 국가의 정부이고, 각 정부가 건강권을 보장할 의무를 잘 이행하도록 지원하고 감시할 책임은 국제기구에 있다고 볼 수 있습니다. 저자는 더 나아가 강력한 재정 능력을 기반으로 현재 보건 분야 문제 해결의 패러다임을 주도하고 있는 게이츠 재단(Bill & Melinda Gates Foundation)의 영향력에 주목합니다. 저자가 게이츠 재단의 수직 프로그램(vertical program)에 대하여 비판한 대목은 눈여겨볼 만합니다. 저자에 따르면 게이츠 재단은 몇 가지 특정 질병을 정해 놓고 이에 대한 퇴치 프로젝트를 열정적으로 추진하고 있습니다. 특히 신약 및 백신 개발과 같은 기술적 해결 방법에 막대한 자금을 집중적으로 사용하고 있습니다. 그러나 저자가 밝혔듯이, 이렇게 기술적인 해결법에 집중하는 방식이 개발도상국 국민들의 건강권을 실현하는 데 얼마나 공헌했는지는 회의적입니다. 오히려 현실적으로 보다 쉽고 빠르게 조치할 수 있는 생활환경의 기본적인 문제부터 개선하고자 노력했더라면 훨씬 더 적은 비용으로 더 큰 효과를 냈을지도 모릅니다. 가령 말라리아 문제를 해결하는 데 있어서 개발부터 안정화되기까지 10년 이상이 걸리는 백신 개발에 막대한 예산을 투입하기 전에, 급한 대로 사람들에게 모기장을 제공하는 것이 오히려 도움이 될 수 있습니다. 조나단 울프는 좀 더 세부적으로 들어가, 보건 부문에 있어서 개발도상국을 지원하는 방식에도 세심한 주의를 기울입니다. 이 책 4장에서는 나미비아 정부가 모기장 공급 방식을 놓고 처했던 딜레마를 다루고 있습니다. 나미비아 정부는 해외 기부자로부터 특수 모기장을 지원받을 것을 고려했습니다. 그러나 나미비아에는 저렴한 단가로 특수 모기장을 생산하던 자국 업체가 있었습니다. 정부가 해외에서 지원받은 물품으로 모기장 수요를 맞추면, 자국 업체는 도산하게 될 것이고, 이후에 해외 기부자가 기부를 중단하면, 나미비아는 모기장 수급에 큰 차질을 겪게 될 상황이었습니다. 이에 나미비아 정부는 지역 생산 업체로부터 특수 모기장을 구매할 비용을 지원해달라고 기부단체에 요청하자, 해당 단체는 진의를 의심하고 난색을 보였습니다. 이처럼 모든 세계 시민의 건강권을 합리적으로 실현하는 데에는 진실로 많은 고민과 노력이 필요합니다. 기부란 본질적으로 기부자의 의지와 상황에 맞게 이루어집니다. 그렇기 때문에 수혜자가 아무리 합리적인 의견을 가지고 있더라도 기부 방식에 대하여 기부자와 동등한 위치에서 협상하기란 매우 어렵습니다. 그렇기 때문에 개발도상국 국민들의 건강권을 실현하기 위해 지원할 때는 기본적으로 해당 국가가 이미 보유하고 있는 사회기반시설이나 산업 역량을 존중하고 활용하여 장기적으로 해당 국가의 자립도를 높이는 방향으로 세심한 계획을 수립하여야 할 것입니다. 무엇보다 선의로 시작한 프로젝트가 성공적인 효과를 거두려면 상황에 대해 가장 잘 알고 있는 해당 정부와 국민들과 긴밀히 협의해야 한다는 사실을 유의해야 할 것입니다.

일반적으로 대부분의 국제 보건 문제는 개발도상국 때문에 발생하고 선진국이 이 문제를 해결하기 위해 선의로 큰 비용을 지불해가며 애쓰는 것으로 알려져 있습니다. 조나단 울프는 정반대의 현실을 독자들에게 제시하며 국제 윤리를 새롭게 정립할 필요성을 역설합니다. 그 대표적인 예가 바로 저자가 4장에서 다루고 있는 보건 분야의 두뇌유출 문제입니다. 저자가 지적했듯이, 선진국의 부족한 보건 전문 인력은 개발도상국 출신 전문 의료인으로 채우고 있습니다. 대부분의 국가에서 전문 의료인 양성 과정에 상당한 공적 자금이 투입됩니다. 게다가 의료인은 건강과 삶의 여러 가지 문제에 대하여 공동체 구성원에게 조언해 줄 수 있는 지성인으로 존경받습니다. 이토록 중요한 전문 의료인을 선진국에서 아무런 비용도 치르지 않고 채용하는 것은, 국제 윤리 차원에서도 문제가 있습니다. 이러한 두뇌유출은 국가 간에만 발생하고 있는 것이 아닙니다. 국제기구나 비정부기구는 근무 환경이 우수하고 보수가 높아 프로젝트가 운영되는 현지에서 사람들에게 인기가 높습니다. 이 과정에서 조국의 정부에서 활동하던 개발도상국의 인재들이 자신의 직업적 이상을 찾아 국제기구 또는 비정부기구로 이직하고 있습니다.

저자는 선진국의 거대 제약회사들이 상대적으로 수월한 연구 윤리 조건을 찾아 개발도상국에서 연구 실험을 진행함으로써 이익을 보는 문제도 함께 제기합니다. 특히 치료가 될지도 모른다는 절박한 희망을 품고 연구 실험에 참여한 환자에게 위약을 제공하는 문제와, 실험 종료 후 참가자들에 대한 처우 문제를 제기하며, 독자에게 건강권 개념에 근거하여 연구 윤리 문제를 국제 윤리와 연관 지어 고민해 볼 수 있는 기회를 제공합니다.

　세계은행(World Bank)이 각국 보건 시스템에 끼친 영향을 설명한 부분도 주목할 필요가 있습니다. 세계은행은 개발도상국의 차관을 제공하면서 경제 체질 개선을 목표로 구조조정(structural adjustment)을 요구했습니다. 즉, 차관을 제공받으려면 보건 부문의 예산을 대폭 삭감하고 환자의 치료 비용 부담 비율을 높이라는 것이었습니다.[1] 물론 세계은행으로서는 정부의 재정건전성을 제고하고 민간 영역의 자율성과 경쟁을 고취하려는 좋은 의도로 시작한 정책일 것입니다. 그러나 저자가 지적하였듯이, 개발도상국이 당면한 심각한 보건 위기와, 너무나도 열악한 보건 시스템에 대한 인식이 충분치 못하였기에 개발도상국 국민들이 감내했던 부정적인 영향은 심각했습니다. 심지어 일부 개발도상국이 보건 부문에서 절약한 예산을 의도된 목적에 맞게 쓰지 않았을 때도 세계은행은 별다른 조치를 취하지 않았다고 합니다.

　조나단 울프의 생각을 읽어나가면서, 정부와 각종 국제기구, 비정부 기구에서 정책을 기획하고 집행하는 정책결정자의 사명에 대해서 다시 생각해 보게 됩니다. 책에서 확인할 수 있듯이, 남아공에서는 후천성면역결핍증(AIDS) 관련하여 정부의 적절치 못한 대응으로 시민 사회 단체가 격렬히 저항했던 것과 달리, 보츠와나에서는 정부 당국자의 합리적인 대응으로 그러한 갈등이 월등히 적었습니다. 한 국가를 이끌고, 국제 사회를 아우르는 엘리트라면, 폭 넓은 이념과 이론을 검토하고 해당 사안과 관련되어 있는 역사적 맥락과 문화적 감수성을 충분히 이해해야 합니다. 이를 바탕으로 올바른 문제 인식과 해결을 위해 새로운 패러다임을 제시할 수 있어야 합니다. 가령, 조나단 울프가 주장했듯이, 정책을 수립할 때 기회비용의 개념은 자원을 신중하게 사용하는 차원에서 반드시 고려해야 할 요소임이 틀림없지만, 비용을 고려할 때는 기간을 좀 더 장기적으로 생각할 필요가 있습니다. 보건 부문에 대한 현재의 지출이 향후 다른 더 큰 지출을 제어해 주는 측면은 없는지, 장기적으로 어떤 이익으로 돌아올 수 있을지를 함께 고민해 보면 비용의 선순환 구조를 확립할 수 있는 합리적인 정책을 마련할 수 있을 것입니다.

세상 모든 사람의 건강권은 존중받아야 합니다. 다만, 어느 수준까지 건강권을 사회 시스템 내에서 인정할 수 있는지에 대해서는 계속해서 논의가 필요합니다. 또한 개인이 건강권을 합리적으로 실현하는데 필요한 비용과 관련하여, 보건 부문을 비롯한 모든 사회 시스템은 한정된 자원을 배분할 설득력 있는 기준에 의해 운영되어야 합니다. 이 기준에는 한 공동체의 가치관, 역사, 문화, 경제가 종합적으로 고려될 것입니다. 또한 이 기준이 얼마나 합리적이고 정의로울지는 해당 정치 시스템 내에서 사회 구성원의 고뇌와 희망이 어느 정도 존중받고 반영될 수 있을지에 달려 있습니다.

I. Davies, S. E. (2010). Global politics of health. (Cambridge: Politiy Press). 38p

건 강 권

초판 1쇄 발행 2024년 1월 26일
　　2쇄 발행 2024년 3월 11일

지은이　조나단 울프
옮긴이　정재훈

디자인　소요와 (so·yo·wa)
인　쇄　예림인쇄

펴낸곳　소퍼스 (Sophos®)
발행인　정재훈
주　소　서울시 강남구 영동대로 407 코니빌딩 5층
전　화　010-6208-6416
이메일　integrityjb3@gmail.com

출판등록일　2021년 12월 3일
등록번호　제 2021-000188

한국어판 © Sophos, 2022. Printed in Seoul, Korea
ISBN 979-11-986226-0-0 (03190)